ARQUEOLOGIAS HISTÓRICAS NOS RIOS TAPAJÓS, TROMBETAS E AMAZONAS

Editora Appris Ltda.
1.ª Edição - Copyright© 2024 das autoras
Direitos de Edição Reservados à Editora Appris Ltda.

Nenhuma parte desta obra poderá ser utilizada indevidamente, sem estar de acordo com a Lei n° 9.610/98. Se incorreções forem rr, serão de exclusiva responsabilidade de seus organizadores. Foi realizado o Depósito Legal na Fundação Biblioteca Nacional, de acordo com as Leis n°s 10.994, de 14/12/2004, e 12.192, de 14/01/2010.

Catalogação na Fonte
Elaborado por: Josefina A. S. Guedes
Bibliotecária CRB 9/870

A772a 2024	Arqueologias históricas nos rios Tapajós, Trombetas e Amazonas / Sarah de Barros Viana Hissa, Anne Rapp Py-Daniel, Camila Pereira Jácome (orgs.). – 1. ed. – Curitiba: Appris, 2024.
	311 p. : il. ; 23 cm. (Geral).
	Vários autores. Inclui referências. ISBN 978-65-250-6268-6
	1. Arqueologia e história. 2. Pará. 3. Usos e costumes. I. Hissa, Sarah de Barros Viana. II. Py-Daniel, Anne Rapp. III. Jácome, Camila Pereira. IV. Título. V. Série.
	CDD – 930.1

Livro de acordo com a normalização técnica da APA

Appris editora

Editora e Livraria Appris Ltda.
Av. Manoel Ribas, 2265 – Mercês
Curitiba/PR – CEP: 80810-002
Tel. (41) 3156 - 4731
www.editoraappris.com.br

Printed in Brazil
Impresso no Brasil

Sarah de Barros Viana Hissa
Anne Rapp Py-Daniel
Camila Pereira Jácome
(org.)

ARQUEOLOGIAS HISTÓRICAS NOS RIOS TAPAJÓS, TROMBETAS E AMAZONAS

FICHA TÉCNICA

EDITORIAL	Augusto V. de A. Coelho
	Sara C. de Andrade Coelho
COMITÊ EDITORIAL	Ana El Achkar (Universo/RJ)
	Andréa Barbosa Gouveia (UFPR)
	Antonio Evangelista de Souza Netto (PUC-SP)
	Belinda Cunha (UFPB)
	Délton Winter de Carvalho (FMP)
	Edson da Silva (UFVJM)
	Eliete Correia dos Santos (UEPB)
	Erineu Foerste (UFES)
	Erineu Foerste (Ufes)
	Fabiano Santos (UERJ-IESP)
	Francinete Fernandes de Sousa (UEPB)
	Francisco Carlos Duarte (PUCPR)
	Francisco de Assis (Fiam-Faam-SP-Brasil)
	Gláucia Figueiredo (UNIPAMPA/ UDELAR)
	Jacques de Lima Ferreira (UNOESC)
	Jean Carlos Gonçalves (UFPR)
	José Wálter Nunes (UnB)
	Junia de Vilhena (PUC-RIO)
	Lucas Mesquita (UNILA)
	Márcia Gonçalves (Unitau)
	Maria Aparecida Barbosa (USP)
	Maria Margarida de Andrade (Umack)
	Marilda A. Behrens (PUCPR)
	Marília Andrade Torales Campos (UFPR)
	Marli Caetano
	Patrícia L. Torres (PUCPR)
	Paula Costa Mosca Macedo (UNIFESP)
	Ramon Blanco (UNILA)
	Roberta Ecleide Kelly (NEPE)
	Roque Ismael da Costa Güllich (UFFS)
	Sergio Gomes (UFRJ)
	Tiago Gagliano Pinto Alberto (PUCPR)
	Toni Reis (UP)
	Valdomiro de Oliveira (UFPR)
SUPERVISOR DA PRODUÇÃO	Renata Cristina Lopes Miccelli
ASSESSORIA EDITORIAL	William Rodrigues
REVISÃO	Monalisa Morais Gobetti
PRODUÇÃO EDITORIAL	Adrielli de Almeida
DIAGRAMAÇÃO	Maria Vitória Ribeiro Kosake
CAPA	Claide de Paula Moraes
	Kananda Ferreira
REVISÃO DE PROVA	Elisa Barros

As autoras dedicam este trabalho às mais velhas e aos mais velhos, que são nosso passado-presente; mas também para as e os jovens, que são nosso presente-futuro.

O dedicamos também às tantas colaborações e sororidades entre mulheres, tanto na academia quanto fora dela, com uma forte sensação esperançosa de que estamos num caminho fecundo.

SUMÁRIO

INTRODUÇÃO
ARQUEOLOGIAS HISTÓRICAS NA REGIÃO DO BAIXO TAPAJÓS, BAIXO TROMBETAS E BAIXO AMAZONAS: NOVAS PERSPECTIVAS E FRONTEIRAS 11
Anne Rapp Py-Daniel
Camila Pereira Jácome
Sarah de Barros Viana Hissa

CAPÍTULO 1
"A CABANAGEM COMEÇOU AQUI!" RELATO DE UMA GUERRA QUE AINDA NÃO ACABOU 25
Florêncio Almeida Vaz

CAPÍTULO 2
PATRIMÔNIO AZULEJAR DE SANTARÉM 59
Clara Ariete Mendonça Costa
Marcela Nogueira de Andrade

CAPÍTULO 3
NUMA ENCRUZILHADA AMAZÔNICA: CACHIMBOS DE BARRO DA REGIÃO DE SANTARÉM E (CO)EXISTÊNCIAS AFROINDÍGENAS 83
Sarah de Barros Viana Hissa

CAPÍTULO 4
FLOR NO SERINGAL: ARQUEOLOGIA NA PAISAGEM DE TRANSIÇÃO ENTRE "MENINA", "MOÇA", "RAINHA DO LAR" E "MULHER SOLTEIRA" NA CIDADE OPERÁRIA DA FORD, BELTERRA 113
Daniela Aparecida Ferreira
Scott Joseph Allen

CAPÍTULO 5
UMA AUTOETNOGRAFIA MARCADA PELO PROCESSO HISTÓRICO DA LINHAGEM MATRILINEAR KUMARUARA 153

Luana da Silva Cardoso

(Luana Kumaruara)

CAPÍTULO 6
ARQUEOLOGIA QUILOMBOLA: UM ESTUDO DE CASO NA COMUNIDADE DE MURUMURUTUBA, SANTARÉM (PA) 193

Elaine dos Santos Pinto

Rafaela dos Santos Pinto

Tarcísio Pinto Vandekoken

José Humberto Santos da Cruz

Anne Rapp Py-Daniel

CAPÍTULO 7
DIÁLOGOS ENTRE BELÉM E SANTARÉM: ARQUEOLOGIA HISTÓRICA NA AMAZÔNIA BRASILEIRA 215

Diogo Meneses Costa

Tiago Silva Alves Muniz

CAPÍTULO 8
COLEÇÕES HISTÓRICAS E ARQUEOLOGIA: NARRATIVAS WAI WAI DO PASSADO RECENTE 233

Igor Morais Mariano Rodrigues

Jaime Xamen Wai Wai

CAPÍTULO 9
IMAGENS DO TEMPO: MATERIALIDADE, TEMPORALIDADE E TERRITORIALIDADE NA RETOMADA KAHYANA E KATXUYANA 275

Neide Imaya Wara Kaxuyana

Luísa Gonçalves Girardi

Camila Pereira Jácome

SOBRE OS AUTORES 305

A ancestralidade sempre ensinou que o sentido da vida é o coletivo

(Sónia Guajajara)

Ensinar não é transferir conhecimento, mas criar as possibilidades para a sua própria produção ou a sua construção

(Paulo Freire)

A educação é a arma mais poderosa que você pode usar para mudar o mundo

(Nelson Mandela)

Introdução

ARQUEOLOGIAS HISTÓRICAS NA REGIÃO DO BAIXO TAPAJÓS, BAIXO TROMBETAS E BAIXO AMAZONAS: NOVAS PERSPECTIVAS E FRONTEIRAS

Anne Rapp Py-Daniel
Camila Pereira Jácome
Sarah de Barros Viana Hissa

Palavras iniciais

A obra *Arqueologias históricas nos rios Tapajós, Trombetas e Amazonas* visa responder e se aproximar de demandas colocadas por pesquisas recentes, desenvolvidas no âmbito e/ou em parceria da disciplina Arqueologia com as disciplinas de História e de Antropologia da Universidade Federal do Oeste do Pará (UFOPA). Pensando nessa produção e na reivindicação crescente, nascidas a partir de pesquisas de docentes e, especialmente, de discentes do curso de arqueologia, que buscam acessar temas sobre a história e a arqueologia de períodos recentes da região de Santarém e seus arredores, propusemos esta obra compartilhada. Dessa maneira, o livro tem por objetivo contribuir com uma área ainda pouco explorada, a arqueologia dos últimos 500 anos na Amazônia. Além de visibilizar pesquisas contemporâneas sendo realizadas, também pretendemos, como professoras, trazer textos que possam ser trabalhados e discutidos em sala de aula, seja na graduação como na pós-graduação. Dentre as/os autoras/es temos pessoas com experiências de vida e profissionais múltiplas, que trazem falas e olhares diversos que em muito se parecem com a realidade da própria UFOPA, universidade criada no interior da Amazônia e que atualmente possui o maior número de discentes indígenas e quilombolas de todo o Brasil, com um quantitativo ainda não mensurado de discentes oriundos de outras comunidades tradicionais.

A localização da UFOPA e sua constituição humana fazem com que muitas portas novas de pesquisa tenham sido abertas com sua implantação, em alguns casos os temas abordados provinham de solicitações antigas dos próprios amazônidas. Em outros, os temas de estudo nasceram do encontro de vivências não acadêmicas com as disciplinas acadêmicas. Nesse cenário, a arqueologia regional ganhou muito. Em poucos anos, multiplicou-se o número de pesquisadores/as que possuem uma experiência empírica do que é viver no ritmo amazônico, para essas pessoas a novidade era a arqueologia. Entretanto fazemos ressalvas nessa afirmação, pois para muitos, os vestígios arqueológicos já faziam parte do cotidiano, pois cresceram vendo terras pretas, cachimbos e caretas de cerâmica, construções do século XIX, valas defensivas da época da cabanagem e muitos outros elementos do passado distante e/ou recente.

É importante entender que desse "encontro" não brotaram só resultados felizes, muitos conflitos inerentes à sociedade brasileira ficaram mais evidentes dentro deste espaço de Ensino Superior que foi criado. É notório que a academia como um todo pode ser muito violenta e pouco representativa, mas no caso do interior da Amazônia, essa situação ficou mais exacerbada. O conhecimento secular, ou mesmo milenar, presente em aldeias e comunidades não possui uma "cadeira" fixa dentro dos espaços universitários, sendo necessário construir, em alguns casos do zero, essas pontes. Além disso, a academia lida mal com a diversidade, com as falas ou os corpos que não tradicionalmente ocupavam os seus espaços, por isso (e por vários outros motivos) se faz imperativo criar locais onde essas vozes possam mostrar seus potenciais formativos, sejam eles humanos ou profissionais.

Ademais, este livro espera que, ao trazer essas diversas perspectivas e olhares, possamos discutir quais são as fronteiras e limites da própria conceituação de *arqueologia histórica* hoje em dia. A leitura do presente livro permite observar recortes e debates muito distintos, o que ilustra a própria diversidade dessa área do conhecimento. Essa multiplicidade de áreas de interface da arqueologia dita histórica não é recente, como aponta Charles Orser Jr. (1992, 2017), baseando-se também nos trabalhos de Robert Schuyler, quando ele agrupou algumas abordagens e definições ao que poderia ser considerado como arqueologia histórica. Inicialmente, esse campo do conhecimento foi compreendido como um método de se fazer arqueologia, onde seriam conjugadas fontes históricas (documentos escritos e imagéticos produzidos na época estudada) com artefatos e achados arqueológicos. O uso da escrita como parâmetro cronológico, tecnológico e metodológico de definição da disciplina significaria incluir nela, por exemplo, a egiptologia. Um segundo agrupamento de definições de arqueologia histórica seria o estudo de um período histórico específico. O que definiria os limites desse objeto de estudo seria um parâmetro cronológico predefinido e o histórico se definiria como o que não é pré-histórico (Orser Jr., 2017, p. 8). Chegou-se até mesmo a pensar que os ameríndios, logo após o contato com o europeu, poderiam ser considerados *proto-históricos*, o que é uma categoria extremamente questionável e racista, pois nega a esses povos a história e a historicidade. Reflexões pós-processualistas trouxeram uma terceira forma de se definir arqueologia histórica. Essa definição, que estaria então emergindo desde a década de 1980 (Orser Jr., 1992), seria uma ênfase temática. A disciplina se voltaria para "o estudo arqueológico dos aspectos materiais, em termos históricos, culturais e sociais concretos, dos efeitos do mercantilismo e do capitalismo que foi trazido da Europa em fins do século XV e que continua em ação ainda hoje" (Orser Jr., 1992, p. 23). Nesse sentido, é uma arqueologia muito voltada para os efeitos e impactos da expansão do colonialismo e da modernidade ocidental no mundo (Orser Jr., 1996).

Algumas críticas a tais conceituações da disciplina já vêm sendo promovidas há algumas décadas. Uma delas aponta que destacar sucessivamente as rupturas trazidas pela modernidade capitalista ou a própria presença de objetos ou elementos europeus, nega continuidades indígenas e encobre outros aspectos das histórias dos povos originários (Lightfoot, 1995). A divisão abrupta entre o passado pré-histórico e histórico (que nada mais é que uma construção analítica que historicamente demarca hierarquias sociais e culturais) descreve a presença do europeu como uma ruptura fundamental no mundo, ruptura essa tanto social, quanto cronológica, associando ao continente europeu um poder quase absoluto sobre todos os outros povos e territórios. Além disso, outorga um valor desmesurado aos documentos escritos europeus e os contrapõem, de maneira negativa, à oralidade, criando não só um sistema de classificação das fontes documentais, mas também hierárquico. Assim, tudo que seria "pré-histórico" ou relacionado à oralidade, teria uma conotação de atrasado e inferior embutido nos conceitos.

Esses aspectos podem ser discutidos também a partir do conceito de *cronopolíticas*, que revela formas e consequências da produção e da manutenção de temporalidades específicas (cf. Wallis, 1970; Hamilakis & Anagnostopoulos, 2009; Hamilakis, 2011; Klinke, 2012; Norum et al., 2016;

Witmore, 2013, 2014; Hissa, 2022). Vale lembrar a crítica feita por Fabian (2013) sobre várias posições da antropologia acerca de como essas perspectivas servem para manter um subjugo epistemológico do *outro*. Fabian detalha os mecanismos pelos quais a disciplina antropológica mantém povos tradicionais como estáticos no tempo, negando-se a eles coetaneidade com o restante do presente e da modernidade. Assim, distancia-se o tempo do observador e o tempo do observado, tornando-os assíncronos e não coevos entre si, negando sua simultaneidade e contemporaneidade. Com fins ideológicos, aparta-se os antropólogos e os povos estudados, afasta-se a distância entre o dito ocidente moderno e o restante do mundo. Assim, uma consequência fundamental de tal *cronopolítica* é congelar e manter congelados os povos da floresta em um passado longínquo.

Souza (2017), com base teórica fundamentada em autores como Kent Lightfoot e Stephen Silliman, apontou a posição quase invisível que a arqueologia histórica tradicional brasileira proporciona a povos indígenas, especialmente em sítios das urbes próximas ao litoral atlântico, onde a ação violenta colonizadora teve rápidos efeitos nas ocupações e grupos autóctones. O autor ressalta como um dos dificultadores de se discutir a presença indígena em sítios históricos dessas regiões reside, em grande medida, no problema teórico do uso de *marcadores étnicos* materiais para identificá-la e localizá-la no passado recente. Nesse sentido, o *elemento diagnóstico* para se caracterizar sítios arqueológicos indígenas como históricos seria a presença de objetos de fatura europeia ou de influências de modos de fazer europeus nos artesanatos indígenas. Essa é uma questão problemática e eurocêntrica, onde a definição do que seria *histórico* depende da presença do colonizador. Alguns exemplos desses cenários foram apontados em outra ocasião (Gambim Jr. et al., 2018; Hissa, 2020). Tratava-se de algumas urnas funerárias cujos sepultamentos também continham, dentre os acompanhamentos funerários, alguns elementos europeus, tais como: dedais e guizos de metal encontrados em Monte Mayé, no noroeste da ilha de Maracá, Amapá (notam-se orifícios na coroa de dedais provavelmente datados do século XVIII); colar e contas de vidro variadas também identificadas em Monte Mayé; e um anel de metal identificado em Teso dos Índios, na ilha Caviana no arquipélago de Marajó.

A questão de se tomar objetos, símbolos ou modos de fazer como diagnósticos diretos de povos ou grupos socioeconômicos e políticos particulares, entendidos como unidades estáticas e impermeáveis, é um risco recorrente na arqueologia histórica, como nas arqueologias da diáspora africana.

Ele decorre de uma noção hermética e estática de culturas, povos ou classes sociais. Além dessa questão, tem-se também uma certa comodidade em se trabalhar, ao menos inicialmente, com objetos de fatura europeia, já que são mais facilmente datáveis e atribuíveis aos processos associados à expansão do modo de vida ocidental capitalista moderno pelo mundo, que foi um dos motes principais de arqueologias pós-processuais. Nesse sentido, trabalhar com o artefato europeu como elemento diagnóstico cronológico e indicador de práticas moderno-capitalistas historicamente situadas é tentador, pela relativa segurança interpretativa que oferece.

Por outro lado, no Brasil, quando falamos em arqueologia histórica, não é na região amazônica que pensamos primeiro. Historicamente, a produção da arqueologia histórica brasileira é centrada no Sudeste, Nordeste, Sul e Centro-oeste. Isso se dá tanto pelas relações históricas de produção econômica no período colonial, quanto pela tradicionalidade de departamentos com especialistas nessas linhas de pesquisa em universidades dessas regiões. Assim, quando pensamos, falamos ou escrevemos sobre arqueologia amazônica, os vínculos mais rápidos feitos são com a ocupação indígena, especialmente a anterior à invasão europeia.

No entanto, felizmente, nos últimos 30 anos a quantidade de pesquisas, a diversidade de lugares, tipos de materiais e sítios arqueológicos estudados têm aumentado vertiginosamente, especialmente com os novos centros de ensino e pesquisa que na Amazônia surgiram. Apesar de ainda pouco desenvolvida na região, a arqueologia histórica vem se estruturando aos poucos desde o século XIX, contudo, como aponta Diogo Costa (2017), a esmagadora maioria dos trabalhos, até hoje, foi voltada para o estudo dos vestígios do colonizador europeu (por exemplo Marques, 2004, 2006, entre outros). Nesse sentido, a tradição do Museu Paraense Emílio Goeldi, instituição secular de pesquisa na Amazônia, traz as primeiras contribuições sobre a arqueologia histórica amazônica. No decorrer do século XX, e, principalmente, a partir dos anos 1980, a mesma esteve atrelada ao desenvolvimento de pesquisas no âmbito do resgate patrimonial durante trabalhos de consultoria vinculadas ao licenciamento ambiental, como boa parte da arqueologia no território brasileiro. Diogo Costa (2017, p. 162) menciona os anos 1980 e o curso de Margarida Andreatta como elementos centrais para a elaboração e execução dos primeiros projetos voltados *stricto sensu* para a arqueologia histórica na região, que eram estudos voltados para engenhos, fortalezas e antigas missões religiosas.

O *Projeto Sítio-Escola no Engenho do Murutucu: Uma Arqueologia dos Subalternos*, desenvolvido por Diogo Costa (UFPA), foi então um passo muito importante, por enfatizar deliberadamente uma busca por grupos socioeconômicos e culturais subalternizados, mas também por formar alunos de graduação e pós-graduação que, por sua vez, produziram trabalhos acadêmicos sobre os vestígios oriundos do sítio (Martins, 2015; Santos 2017; L. Costa, 2018; entre outros), contribuindo para consolidar a arqueologia histórica em uma universidade amazônica.

Já no baixo Tapajós, a UFOPA vem desenvolvendo trabalhos voltados para as realidades indígenas (Silva, 2018; J. Wai Wai, 2017; J. Munduruku, 2019; C. Wai Wai, 2019; C. W. Wai Wai, 2023); quilombolas (R. Pinto, 2023; E. Pinto, 2023); relacionadas à Cabanagem (Nepomuceno, 2017); e aos azulejos históricos da cidade de Santarém (C. A. Costa, 2019). Nesse contexto universitário, que, como mencionado, possui forte presença de discentes descendentes ou próximos de povos tradicionais, a ausência de pesquisas direcionadas à história recente desses povos tem provocado e direcionado os/as acadêmicos/as para que os/as mesmos/as tomassem as rédeas da produção de pesquisas que lhes representem e que atendam às suas demandas. Assim, vem surgindo, aos poucos, uma série de dados e reflexões completamente originais, alguns desses presentes neste livro.

Apesar de tangenciarmos alguns momentos ou trabalhos-chave para a arqueologia histórica amazônica, consideramos que ainda é cedo para fazer um levantamento detalhado e sistemático dos estudos realizados até o momento. A despeito dos trabalhos estarem de fato se intensificando, será mais proveitoso aguardar mais alguns anos para então produzir um balanço produtivo do andamento das pesquisas. No entanto, ressaltamos que as possibilidades de estudos arqueológicos do passado recente na amazônia são muitas e diversas. Em termos de processos amplos econômicos na região, poderia-se debruçar sobre sítios e vestígios dos inúmeros engenhos ou do posterior ciclo da borracha, que já vêm sendo trabalhados (Marques, 2004; D. M. Costa, 2020a, 2020b; Muniz, 2022; entre outros), mas que ainda oferecem muitas aberturas para novos estudos. Poder-se-ia trabalhar sítios de quilombos, como incentiva Diogo Costa (2016), o que possibilitaria discutir questões de identidade, resistência, persistência ou manutenção de africanismos nas formas de habitação e vivência, relação com indígenas, entre tantas outras questões. As cidades amazônicas, apesar de já algo abordadas, em especial Belém, merecem também mais atenção. Além de se poder fazer arqueologias urbanas *da cidade* (Staski, 1982; Lima, 2022), explorando a história particular de cada urbe, seria muitíssimo interessante discutir as particularidades das cidades amazônicas em conjunto, mas para além da perspectiva centro-periferia. Esses são apenas alguns poucos exemplos de estudos possíveis e que estão ainda por fazer. Assim, esperamos que o presente livro contribua positivamente nesse sentido, congregando algumas pesquisas sobre temas, locais, materialidades e questões diversas.

Sobre os textos neste livro

Após esse presente capítulo introdutório, seguem-se nove capítulos elaborados sob distintas perspectivas, ênfases teóricas, materialidades, pessoas e grupos socioculturais, ilustrando e reiterando algo da diversidade que o campo da arqueologia histórica amazônica apresenta.

Assim, o primeiro capítulo do livro, intitulado "'A Cabanagem começou aqui!' Relato de uma guerra que ainda não acabou", por Florêncio Almeida Vaz, traz-nos uma leitura da perspectiva das comunidades dos baixos rios Tapajós e Amazonas sobre as origens da Revolta da Cabanagem. O autor conta principalmente com relatos de memórias geracionais de moradores da Aldeia de Pinhel sobre o conflito. O texto mostra que as histórias que são contadas, colocam Pinhel no centro desse conflito histórico, e não como satélite da capital Belém. Essa memória é viva, seja na presença dos assombros e visagens dos mortos na guerra, seja nos vestígios materiais, arqueológicos, das trincheiras e das armadilhas contra os portugueses. Essa questão da memória em movimento, é fundamental no texto, como muito bem mostra Florêncio Almeida Vaz, o próprio termo *cabano*, antes pejorativo, hoje denota a força dos indígenas e de sua resistência ao modelo exploratório colonial da branquitude, que insiste em subjugar todos os não brancos até os dias de hoje. Mas a guerra ainda acontece hoje, sendo uma das armas cabanas mais poderosas de resistência a própria manutenção da tradição indígena e popular, da "a vida continua, soberana, entre *puxirum, putaua, tarubá* e Festa do Gambá (São Benedito)" (Vaz, cap.1).

O segundo capítulo, "Patrimônio azulejar de Santarém", é de autoria de Clara Ariete Mendonça Costa e Marcela Nogueira de Andrade. Ele apresenta e discute os azulejos de Santarém enquanto patrimônio arqueológico histórico e arquitetônico. As autoras analisam os azulejos do Solar dos Campos, Casa do Cartório, Casarão Azulejado e Solar do Barão de

São Nicolau a partir de um conjunto de métodos e técnicas detalhados no texto, o que poderá servir de referência para futuros trabalhos. Além da contribuição metodológica, o trabalho resulta em um registro descritivo e imagético dos artefatos em questão. Desse modo, os dados e a discussão oferecida permitem refletir sobre noções de patrimônio, bem como ações de gestão em prol da sua preservação. Esse é um trabalho inovador e sem antecedentes na arqueologia local que cria ferramentas importantes para se pensar o patrimônio edificado, muitas vezes depreciado e relegado apenas ao âmbito arquitetônico.

O terceiro capítulo, "Numa encruzilhada amazônica: cachimbos de barro da região de Santarém e (co)existências afroindígenas", redigido por Sarah de Barros Viana Hissa, oferece uma discussão sobre cachimbos cerâmicos encontrados em Santarém e região, hoje acondicionados no Museu de Arqueologia e Etnologia da Universidade de São Paulo (MAE/USP). Apesar de a autora em outra ocasião ter buscado deliberadamente tensionar os conceitos de arqueologia e sítios históricos (Hissa, 2022), nesse trabalho traz uma discussão relativamente tradicional dentro desse campo disciplinar. A partir de estudo interescalar, a autora apresenta cachimbos de barro da região de Santarém. Em nível macroescalar, o texto demonstra que os cachimbos da região santarena apresentam semelhanças com pitos identificados em outros locais, indicando conexões entre as várias regiões. Por outro lado, a partir de observações microescalares, advoga ênfase na coexistência (contra a mistura) de elementos afro e indígenas na materialidade.

O capítulo quarto que se segue, "Flor no Seringal: Arqueologia na paisagem de Transição entre "menina", 'moça', 'rainha do Lar' e 'mulher Solteira na cidade operária da Ford, Belterra'", por Daniela Aparecida Ferreira e Scott Joseph Allen, discute, a partir de uma notícia de crime de abuso sexual, a espacialidade da cidade de Belterra (PA). Belterra foi a segunda cidade criada pela empresa Ford com apoio do governo brasileiro e a disposição espacial de casas, espaços coletivos, ruas etc., é analisada a partir de um evento narrado à polícia. Além de analisar a espacialidade do centro urbano, os autores vão muito mais longe e abordam o papel das mulheres em Belterra, ou melhor, as atribuições designadas para elas em sociedades capitalistas, onde tinham pouca, ou nenhuma, liberdade sobre suas profissões, especialidades e mesmo seus próprios corpos.

Na sequência, o quinto capítulo, de Luana Kumaruara, "Uma autoetnografia marcada pelo processo histórico da linhagem matrilinear Kumaruara", traz uma discussão extremamente pessoal. A partir de uma autobiografia, a autora discute a sua história enquanto indígena, mulher e acadêmica.

Com esse texto, são trazidas discussões sobre o papel das mulheres Kumaruara, sobre o racismo enfrentado fora das aldeias, assim como as dificuldades enfrentadas nos diferentes espaços pelos quais a autora esteve. Amplia-se o conceito de arqueologia histórica e as formas de se fazê-la, a partir da autobiografia intimista de Luana, que, em alguma medida, pauta-se sobre *coisas* materiais, tais como roças e árvores enquanto materialidade significada, a reafirmação do território enquanto paisagem vivida, os lugares sagrados e os grafismos. Trata-se de um trabalho que estende a temporalidade da disciplina conectando passado e presente, trazendo um lugar de fala indígena posicionado e politizado.

O sexto capítulo, "Arqueologia quilombola: um estudo de caso na comunidade de Murumurutuba, Santarém, Pará", oferece uma abordagem de arqueologia histórica também inclusiva do tempo presente. As autoras e autores do texto, a saber Elaine dos Santos Pinto, Rafaela dos Santos Pinto, Tarcísio Pinto Vandekoken, José Humberto Santos da Cruz e Anne Rapp Py-Daniel, discutem o estudo de caso da comunidade de Murumurutuba em detalhe e em correlação com estudos prévios em outras comunidades quilombolas do país. A proposta sendo de evidenciar como afrodescendentes vêm sendo invisibilizados pelo governo e pela própria arqueologia, sendo importante aprender a trabalhar com as ferramentas que as comunidades nos apresentam, como a oralidade e a construção de uma paisagem dinâmica e histórica. Ademais, os autores propõem cuidado nas ferramentas de periodização da arqueologia, que muitas vezes podem criar distinções e rupturas que não necessariamente condizem à realidade. Nesse caso, o fato de a maior parte dos autores ser quilombola traz uma voz diferenciada voltada para uma maior interação com estudos sobre a diáspora africana numa arqueologia ainda majoritariamente branca.

O capítulo sétimo, "Diálogos entre Belém e Santarém: Arqueologia Histórica na Amazônia Brasileira", é autorado por Diogo Meneses Costa e Tiago Silva Alves Muniz. O texto advoga por uma divisão mais clássica entre a arqueologia amazônica, ou pré-colonial, e uma arqueologia histórica amazônica. Nesse trabalho, os autores afirmam que a distinção em períodos bem-marcados — tendo a data de 1492 como limite temporal — permite apreender melhor o imenso impacto da invasão/colonização europeia na Amazônia, assim como reforçaria o impacto do que foi o maior tráfico humano de toda a história humana e como ele está atrelado a um processo de resistência da população negra na região.

O trabalho que se segue, redigido por Igor Morais Mariano Rodrigues e Jaime Xamen Wai Wai, traz a proposta de pensar a arqueologia histórica através de coleções etnográficas e etnoarqueológicas. Nesse oitavo capítulo, "Coleções históricas e arqueologia: narrativas wai wai do passado recente", os autores buscam integrar duas narrativas simultaneamente, a do pesquisador de fora e a do pesquisador de dentro, nesse caso indígena wai wai. Esse ensaio busca apontar a necessidade não só de diálogos, mas principalmente de aprendizados, focando nos relatos de interlocutores wai wai como eixos centrais para o entendimento da própria arqueologia. Ademais, apresenta a necessidade daqueles que fazem arqueologia conhecerem as coleções etnográficas e pensar que as mesmas podem/devem ser acessadas pelas populações que as produziram.

Por fim, o nono capítulo é o texto de Neide Imaya Wara Kaxuyana, Luísa Gonçalves Girardi e Camila Pereira Jácome, que arremata a presente obra. O trabalho "Imagens do tempo: materialidade, temporalidade e territorialidade na retomada kahyana e katxuyana" traz um panorama da retomada territorial desses povos, nos rios Trombetas, Cachorro e Yatxkuri. A diáspora desses povos se deu em função de agrupamentos em aldeias missões, como a Missão Tiryió, nos anos 60 do século XX. O retorno ao território tradicional, bastante recente, foi desejado desde sempre, ele tem sido guiado pelos mais velhos junto aos mais novos. Esse processo foi chamado pelas autoras de tecnologia da retomada, pois articula conhecimentos tradicionais de paisagens, longos inventários de aldeias e lideranças do passado, e uma relação bastante particular com vestígios arqueológicos, no sentido *stricto sensu*, de uma arqueologia karaiwa (branca). No artigo veremos como essas memórias articulam conceitos como materialidade, paisagem e temporalidade desses povos indígenas.

Esse breve prelúdio traz algumas reflexões que nortearão a obra como um todo. Ele antecipa que a leitura do todo incluirá tensionamentos das fronteiras disciplinares da arqueologia histórica, conclamando-a a se estender ou a dar maior relevo para: o estudo de coleções etnográficas e arqueológicas compiladas em períodos históricos e hoje acondicionadas em museus; para a recepção de biografias históricas e autobiografias atuais posicionadas; para coexistências culturais contra a mistura; para abraçar ampla gama de experiências de memória e de oralidade no presente; entre outras tantas contribuições. Esperamos que essa publicação encontre leituras receptivas e fomente discussões proveitosas.

Agradecimentos

Este livro é um desdobramento do projeto *Acervos Arqueológicos da UFOPA e Arqueologia Histórica em Santarém, Pará*, coordenado por Sarah de Barros Viana Hissa, com apoio institucional de Anne Rapp Py-Daniel, através da Chamada nº 007/2021 – Fapespa/CNPq Programa de Desenvolvimento Científico e Tecnológico Regional – DCR.

Agradecemos às comunidades que apoiaram as pesquisas mencionadas; ao Colegiado do Curso de Arqueologia da UFOPA, que vem aprendendo, através de demandas e reflexões trazidas por diversas frentes, comunidades etc., a repensar e a estimular pesquisas inovadoras.

Referências

Costa, Clara Ariente M. (2019). *Azulejaria Portuguesa em Santarém do Pará: Inventário e Diagnóstico da Azulejaria Histórica de Fachada dos Casarões Localizados no Centro Histórico*. (Trabalho de Conclusão de Curso, Universidade Federal do Oeste do Pará, Santarém, Pará).

Costa, Diogo Menezes (2016). Arqueologia dos africanos escravos e livres na Amazônia. *Vestígios: Revista Latino-Americana de Arqueologia Histórica*, 10, 71-91.

Costa, Diogo Menezes (2017). Arqueologia Histórica Amazônida: entre sínteses e perspectivas. *Revista de Arqueologia*, 30(1), 154-174.

Costa, Diogo Menezes (2020a). Arqueologia no Engenho do Murutucu: um Sítio Histórico na Amazônia Brasileira. *Antrope*, 12, 30-580.

Costa, Diogo Menezes (2020b). Histórias do Engenho do Murutucu: um Patrimônio Arruinado na Amazônia Brasileira. *O ideário patrimonial*, 14, 132-161.

Costa, Lairisse (2018). *Arqueologia e Etnicidade: o estudo de cachimbos de barro na Amazônia Colonial (Séc. XVIII e XIX)*. (Dissertação de Mestrado em Antropologia, Universidade Federal do Pará, Belém).

Fabian, Johannes (2013). *O tempo e o outro: como a antropologia estabelece seu objeto*. Editora Vozes.

Gambim Júnior, A., Carvalho, C., Saldanha, J., & Cabral, M. (2018). Adornos, contas e pingentes na foz do rio Amazonas: estudo de caso do sítio Curiaú Mirim I. *Amazônica: Revista de antropologia*. 10, 638-673.

Hamilakis, Yannis, & Anagnostopoulos, Aris (2009). What is archaeological ethnography?, *Public Archaeology*, 8(2-3), 65-87.

Hamilakis, Yannis (2011). Archaeological ethnography: a multitemporal meeting ground for archaeology and anthropology, *Annual Review of Anthropology*, 40, 399-414.

Hissa, Sarah (2022). Sítios históricos em Minas Gerais: algumas reflexões sobre paisagens, territórios e cronopolíticas. *Revista de Arqueologia*, 35, 154-180.

Klinke, Ian (2012). Chronopolitics: a conceptual matrix. *Progress in Human Geography*, 37(5), 673-690.

Lightfoot, Kent (1995). Culture contact studies: redefining the relationship between Prehistoric and Historical Archaeology. *American Antiquity*, 60(2), 199-217.

Lima, Tania Andrade (2022). No asfalto: Arqueologia histórica urbana no Brasil. In Luís Cláudio Symanski, & Marcos André Torres Souza (Orgs.). *Arqueologia histórica brasileira* (pp. 115-167). Editora UFMG.

Marques, Fernando Luiz Tavares (2004). *Modelo da agroindústria canavieira colonial no estuário Amazônico: estudo arqueológico de engenhos dos séculos XVIII e XIX*. (Tese apresentada ao programa de doutorado em História da Pontifícia Universidade Católica do Rio Grande do Sul, Porto Alegre).

Marques, Fernando Luiz Tavares (2006). Investigação arqueológica na Feliz Lusitânia. In Pará. Secretaria executiva do Estado. (Org.). *Feliz Lusitânia/Forte do Presépio – Casa das Onze Janelas – Casario da Rua Padre Champagnat* (Vol. 4; pp. 147-190). SECULT-PA.

Martins, Iberê Fernando de Oliveira (2015). *Arqueologia e Etnicidade na Amazônia Oriental: O caso do engenho Murutucu em Belém do Pará*. (Dissertação de mestrado em Antropologia, Universidade Federal do Pará, Belém).

Munduruku, Jair Boro (2019). *Caminhos para o passado: Ocaõ, Agukabûk e Cultura Material Munduruku*. (Trabalho de Conclusão de Curso, Universidade Federal do Oeste do Pará, Santarém, Pará).

Muniz, Tiago (2022). *Da materialidade do período da borracha (1850-1920) aos agentes do deus elástico durante o século XIX no baixo Amazonas: arqueologia e emaranhamentos em um presente emergente*. (Tese de doutorado em Antropologia, Universidade Federal do Pará, Belém).

Nepomuceno, Ingo (2017). *Arqueologia da Cabanagem: uma proposta para Cuipiranga*. (Trabalho de Conclusão de Curso, Universidade Federal do Oeste do Pará, Santarém, Pará).

Norum, R., & Mostafanezhad, M. (2016). A chronopolitics of tourism. *Geoforum*, 77, 157-160.

Orser Jr., Charles (1992). *Introdução à arqueologia histórica*. Oficina dos Livros.

Orser Jr., Charles (1996). *A historical archaeology of the modern world*. Springer.

Orser Jr., Charles (2017). *Historical Archaeology*. Routledge.

Pinto, Elaine dos Santos. (2023). *Arqueologia quilombola: Os processos de ocupação em Murumurutuba*. (Monografia, bacharelado em Arqueologia, Universidade Federal do Oeste do Pará, Santarém, Pará).

Pinto, Rafaela dos Santos. (2023). *Estudar a história de um quilombo é uma forma de resistir: Estudo de caso de Murumurutuba-PA*. (Monografia, bacharelado em Arqueologia, Universidade Federal do Oeste do Pará, Santarém, Pará).

Santos, Sabrina Fernandes (2017). *Penumbra: Arqueologia e o Esquecimento no Engenho do Murutucu*. (Dissertação de mestrado em Antropologia, Universidade Federal do Pará, Belém).

Silva, Ana Caroline Sousa da (2018). *De mãe para filhos: transmissão de conhecimento e (re)apropriação do passado arqueológico*. (Trabalho de Conclusão de Curso, Universidade Federal do Oeste do Pará, Santarém, Pará).

Souza, Marcos André Torres de (2017). A arqueologia dos grupos indígenas em contextos históricos: problemas e questões. *Revista de Arqueologia*, São Paulo, 30(1), 144-153.

Souza, Marcos André Torres de (2022). Introdução ao estudo dos sítios históricos. In L. Symanski, & M. Torres de Souza. *Arqueologia histórica brasileira* (pp. 11-20). Ed. UFMG.

Staski, Edward (1982). Advances in Urban Archaeology. *Advances in Archaeological Method and Theory*, 5, 97-149.

Valtonen, Anu (2004). *Rethinking Free Time: A Study on Boundaries, Disorder and Symbolic Goods*. HeSE.

Wai Wai, Carolina Wanaperu (2023). *O conhecimento das mulheres: estudo sobre o artesanato feito em sementes de Morototó*. (Trabalho de Conclusão de Curso, Universidade Federal do Oeste do Pará, Santarém, Pará).

Wai Wai, Cooni (2019). *A Cerâmica Wai Wai: Modos De Fazer do Passado e do Presente*. (Trabalho de Conclusão de Curso, Universidade Federal do Oeste do Pará, Santarém, Pará).

Wai Wai, Jaime Xamen (2017). *Levantamento etnoarqueológico sobre a cerâmica Konduri e ocupação Wai Wai na região da terra indígena Trombetas-Mapuera (Pará, Brasil)*. (Trabalho de Conclusão de Curso, Universidade Federal do Oeste do Pará, Santarém, Pará).

Wallis, G. (1970). Chronopolitics: The Impact of Time Perspectives on the Dynamics of Change. *Social Forces*, 49(1), 102-108.

Witmore, Christopher (2013). Which Archaeology? A Question of Chronopolitics. In Alfredo González-Ruibal (Ed.). *Reclaiming Archaeology: Beyond the Tropes of Modernity* (pp. 130-144). Routledge.

Witmore, Christopher (2014). Chronopolitics and archaeology. In C. Smith (Ed.), *The Encyclopedia of Global Archaeology* (pp. 1471-1476). Springer.

Capítulo 1

"A CABANAGEM COMEÇOU AQUI!" RELATO DE UMA GUERRA QUE AINDA NÃO ACABOU

Florêncio Almeida Vaz

Introdução

Nas últimas quatro décadas, no estado do Pará, a Guerra da Cabanagem voltou a despertar renovado interesse entre acadêmicos, artistas, políticos e até em segmentos da população em geral. Em Belém, por exemplo, isso resultou, entre outras iniciativas, na construção do Memorial da Cabanagem, idealizado pelo renomado arquiteto Oscar Niemeyer. O monumento foi inaugurado em 1985, sob o governo do conservador Jader Barbalho. No ano 2000, o prefeito Edmilson Rodrigues, de esquerda, inaugurou a Aldeia Cabana de Cultura Amazônica David Miguel, como espaço multiuso, onde passaram a ser realizados grandes eventos culturais, como o Carnaval e a Bienal de Música.

No contexto acadêmico, o tema foi objeto de teses e dissertações, livros, artigos e documentários. Porém, talvez o que mais alcançou a população das camadas populares na região amazônica foram o filme *A revolta dos cabanos*, produzido em 2014 pela TV Escola do Ministério da Educação (MEC) e disponível na internet[1], e as músicas ligadas às agremiações que se enfrentam nos festivais folclóricos no interior da Amazônia, como ocorre em Alter do Chão (PA) e Parintins (AM). O sucesso das músicas *Tempos de Cabanagem* (Boi Garantido, 1998) e *Tesouros da Cabanagem* (Boi Caprichoso, 2017), bem como das suas coreografias e apresentações teatrais grandiosas, são um exemplo disso. Toda essa valorização política e produção científica e artística se alimenta e bebe, de alguma forma, na memória dos povos e comunidades que vivem no interior da região.

---

[1] O documentário *A revolta dos cabanos* (Renato Barbieri), dividido em três episódios, está disponível no YouTube: Episódio 1: https://www.youtube.com/watch?v=y_RGR4khsDY; Episódio 2: https://www.youtube.com/watch?v=5366QTUdpjc; e Episódio 3: https://www.youtube.com/watch?v=Q74BCPAoeB0.

Mesmo no tempo quando não se podia falar abertamente sobre a Cabanagem, porque os *cabanos* eram vistos como bandidos, estupradores e assassinos, nas aldeias indígenas e comunidades quilombolas e ribeirinhas, os mais velhos teimavam em contar e recontar as histórias dos revoltosos para as novas gerações, a partir da sua visão. Naquele tempo, esses moradores não podiam se reivindicar orgulhosamente como descendentes dos cabanos, e mesmo assim as lembranças teimosas e os relatos dos seus feitos eram cultivados e revividos com muito gosto. Foi graças a esses/as nossos/as mais velhos/as que a Cabanagem ainda hoje está aí como uma guerra não esquecida e, no sentido político-cultural, guerra que ainda não terminou.

Neste artigo, vou contar um pouco do que foi essa guerra e seus impactos no Pará e em toda a Amazônia, mas farei isso a partir da minha própria experiência de vida e de pesquisa, como um indígena oriundo de uma das aldeias que foi um dos mais resistentes polos da ação dos rebeldes: Pinhel, aldeia do povo Maytapu, localizada à margem esquerda do rio Tapajós, Município de Aveiro. Existem muitas obras (Chiavenato, 1984; Di Paolo, 1985; Raiol, 1970, entre outras) que falam da Cabanagem que começou em Belém no dia 7 de janeiro de 1835, alastrou-se por toda a Amazônia e terminou em 1840. A leitura dessas obras é fundamental e ajuda a compreender o fato de um modo mais amplo. Porém, como os indígenas e moradores dos pequenos povoados e vilas do interior viram e veem esses acontecimentos? É disso que vou falar.

As trincheiras da memória em Pinhel

Passei toda a infância e início da adolescência em Pinhel, pisando nas *terras pretas*, com seus milhares de cacos de cerâmica indígena, e andando nos caminhos cheios de memória, como a área onde estão as famosas *trincheiras dos cabanos*, que ficam por trás da capela e do cemitério. A planta da aldeia ainda hoje guarda o ordenamento geral da antiga Missão dos Maytapu, fundada pelos jesuítas em 1722: as casas estão em duas filas, tendo ao centro a capela, o salão de festas e reuniões, o prédio da antiga escola e uma grande mangueira. O cemitério fica depois da capela, como se estivesse fora ou na periferia da área urbana, mas imediatamente ligado ao templo religioso. A casa dos meus pais ficava mais distante desse plano urbano, como a casa de outras famílias que se formaram mais recentemente e que foram sendo construídas ao redor dessa praça central.

Desde criança, eu já ouvia com atenção o que meus pais, avós e os mais velhos diziam sobre o lugar e suas histórias. Mesmo depois que, adolescente, saí de Pinhel para continuar os estudos em Santarém e Belém, eu voltava duas vezes durante o ano nas férias, e continuava ouvindo o que contavam meus avós. Anos mais tarde, quando estudava filosofia e teologia, entre os anos 1984-1991, passei a conhecer a literatura sobre a Cabanagem e me interessei ainda mais sobre o tema. Meu trabalho de conclusão de curso (Rither & Vaz Filho, 1988) se baseou em uma pesquisa bibliográfica sobre a Cabanagem e o título é revelador do espírito que me animava na interpretação desse evento: "A Cabanagem - a revolução popular na Amazônia como um ensaio de libertação à luz de Jesus Cristo". Em seguida, nos cursos de ciências sociais e antropologia, esse interesse se reforçou e passei a conhecer as teorias e reflexões sobre memória oral e a usar melhor as técnicas de coleta de relatos. Ainda hoje, eu vou a Pinhel duas vezes por ano, no mínimo.

Ao mesmo tempo que eu ouvia os mais velhos, comecei a falar e divulgar também a memória da Cabanagem. Entre os anos 1996-1998, nas mobilizações pela criação da Reserva Extrativista (Resex) Tapajós-Arapiuns, eu ajudei muito na reconstrução de uma consciência histórica dos moradores e na revalorização da sua cultura. Minha mensagem reforçava a ideia de que eles eram os herdeiros dos primeiros donos daquela terra e, portanto, como os atuais donos da terra, deveriam continuar sendo os sujeitos da sua história. Nos encontros, eu organizava dramatizações sobre as lutas da resistência indígena, dando ênfase à Cabanagem, que continuava viva na memória dos moradores. Parte do material recolhido nas minhas pesquisas resultou na cartilha *História dos povos indígenas dos rios Tapajós e Arapiuns a partir da ocupação portuguesa* (Vaz Filho, 1997b), na qual a Cabanagem era mostrada como "a" luta desses povos pela sua terra, luta que ainda estava em curso no presente. Em algumas comunidades o texto passou a ser usado como parte da sua história escrita. Digo isso para contextualizar que o que falo aqui é resultado desse longo processo de escuta, escrita e aprendizado.

Figura 1

Mapa de Pinhel e comunidades vizinhas

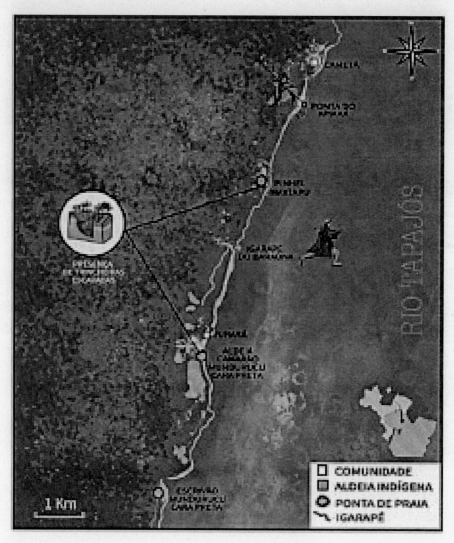

Nota. Por Diego Godinho.

Pois bem, continuemos em Pinhel. A área ao redor da capela e do cemitério e que se estende por trás é toda de terra preta. As *trincheiras dos cabanos*, que são enormes buracos redondos e valas, aparentemente cavadas, em linha reta, estão por trás do cemitério. Contaram-me que ali era uma área densamente povoada na época da Cabanagem. Pelas minhas leituras, penso que ali era o bairro Aldeia, habitado pelos indígenas, já que as famílias de brancos e autoridades moravam na parte baixa da vila, às margens do rio Tapajós e próximo ao igarapé. Muitas vilas e cidades coloniais na Amazônia possuíam essa separação entre bairro *aldeia*, onde viviam os indígenas, e bairro dos *brancos*. Inclusive, até meados do século XX, ainda restavam, na parte baixa de Pinhel, as casas dos comerciantes do período da borracha, todos de origem judaica e portuguesa. O avanço das águas do rio destruiu completamente essa área, restando a aldeia na parte mais alta. E isso é bem emblemático para o que estamos tratando aqui.

As mais antigas histórias que eu lembro de ter escutado falavam sobre as *visagens* nas ruas e nos caminhos que saem do povoado: a aparição de pessoas mortas ou a escuta de gemidos e vozes de mortos. Tarde da noite, mamãe escutava crianças chorando no rumo do mato e dizia que eram almas de bebês que morreram sem ser batizados, talvez mortos pelas suas mães que haviam sido abusadas pelos patrões e senhores. Certa vez papai contou que, voltando para casa à noite, viu um caixão com um defunto no caminho. Assim, a impressão que nós crianças tínhamos era que os mortos estavam por todos os cantos e podiam ser vistos e ouvidos principalmente à noite. E isso nos deixava com muito medo. Certa vez, a caminho da roça no sítio Uruá, passávamos perto de uma velha árvore retorcida e meio sem folhas, em um igapó, perto da praia. Meus avós, apontando para a árvore, disseram que ali costumava aparecer visagem na forma de quartos (pedaços) de gente pendurados, como se a pessoa tivesse sido esquartejada naquele instante, com sangue pingando ainda. Eu olhava para lá e imaginava a cena. Anos depois, quando meus avós já tinham morrido, eu passava perto da árvore, olhava e ainda imaginava a terrível cena.

É bom destacar que essas visagens se misturavam às aparições dos seres *encantados*, que, acreditamos, moram no rio, igarapé, pontas de pedra e na mata. Cada um desses lugares tem o seu espírito-dono ou *mãe*, como dizemos. Então, os vários espaços estavam sempre associados a algum tipo de espírito, seja dos mortos, seja dos encantados. Se as crianças tinham medo, os homens adultos, que saem para caçar e pescar à noite, tinham respeito e procuravam não desafiar esses seres. Mesmo com os cuidados, era comum que alguém adoecesse *assombrado*, após se espantar com uma dessas aparições. Nesses casos, o pajé ou benzedor/a era chamado/a para restituir a saúde, e ele/a explicava qual tinha sido o espírito causador do assombro.

Ainda que essas aparições de visagens não fossem imediatamente relacionadas ao período da Guerra da Cabanagem, a memória da guerra estava nos relatos dos nossos pais e avós e, principalmente, nos nomes de muitos lugares por onde passávamos sempre. Por exemplo, entre Pinhel e a comunidade Cametá, na margem do rio, à jusante, existe a Ponta do Apiaká, uma pequena península formada por pedras, sobre a qual os mais velhos diziam "aqui morreu o último apiaká". Já se supunha que tinha sido durante a Cabanagem, porque era sempre lembrada como a grande guerra do nosso passado. Também na beira do rio, à montante, entre Pinhel e a comunidade Jurará, existe o Igarapé do Baraúna, sobre o qual diziam: "aqui foi morto o Padre Baraúna, quando tentava fugir de Pinhel". Seguindo poucos quilômetros à montante, existe a aldeia Escrivão, sobre a qual se ouvia: "Aqui foi morto um escrivão português quando fugia da guerra". E, na área urbana de Pinhel, sempre que passávamos perto das trincheiras, ouvíamos a sua história, com o detalhe de que foram construídas como armadilhas camufladas para matar *portugueses*, que ficavam ali *espetados*. E lá também era um lugar onde apareciam muitas visagens. Essas descrições, para nós, crianças, eram quase que cinematográficas, fazendo com que aqueles lugares permanecessem como cenas vivas de uma guerra que a nós parecia muito recente.

Nas entrevistas que fiz nos anos 1980-1990, as pessoas mais velhas de Pinhel diziam abertamente que seus bisavós eram *do tempo da Cabanagem* ou diziam que elas mesmas eram netas ou bisnetas de cabanos. Esse era o caso de Dona Liloca e da minha avó, Dona Firmina Carvalho. Esta me informou que seu bisavô, um "índio Cara Preta" ou "Munduruku" (ela usava os dois termos), veio para Pinhel durante a Cabanagem e se casou com sua bisavó, uma indígena do lugar. Mas ele "desapareceu" durante a guerra, deixando a bisavó de Firmina grávida. Mesmo nessa condição, ela "se escondeu num buracão" (apud Vaz Filho, 2010, p. 106), para sobreviver durante a guerra. Ora, os Munduruku (também chamados de Cara Preta), de acordo com documentos históricos, de fato estão na origem e formação da Missão dos Maytapu (Santos, 2002) e tiveram participação muito ativa na Guerra da Cabanagem, tanto ao lado das forças legalistas, como ao lado dos rebeldes.

Dona Liloca, que faleceu em 2000, aos 83 anos, deixou-nos este rico relato sobre as motivações da guerra e as *trincheiras dos cabanos* em Pinhel:

> Foi o tempo que chegou a expedição de português. Tomaram conta aqui. Então, os bugres todos eram criados deles. Aí, os índios ficaram

com raiva deles. Porque também já era demais o que estavam fazendo com eles, judiando deles. Era escravidão. Tudo eram maltratados. Então, se combinaram para fazer uma guerra. E foram fazer as facas. Milhares de facas. Se chamavam "cabanas". Foi com o que mataram muitos portugueses. Meu pai tinha uma dessas facas. Fizeram trincheiras cavadas com 20 metros de fundo. Botaram aqueles estrepes de paxiuba. Quando os portugueses viessem, eles ficavam espetados lá. E fizeram... Nesse tempo era tudo cheio de trincheira, ali na frente, aqueles cavados que tem ali pro lado do cemitério. Tudo foi trincheira que eles fizeram, os cabanos. Cavado, sei que foi tudo cavado pro tempo da Cabanagem, pra matarem os portugueses, né? Sabe lá se cavaram tudo de noite! Esses portugueses eram muito besta, né? [...] Eles matavam mesmo, e assim eles acabavam com os portugueses. E tudo por ali tem trincheira. Já com 5 anos, veio um batalhão de Belém. Foi que acabou com a guerra (Dona Liloca citada em Vaz Filho, 2010, p. 107).

Como se vê, mesmo sem acesso à literatura sobre o tema, os moradores de Pinhel cultivavam muitas e fortes lembranças da guerra, herdadas daqueles que efetivamente viveram no período dos combates e sobreviveram para contar.

Pela força que essas *trincheiras* possuem dentro dos relatos dos moradores fica evidente o quão importante elas foram durante a guerra e no tempo presente, quando são apontadas como marcas visíveis daquele tempo. Os moradores limpam regularmente o lugar, para que o mato não esconda os grandes buracos. E os visitantes sempre são levados a conhecer a área e ouvir sobre sua história. Na vizinha aldeia Camarão, os moradores também mostram as suas trincheiras, e repetem que elas foram feitas pelos cabanos para "matar os portugueses". As trincheiras de Camarão, assim como as de Pinhel, são buracos de dois ou três metros de fundura por sete ou oito de diâmetro. Estão próximas umas das outras num raio de 400 metros, aproximadamente, e distantes cerca de 400 metros da margem do rio. Há ainda um caminho fundo que liga as trincheiras, e que pode ter servido, este sim, de trincheira, no sentido que a palavra tem na língua portuguesa. A área está dentro da única terra preta da área urbana de Camarão.

As *trincheiras*, tanto em Camarão como em Pinhel, são de dois tipos: os grandes buracos, que devem ter servido de armadilha para matar os inimigos (*espetados* nos paus pontiagudos) e o longo e reto caminho fundo que sai da área das *trincheiras* e se estende por centenas de metros. Por sua posição, quase paralela ao rio, suponho que esses caminhos fundos podem ter sido efetivamente as trincheiras de onde os cabanos, protegidos, repeliam os ataques das forças de repressão ou aguardavam para atacá-las, neste caso com armas de fogo ou arco e flecha. Nas duas aldeias, as *trincheiras* estão localizadas em uma área de terra preta, que deveria ser o centro do bairro indígena (aldeia), na época. Os buracos em Pinhel são um pouco maiores do que aqueles encontrados em Camarão, devendo ter entre 10 e 15 metros de diâmetro. Não se pode descartar que essas *trincheiras* tivessem sido construídas para outras guerras em período anterior à Cabanagem e foram apenas refeitas.

Estudos recentes (Barriga, 2014; Harris, 2017; Lima, 2008) mostram que as principais armas dos cabanos eram facões, espadas, arcos e flechas. Destaco que os facões são sempre citados como a principal arma dos cabanos em Pinhel. Alguns interlocutores destacam que eles não possuíam armas de fogo, como os *portugueses*. Eles usavam armas de fogo quando as capturavam dos inimigos. Trincheiras foram construídas em muitos outros lugares, como forma de se proteger dos ataques e também como armadilhas para os inimigos. Os cabanos enterravam no fundo desses buracos cavados estacas apontadas para cima, e cobriam tudo, de forma a camuflá-los (Harris, 2017). A documentação histórica vem confirmar os relatos que os moradores de Pinhel e de outras comunidades no rio Tapajós têm repassado de geração em geração, como um esforço de manter a sua memória sobre uma secular história de resistência indígena. É provável que a arqueologia possa dar também preciosas contribuições na reconstrução da história da Cabanagem nessa região.

"A Cabanagem começou aqui"

Em 2007, conversei longamente com o mestre-cantor de folias da Festa de São Benedito, também conhecida como Festa do Gambá, Luiz Xavier Cardoso, falecido em 2017. Sentado na sua rede, ele disse, seguro, que os cabanos eram os próprios moradores de Pinhel: "A Cabanagem começou aqui!" (apud Vaz Filho, 2010, p. 99), falou, apontando para o chão, no terreiro de casa. Liderados por Zé Duarte, os indígenas revoltaram-se, mataram os comerciantes portugueses e se apoderaram das suas casas e negócios. O conflito espalhou-se até para a capital da Província, provocando a repressão violenta por parte das tropas legalistas.

Figura 2
Dona Firmina Carvalho

Notas. Acervo pessoal de Florêncio Almeida Vaz Filho.

Figura 3
Wilson Oliveira

Notas. Por Karime Nunes Rubez (acervo de Florêncio Vaz).

Figura 4
Luís Xavier Cardoso

Notas. Foto de Florêncio Almeida Vaz Filho.

Figura 5
Trincheira em Pinhel

Notas. Por Karime Nunes Rubez (acervo de Florêncio Vaz).

Luís Xavier Cardoso afirmou, ainda, que houve duas cabanagens, sendo uma aquela que foi desencadeada em Pinhel, por Zé Duarte ("Foi formada aqui e aqui mesmo ela acabou. [...] uma família que fez ela [...]"), e outra, aquela que foi marcada pela cruel repressão comandada pelas forças legalistas, "a Cabanagem que veio de Belém" (apud Vaz Filho, 2010, p. 100). Na primeira, os indígenas lutaram contra e mataram os *portugueses*, e, na outra, os cabanos foram perseguidos e mortos. "Esta é a guerra mesmo, esta é a guerra mesmo falada. [...], esta de Belém veio acabando com tudo" (apud Vaz Filho, 2010, p. 100).

Ele disse que tudo começou em decorrência de um *português* designar os moradores de índios:

> Aí, nesse tempo aqui era só muito português, português era os ricos daqui. Bom, aí, eles iam se aviar em Belém, num era nem

Santarém, em Belém. Daqui ele levava os carregador como tem agora, né? "Carrega a mercadoria aí!" E o cara tava com a bengala na loja em Belém. Ele disse: - "Seu Zé! Olha o estoque de manteiga com farinha, meu caro. Seu Zé, vai levar esse estoque aqui é..." O Cara vem entrando – carregador, né? - ele bateu com a mão assim. E aqui: - "Você num vai levar o estoque de manteiga?" Ele disse: "Não! Eu num vô levar porque lá onde eu moro, em Pinhel, são índios, eles num conhece. Prá mim levar a manteiga e chegar lá, criar bulor, prejuízo pra minha loja. Então, num vô levar". O cara entrou, e observando, carregando na costa... Ele observou as palavras. Bom, parou, embarcarum tudo e vieram embora. Quando eles chegaram pra cá, já no mês da roça - em setembro, outubro – aí, conversando pra cá, convidaram esse, que no muxirum[2] do Bacatituba - até hoje existe esse nome né? Aí, ele começou se meter no tarubá. E aí tava aí esse chefe, o muxirum era dessa família. Convidaram o povo tudinho, naquele tempo tinha muita gente, [...] naquele tempo a gente num trabalhava com dinheiro, trabalhava por alegria, servindo os outros trabalhador, né? Aí, o cara se meteu no tarubá, e ele disse assim "Mas olha, eu vi uma conversa do seu Zé Português em Belém, 'Não, eu num vô levar a manteiga porque pode eu ter prejuízo, porque lá eles são índio'". Aí, o cara pulô. Já tava meio tobado[3], e ele disse: "Como, minino? Olha, venham escutar! Ele chamou de índio o povo daqui, que a manteiga ele não trazia porque ela podia ficar de bolor e prejuízo pra loja dele"[4]. Aí ele disse: "Mas ele chamou nós de índio?" Então, eles não se confundiam como índio, num se integravam como índio, porque se eles se entegrassem como índio eles achavum bunita a palavra do Português em Belém, né? Aí bateu contra: "Mas foi, minino?" – Foi. "Você tem prova?" – "Eu vi ele falar!" Aí, agoa tarubá, agoa tarubá. Aí, cada qual disse: "Olha, fulano e fulano, vamos matar o homem hoje". Eles ficaram mordido porque eles levaram o nome de índio, se morderam. Aí, "tem uma coisa, fulano, dois irmãos,

---

[2] *Muxirum* é outra forma para dizer *puxirum*, mutirão.
[3] Tobado: estar sob efeito de álcool, semiembriagado.
[4] O Sr. Wilson Oliveira, ao contar a mesma história, explica a revolta dos nativos contra os portugueses pelo fato de estes planejarem "botar os caboco tudo de tanga" (apud Vaz Filho, 2010, p. 101). Temos aqui a mesma motivação: recusar-se a ser associado aos índios selvagens, os chamados *gentios*.

fulano e fulano, aquele que veio pra cá num baixa mais[5], família tá tudo preso! E aquele que não quiser acompanhar vai morrer". E quando deu 5 horas, esperaram. Cadê? Eles vieram, mas já feito a guerra, mas já veio pronta, né? Aí, sabe quem foi o dono da guerra da Cabanagem aqui em Pinhel? Foi o Zé Duarte, esse que foi o guerreiro. O que prendeu tudo nesse dia foi o Zé Duarte. Tudo amolou o facão, e agoa tarubá, e agoa tarubá. Aí, a família disse: "mas o que aconteceu, fulano até agora num chegô?" Quando acaba, já tão tudo preso. "Se num acompanhar, morre!" E aí, vira pra cá, vira pra li, deu a hora, ele gritou: - "Bora!" Preparou o batalhão dele, já veio pronto o batalhão só no facão, num é o tiro não, era só no facão. Chegarum aí, disseram assim: - "olha, tantos da frente vão falar pra ele, chamar ele". Aí, chegou lá, bateu: - "Ei, seu Zé Português!" O vigia de lá, - "Seu Zé tá jantando". - Jantando? "É". Aí, naquele tempo era um chefe, chefe português. "Jantando não, sabe o que nós viemos fazer aqui? Foi matar ele agora!"[6] Fechou seis de lá e seis daqui, agarraram o Zé Português. Olha, fápu, fápu[7]. Acabaram. E agora? "Agora mata e pega o resto por ali". Prá lá já ficô a roça que tavam fazendo, e ficô, isolô tudo. A riqueza, eles tavam com a riqueza, e ataca com o fulano de tar lá. Era só de noite eles faziam isso. Aí, foram matando só os português, e iam pegando. E esse meu bisavô era irmão dos Cardoso antigo, ele era um homem sabido e num quis entrar, porque ele sabia que era um

---

[5] *Baixar* significa voltar da casa de farinha, do centro da mata, para o povoado. Neste caso, Zé Duarte, o líder, proibiu que as pessoas baixassem, para não denunciar o seu plano de ataque aos *portugueses*, que moravam no povoado, na beira do rio.

[6] O ataque no momento do jantar também é recorrente nos relatos dos mais velhos. Mas o Sr. Wilson Oliveira conta que os rebeldes acertaram com o cozinheiro, que também parecia ser um *caboco*, para que ele servisse pirarucu seco assado, o que iria deixar contrariados os *portugueses*, por ser um prato típico dos indígenas. E foi o que aconteceu. Na hora em que os *portugueses* reagiram contra o cozinheiro, os *cabocos* ou *índios* (o informante usa os dois termos ao mesmo tempo) atacaram a família dos patrões.

[7] Imitando o som de facões cortando com violência. Os interlocutores nativos, mesmo parecendo simpáticos aos cabanos, não escondem o alto grau de violência destes contra os *portugueses*. O Sr. Wilson Oliveira, sobre esse primeiro ataque, diz: "Aí, tudo foi pegado pelo cabelo e foram degolando eles. Os que fugiram de noite correram, foram cair nessas grandes trincheiras que tinha, essas trincheiras muito bem feita. E o resto fugiram" (Citado em Vaz Filho, 2010, p. 101). E mesmo do Sr. Clarismundo, que viveu até a primeira metade do século XX, e que era sobrinho do chefe cabano Zé Duarte, o Sr. Wilson Oliveira disse que ele era muito malvado a ponto de pendurar seus cachorros pela cabeça. Nesse aspecto os interlocutores repetem a ideia corrente sobre a suposta perversidade dos cabanos. Porém descrevem a violência dos cabanos contra os *portugueses* sem demonstrar compaixão ou pena destes.

erro que eles tavam fazendo, matando, secando no sol[8] (Citado em Vaz Filho, 2010, pp. 100-101)

Os *portugueses* comunicaram às autoridades de Belém o que estava acontecendo em Pinhel e pediram a força legal. E a força de Belém chegou, "que veio acabando com tudo, a guerra mundial bem dizer, né?", como disse Luís Cardoso:

> [...] quando foi uma madrugada, [...] batalhão vinha de Belém, mas só já na bala ó, "pei"![9] E eles era no facão[10]... Olha, quando foi 7, 8 horas, a bala virou aqui, que eles já subiram ali, vieram aqui pelo Jardo, veio pelo fundo. [...] aí, quando foi tantas horas, aí, esse Zé Duarte correu, ele num era mais gente, já era o demônio, caiu dessa barreira aí do Iruçu[11], caiu, foi rolando, bateu na praia levantou e correu [...]. Aí, quando foi tantas horas, aí, parou, calmou tudo. Aí, que veio o navio da guerra, veio ficar defronte. Embarcaram tudinho aquele pessoal que tinha se livrado, livrô da guerra Cabanagem. [...] em Santarém, de lá vão dar depoimento [depoimento], em derradeiro depoimento em Belém (Citado em Vaz Filho, 2010, p. 106).

Dona Maria Lídia (Zinha), já falecida, apresentou mais uma motivação para o começo da guerra: os maltratos que sofria uma *criada* dessa citada família de Zé Português. Esta versão é contada por outros interlocutores, e não contradiz a versão anterior. A exploração dos indígenas pelos preços extorsivos praticados pelos comerciantes portugueses foi outro pretexto para o início da revolta. Na verdade, essas motivações estavam todas juntas, completando-se. Eis o que disse Dona Maria Lídia (Zinha):

> Então eles [portugueses] tinham uma cozinheira. Aí, o patrão dela maltratava muito ela, dava nela. Esse aí que eu num sei, só podia

---

[8] Os corpos insepultos dos *portugueses* secavam durante vários dias jogados no chão sob o sol. Mais à frente, se verá que o líder cabano em Pinhel ordenava que os corpos dos *portugueses* fossem colocados ao sol "para secar". Pode ser que a ideia de não os enterrar dignamente "como cristãos" fosse parte da vingança dos cabanos.

[9] Imita ruído de tiro de arma de fogo.

[10] O informante ressalta a diferença entre cabanos e forças legalistas. Aqueles não tinham armas de fogo, ou as tinham poucas.

[11] Ele refere-se a uma barreira de aproximadamente 50 metros de altura na margem do rio Tapajós. O fato de Zé Duarte ter se jogado e sobrevivido, por ele já ter tomado uma forma sobrenatural, é muito significativo na linha do que estou falando: a mitologia criada pelos indígenas sobre a Cabanagem projeta os cabanos e seus sonhos para além das mortes e da derrota militar. Zé Duarte, o líder maior dos cabanos em Pinhel, não foi morto e nem capturado pelos inimigos e, já como um *demônio* ou talvez um ser *encantado*, não poderia mais ser morto.

> ser aliada com os índios, esse Antonio Angelino[12], que era o coisa da Cabanagem. Disseram pra ela que, no dia que eles chegassem, que ele mandasse fazer a janta, ela tirasse o pedaço de pirarucu e assasse, pra butar na mesa. Eles já tinha se reunido tudo e circularam a casa[13]. Aí, jantava com eles o padre. Aí, quando foi preguntá se já tava pronto a janta, ela disse que tava, faltava arrumar só a mesa, por os prato. Ela arrumô a mesa, botou o peixe, disque já tava na mesa a comida, o pirarucu assado[14], ele agarru ela e tava dando nela. Eles invadiram a casa, só num mataram o padre. Aí foi aquele cirimunio, aquele barulho [...]. E era aquele grito, aquela zuada. Quando foi de manhã cedo, quem tentava se livrar morria, mataram muito português! (Citada em Vaz Filho, 2010, p. 102).

Os relatos sobre a origem do conflito podem variar em detalhes, mas conservam a motivação principal: indisposição e a revolta dos indígenas contra os comerciantes portugueses. Os mais idosos são os que citam, mais explicitamente, os índios como os revoltosos. É o que relata Dona Firmina Carvalho[15], a mesma que afirmou que seu avô munduruku chegou a Pinhel na época da Cabanagem:

> Quando foi no tempo da Cabanagem, que os índios... Aquela terra preta que fica assim na torre de Pinhel, pro lado do cemitério, era maloca deles, era maloca deles, adonde tinham casa dos índios. Aí'ntão, depois, quando chegou essa Cabanagem, intão, e - más! - Assim mataram muita gente, que aí, um português, que principiou dum comércio do português. Intão, um senhor foi comprar um metro de pano, e aí, ele queria vender muito caro, e aí, ele não quis e sentou a mão no português. Aí, o português, lá, brigaram, brigaram,

---

[12] Ela pode estar se referindo a Eduardo Angelim, líder cabano na região de Belém e terceiro e último presidente cabano.

[13] Os rebeldes em Pinhel já haviam planejado tudo com antecedência, e cercaram a casa.

[14] O "pirarucu assado" seria uma ofensa ao gosto dos portugueses, que o prefeririam preparado de uma forma talvez mais europeia. Relatos de outras mais velhas falam que o pirarucu veio "sabrecado" [queimado] e ainda com pedaços de "brasa", para enfatizar a afronta proposital, que deveria resultar na reação violenta do patrão, pretexto para o já planejado ataque dos cabanos. Por outro lado, peixe assado ou *moqueado* era e ainda é um dos pratos preferidos pelos indígenas em Pinhel.

[15] Realizei várias entrevistas com ela entre 1994 e 2007, pois era a mais idosa moradora de Pinhel, a mais lúcida e a que mais tinha facilidade de contar histórias. Ela faleceu em 11 de novembro de 2008, com 92 anos, tendo passado a maior parte dos seus últimos 26 anos em Santarém. Foi uma das mais importantes informantes sobre a história de Pinhel. Em 2002, ela foi entrevistada por uma equipe de alunos do curso de Ciências Sociais da UFPA, campus de Santarém, que produziram o trabalho "A História Oral das Populações Tradicionais da Comunidade de Pinhel" (Lima et al., 2002).

lá o português mandou pedir uma força. Aí, que foi a Cabanagem, que acabou com tudo (Lima et al., 2002).

Iniciada a guerra em Pinhel, os cabanos começaram a cavar as trincheiras e colocar as estacas de paxiúba no fundo dos buracos, com a ponta para cima, para matar os *portugueses* e outros legalistas que chegassem para atacar os cabanos, como relata Luís Cardoso: "[...] aí, o português corria, né? No escuro, caía na trincheira. De manhã, tava assim aparecendo macaco no espeto. Chegavum lá, joga pro terreiro, joga lá prá rua, prá secar. Secava o português lá no sol" (Citado em Vaz Filho, 2010, p. 105). Segundo Luís Cardoso, Zé Duarte tinha um certo prazer de se vingar dos *portugueses*. Tanto que ele "achava graça", enquanto dava ordens para pegar os corpos e jogar "lá pro terreiro", comentando "esse que achou de bem que era sabido, da família sabido e achou que era ruim" etc. Pareceu que era o momento de os indígenas se vingarem dos sofrimentos e humilhações experimentados durante séculos sob a ação dos *portugueses*. No início da guerra, os *portugueses* tornaram-se os vencidos (Citado em Vaz Filho, 2010, p. 105).

Ainda hoje vivem no lugar os filhos e netos do senhor Inácio Carará, apelidado de Cabano, que costumava relatar os fatos da Cabanagem em Pinhel, conforme os ouvira de seu pai e avós. Ele era filho de Clarismundo, cujo pai (mais provavelmente o avô) teria vivido durante a Guerra da Cabanagem. Quando estava bêbado, principalmente, Inácio Carará costumava falar sobre como era o *tempo da guerra* em Pinhel, descrevendo as ruas encharcadas de sangue por todos os lados. O fedor era muito grande, pois foram muitos os mortos, rebeldes e suspeitos de colaboração. Cavalos passavam e pisavam essa terra ensopada de sangue e os corpos caídos. Foram muitos os mortos... Ao menos na parte final da guerra, era o sangue dos cabanos que molhava o chão, pois eles eram a população revoltosa e eram a maioria. Ademais, a repressão torturava e matava, indiscriminadamente, todos os *tapuios*, termo usado para designar os indígenas destribalizados que viviam nas vilas e cidades. Esses eram associados imediatamente com os revoltosos, ainda que nem todos tivessem lutado ao lado dos cabanos. Quando lúcido, Inácio Carará pouco ou nada falava sobre a Cabanagem. Por isso, seus filhos lamentam, hoje, não saber de mais coisas, embora lembrem que seu bisavô lutava no bando dos cabanos, porque foi recrutado à força e só sobreviveu porque fugiu da guerra. Ele teria sido capturado, mas fugiu novamente.

Os filhos de Inácio Carará reconhecem que, se hoje a palavra tem um sentido positivo, quando eram jovens o seu significado era pejorativo, lembrando um criminoso, um fora da lei. Não era algo do que as pessoas poderiam se orgulhar. De alguma forma, o seu pai era estigmatizado quando era chamado de Cabano. Não é, pois, casual, que ele só falasse, abertamente, desses fatos quando estava bêbado. Pode ser que isso tenha contribuído, ainda mais, para o ocultamento dessa memória.

Dona Izolina Parintins (já falecida), filha de Inácio Carará e seu esposo, Osmar Pedroso, lamentaram: "Se naquela época a gente soubesse que a Cabanagem iria ter esse valor que tem hoje, a gente teria se interessado em aprender mais com os velhos. Hoje é que estão falando que os cabanos eram os nossos antepassados e lutaram por nós" (Citada em Vaz Filho, 2010, p. 103). Essa fala é eloquente sobre a recente mudança do sentido da Cabanagem na mente dos indígenas e da população em geral.

O já citado Zé Duarte, o líder maior da Cabanagem em Pinhel, seria antepassado da atual família Parintins, formada pelos filhos do Sr. Inácio Carará, conforme o Sr. Wilson Oliveira: "Você ainda conheceu aquele velho Inácio Carará? Chamavam pra ele de Cabano. Ele era filho do Clarismundo, que era filho do irmão do chefe da Cabanagem aqui. Era o tal de Zé Duarte" (Citado em Vaz Filho, 2010, p. 102).

Não desconsiderando a versão de que a guerra começou em Belém, o importante na frase de Luiz Cardoso ("A Cabanagem começou aqui") é que ela demonstra que os moradores de Pinhel têm a *sua versão* para uma história que é sua antes de ser "história do Pará" ou da Amazônia. E mostra ainda um etnocentrismo e autoestima que raramente se sente nas falas dessas pessoas. Mais pesquisas sobre a Cabanagem do ponto de vista dos moradores de vilas e aldeias no interior da Amazônia provavelmente mostrarão que é recorrente esta visão de que a guerra começou nesses lugares, antes da tomada da capital em 1835.

Leandro Mahalen de Lima (2008) informa, ainda, que, desde outubro de 1832, o líder rebelde Jacó Patacho ou Pataxó e seu grupo dominavam o interior do rio Amazonas na região de Santarém, com muitas canoas bem armadas, arregimentando índios e tapuios a lutar e matar portugueses e brasileiros adotivos. Ali, o bando teria cometido roubos e assassinado portugueses de forma cruel. Em dezembro do mesmo ano, Jacó Patacho estava realizando ações no rio Tapajós, quando cometeu um "massacre" em Aveiro (Lima, 2008, p. 119), atual sede do município, localizada poucos quilômetros à montante de Pinhel. E, desde aquela época, Cuipiranga, também chamada Ecuipiranga, já era um reduto de rebeldes (Barriga, 2014; Harris, 2017). Dentro desse contexto de agitação, resulta perfeitamente compreensível aquele ataque do grupo de Zé Duarte que teria desencadeado a guerra em Pinhel, fato que pode ter ocorrido antes de 1835, antes, portanto, da Cabanagem começar em Belém. O jovem que trabalhava para o comerciante *português* nas suas viagens a Belém pode ter tido contato com esses líderes rebeldes em diferentes lugares do Pará.

A insatisfação popular cresceria ainda mais, até explodir com a tomada de Belém, capital da província, pelos cabanos, em 7 de janeiro de 1835. A partir dessa data, grupos cabanos liderados por capitães dirigiram-se para as vilas e povoados do interior em busca de adesão ao movimento. Se nas vilas do interior a guerra já havia começado antes, a adesão ao movimento liderado por Belém deve ter sido muito natural. Meses depois da tomada da capital, diversas localidades já haviam sido tomadas e apoiavam os cabanos (Lima, 2008). De acordo com Reis (1979), os cabanos de Ecuipiranga, liderados por Apolinário Maparajuba, forçaram os governantes de Santarém a reconhecer o cabano Eduardo Angelim como chefe político do Pará, o que aconteceu em 9 de março de 1836. As forças legalistas retomaram a vila em 16 de junho e os cabanos se fortaleceram no interior da região, começando uma intensa guerra de guerrilhas. Ecuipiranga caiu em 10 de julho de 1837, quando, então, as forças legalistas começaram a fazer uma "limpeza" na região dos rios (Lima, 2008, p. 185). Ao referirem a um tempo de fugas e esconderijos pela mata, os moradores podem estar falando desse período.

Os rebeldes tiveram que abandonar Ecuipiranga, mas continuaram resistindo em muitos outros lugares da redondeza. Conforme testemunho de Lucas Boiteux (citado em P. R. dos Santos, 1974, p. 196), "Por toda parte brotavam cabanos, como cogumelo após a chuva. A 30 de dezembro (1837) informava o general Andréa ao Governo que acabara de receber notícias de uma reunião de cerca de 200 cabanos em Curuá de fronte de Monte Alegre [...]". Provavelmente, Pinhel era um desses lugares onde brotavam cabanos como cogumelos. Por estar mais distante de Santarém e do rio Amazonas, Pinhel pode ter resistido de pé mais tempo.

Vale a pena registrar este detalhe. Em outubro de 1836, após o ultimato dos comandantes anticabanos para que os rebeldes de Ecuipiranga e vilas da região depusessem as armas, sob pena de serem atacados, os moradores de Alter do Chão fugiram, deixando suas casas e roças completamente vazias. Não esqueceram, contudo, de levar consigo as imagens dos santos da igreja (Harris, 2017), sinalizando como a devoção aos santos passara a ser um dos valores a serem preservados mesmo na guerra. Como a repressão se intensificava, e, em julho do ano seguinte, as forças anticabanas tomariam Ecuipiranga, importante centro de apoio aos rebeldes, é de se supor que muitos desses fugitivos se estabeleceram definitivamente em outras áreas, rio acima. Isso, mais uma vez, conecta-se com a memória oral dos indígenas e ribeirinhos.

Sangue, sangue, sangue

Em vários relatos que ouvi ou li, a Cabanagem está associada ao sangue abundante e ainda fresco na terra e nas mentes dos descendentes dos cabanos. A imagem de muito sangue derramado e encharcando durante dias as terras de Pinhel, repassada de geração para geração, pode dar uma ideia da tragédia que significou para os indígenas a Cabanagem em termos de dor, violência e mortes. Os efeitos do derramamento daquele sangue perseguem os destinos dos moradores até hoje, conforme reflete Roselino Freire, um intelectual nativo de Pinhel: "Eu sinto pelo que aconteceu. Tem razão de esta terra ter alguma coisa contra, porque pelo sangue que foi derramado, não é para menos" (Citado em Vaz Filho, 2010, p. 109). Esse sangue parece algo que exige uma justiça que ainda não foi feita aos seus donos.

Henry Bates ([1863] 1979), quando esteve em Aveiro, em 1852, escutou que a praga das formigas de fogo, que assolava a região e já havia obrigado as poucas famílias a abandonarem o lugar, tinha sua origem no "sangue dos cabanos". Neste caso, devido à associação da ideia de sangue dos rebeldes com um ataque de formigas de fogo, a luta dos cabanos ganhou um significado maior de continuidade e transformação, mas conservando a mesma rebeldia:

> [...] os moradores do lugar declaram que a formiga-de-fogo era desconhecida no Tapajós antes da revolta de 1835-6 e acreditam que ela tenha nascido do sangue dos 'cabanos' ou rebeldes, massacrados. É fora de dúvida que a sua quantidade aumentou depois dessa época [...]. (Bates, [1863] 1979, p. 168).

Aproximadamente em 1990, uma das senhoras idosas em Pinhel me disse que um ancião lhe contara que em um determinado local havia muito sangue debaixo da terra, do tempo da Cabanagem. Se alguém metesse uma faca no chão, ao puxar, ela voltava molhada de sangue, pingando mesmo. Se o lugar fosse escavado, disse ela, ainda hoje esse sangue poderia ser encontrado. Ela lamentou não lembrar do lugar exato, mas garantia que era por ali. Ou seja, havia sangue vivo debaixo da terra, um sangue que teimava em não coalhar mesmo depois de mais de 150 anos. Eunice Sena (1985, p. 22) citou o relato de "um morador do Arapiuns", que lhe disse: "Contam que naquele tempo, quando dava uma chuva, saía lama vermelha de sangue de tantos que foram matados. A Vila Gorete era grande, mas foi acabada pelos cabanos" (Sena, 1985, p. 22). Os relatos variam muito pouco, permanecendo sempre a ideia do *sangue* que ainda estaria vivo, apesar do tempo transcorrido.

Seria possível esse sangue cabano persistir por tanto tempo? Sim, se considerarmos o sangue cabano que não seca como uma metáfora da força e da teimosia da memória dos moradores. Isso porque, no pensamento dos moradores locais, a Cabanagem é uma guerra muito recente. O sangue ainda pulsa. Associar as vicissitudes da Cabanagem relacionadas ao sangue tem sido algo comum na região. Os moradores vizinhos da atual Cuipiranga repetem, ainda hoje, que as areias em frente ao lugar ficaram com a cor vermelho-escura devido ao sangue dos cabanos, ali derramado. Sangue, sangue, sangue.

Se o sangue dos cabanos não seca, as almas do tempo da Cabanagem também parecem não descansar. Outra lembrança que ficou do assombro dos sobreviventes com as perdas humanas dessa guerra foi a das visagens e aparições dos mortos. E aqui eu lembro de novo dos quartos de gente pendurados na árvore no igapó em Pinhel. Essas aparições podem ter sua origem no período da guerra. Em Cuipiranga, os moradores contaram-me também muitas histórias de aparições de visagens. Sobre essas aparições em Pinhel, depois da guerra, Dona Firmina Carvalho Santos disse:

> Olha! - Deus o livre! – depois dessa Cabanagem que houve, a gente não podia andá pelo escuro, tudo representava pra gente. Era um cachorro, era um porco, era um bode, tudo era bicho, era *sombra* [alma] de quem já tinha morrido. Representava também aquele pássaro que canta de noite, o rasga-mortalha, uma coruja, que tinha gente que ficava com tanto medo que nem queria saí pra fora à noite (Citado em Lima et al., 2002, pp. 6-7).

Essas aparições são também associadas às riquezas que teriam sido enterradas pelos brancos, antes de fugirem ou serem mortos pelos rebeldes. Se pensavam em voltar depois para resgatá-las, muitos não conseguiram. Seria o *ouro dos cabanos* que está enterrado debaixo das aldeias e comunidades, envolto em mistérios, medos e desejos reprimidos de riqueza: acredita-se que a alma do dono da riqueza apresenta-se, em sonho, a alguém, que foi o escolhido, para desenterrar o tesouro. Há exigências que devem ser seguidas pela pessoa. Por exemplo, o buraco deve ficar aberto e o sortudo deve se mudar para outro lugar.

Apesar desse lado trágico da guerra, simbolizado pela ideia do sangue, as memórias da Cabanagem em Pinhel não se centram na derrota e na morte. É verdade que, após a sua vitória militar, os legalistas tomaram controle do que restou da vila e teve início a grande repressão aos sobreviventes, recrutados à força para trabalhar para o governo, para os portugueses ou luso-brasileiros. Quem conseguiu, fugiu para a floresta. Ora, depois de todos os sonhos e esforços da guerra, como voltar a ser submetido aos mesmos *portugueses*? Era muita humilhação! Por isso, a vila ficou despovoada e entrou em decadência. Foi rebaixada e deixou de ser vila em 1853, ficando daí em diante como um *lugar* anexado ao distrito de Boim.

Como a vida tinha que seguir o seu curso, após chorar os seus mortos, os sobreviventes da guerra, como testemunhos vivos da barbárie dos poderosos, guardaram bem escondida na memória a sua versão daquela guerra feita em nome da liberdade. Abrigaram os órfãos e as viúvas; refizeram as roças, em *puxirum*; e continuaram a partilhar a caça e o peixe, beiju, farinha e tarubá, conforme as regras da *putaua*[16]. Voltaram a celebrar as festas dos santos, cujas imagens haviam levado das capelas quando empreenderam fuga para o mato. Rezaram ladainhas, beberam e dançaram, também lembrando os familiares e amigos que tiveram suas vidas interrompidas. Guardar a memória dos mortos é, também, uma forma de mantê-los vivos. Com os estranhos, silenciavam sobre a guerra. Era tempo de calar. Só entre si, contavam e recontavam o acontecido, principalmente para os filhos e netos. Após quase dois séculos, eles viram que o tempo tinha mudado. Era hora de gritar: "os cabanos eram os nossos avós. Os cabanos somos nós!". Assim, repetem os participantes dos Encontros da Cabanagem em Cuipiranga.

Os cabanos, nossos antepassados

---

[16] *Putaua* [lê-se putáua] é uma palavra da língua nheengatu muito antiga na região do baixo rio Tapajós — Bettendorff ([1698] 1990, p. 161) escreveu *putabas*, no plural — e significa o costume de uma pessoa ou família doar um pouco de alimento (carne de caça, pescado ou frutos) a outra família, que lhe retribui, imediata ou posteriormente, com outra porção de alimentos. Literalmente, *putaua* é um presente que se dá e que carrega consigo a obrigação da retribuição. É uma troca ritual.

Junto a essa dinâmica de novas pesquisas e revalorização da Cabanagem, tanto em Belém como no interior do Pará tem crescido um movimento de os moradores se sentirem descendentes dos cabanos. Trata-se de uma orgulhosa afirmação, diante do forte preconceito que havia contra o termo cabano. Isso ficou evidente em Cuipiranga, onde desde 2011, os moradores realizam anualmente o Encontro da Cabanagem, que atrai visitantes das comunidades vizinhas e de Santarém (Picanço, 2021). A programação inclui uma romaria pelo que teria sido o caminho dos cabanos, visita e *iluminação* no antigo cemitério, debates e festa dançante. Essas mobilizações começaram após a Caravana Cabana de 2010, que visitou algumas aldeias e comunidades, colhendo relatos sobre suas memórias da guerra. Pinhel e Cuipiranga estavam entre as comunidades visitadas. Essa visibilidade dada às comunidades trouxe ainda mais força para seu sentimento de identificarem-se como descendentes de cabanos, ou os *novos cabanos*, como falam.

Vale a pena dar mais alguns detalhes sobre a Caravana Cabana, iniciativa minha e da colega antropóloga Deborah Goldemberg. A Caravana percorreu uma dezena de comunidades nos municípios de Aveiro, Belterra e Santarém (PA) entre 25 de maio e 1 de junho de 2010, entrevistando indígenas, quilombolas e ribeirinhos. Reunidos em um barco, antropólogos, historiadores, cineastas, fotógrafos, estudantes universitários e lideranças indígenas passavam um dia em cada local, onde eram recebidos com muito carinho pelos moradores. Estes demonstravam um gosto especial em poder contar suas histórias. A coleta dos relatos resultou em vários produtos como: o livro *Valentia*, de Deborah Goldemberg (2012), que põe em diálogo relatos dos moradores sobre a época da Cabanagem com os tempos atuais; os documentários *Memórias cabanas* (2010), do cineasta indígena Clodoaldo Corrêa Arapium, e *Cuipiranga*[17], do premiado diretor Cristiano Burlan; e o Projeto de Extensão "Memórias da Cabanagem"(UFOPA, 2011-2017) coordenado por mim, que apoiou a realização dos Encontros da Cabanagem em Cuipiranga e divulgou no rádio valiosas informações e relatos dos moradores.

Os Encontros da Cabanagem em Cuipiranga, que depois de janeiro de 2011[18], passaram a se repetir todos os anos, também são herdeiros do espírito

---

[17] Os filmes estão disponíveis no YouTube. Conferir: *Memórias cabanas*: https://www.youtube.com/watch?v=-qZn3K-EM_xw e *Cuipiranga*: https://www.youtube.com/watch?v=VzPl4I7EPNc&t=28s.

[18] Conferir um pouco da programação e do clima desses encontros no filme *Cuipiranga*, de Felipe Bandeira e Florêncio Almeida Vaz Filho: https://www.youtube.com/watch?v=sZWz8WNHJYw.

despertado pela Caravana da Memória Cabana. A intensa participação de professores e estudantes universitários e ativistas de movimentos sociais de Santarém confere ao evento visibilidade e destaque que, aos olhos dos moradores, comprovam a importância que têm a Cabanagem e o próprio território de Cuipiranga para a região. Os moradores das comunidades vizinhas também acorrem a Cuipiranga nos dias do evento, e provavelmente voltam positivamente impactados nas suas memórias da Cabanagem e no seu sentimento de fazer parte dessa história.

Essa certeza de se saberem netos dos cabanos já estava posta nas palavras dos mais velhos em Pinhel nos anos 90. O que ocorre agora é que isso se espalha para as gerações mais jovens, uma vez que as escolas têm explorado mais o tema nas suas aulas. Os estudantes pesquisam sobre a Cabanagem, inclusive entrevistando seus pais e avós. Na época em que havia certa negação de descendência dos cabanos, era comum também ouvir que estes haviam chegado de fora, invadindo as comunidades, obrigando os moradores a lutar ao seu lado. O que concluímos dos relatos dos mais velhos em Pinhel não corrobora essa história. A palavra de Dona Firmina Carvalho, por exemplo, é firme, os cabanos eram de Pinhel mesmo: "Eles moravam lá, sim, eles eram de lá mesmo, porque foram formando lá e lá moravam. E depois da Cabanagem que se afugentaram, os outros morreram tudo, e só ficou alguns, que se livraram, que fugiram" (Citada em Vaz Filho, 2010, p. 111).

Desde minha pesquisa de mestrado, realizada em comunidades na Floresta Nacional (Flona) Tapajós e na área que logo seria a Resex Tapajós-Arapiuns (Vaz Filho, 1997a), tenho encontrado muitas referências à Cabanagem por parte dos moradores mais velhos. Essa guerra apresenta-se como um dos acontecimentos mais importantes do seu passado e como *o* fato fundante das próprias comunidades, já que a maioria afirma que os primeiros moradores chegaram, ali, fugindo da Cabanagem. E os moradores das aldeias que resultaram das missões jesuíticas do século XVIII, como Alter do Chão, Vila Franca e Pinhel, falam da guerra como algo que marcou, profundamente, a sua história, tanto que os traumas não foram superados. Na pesquisa para o doutorado nos rios Tapajós e Arapiuns (Vaz Filho, 2010), ouvi que o período da Cabanagem era algo fundamental na história dos indígenas: na aldeia de Aningalzinho, rio Arapiuns, os interlocutores disseram que o casal que originou a aldeia chegou ao local fugindo da Cabanagem, e teve que se esconder na floresta. Em outras aldeias relatos assim se repetiram. Foi a chegada de cabanos fugitivos que originou a povoação.

Na grande maioria das comunidades e das aldeias do Baixo Tapajós as pessoas costumam lembrar dos *primeiros moradores* que deram início ao povoado, entre a década de 1840 (imediatamente após a Cabanagem) e o final do século XIX. No processo de reavivamento das identidades indígenas na região, e com a necessidade de defender sua antiguidade no território, os mais velhos identificam Alter do Chão, Vila Franca, Pinhel e outras conhecidas antigas missões e vilas como pontos de dispersão. Seus avós indígenas, instalados nessas vilas, tiveram que fugir da repressão desencadeada pela Cabanagem.

Sobre o uso dos termos cabano e Cabanagem, Leandro Mahalem de Lima (2008) mostra que o termo cabano não era usado como autoidentificação pelos revoltosos, mas foi um termo imposto pelos seus antagonistas das forças de repressão. No período posterior à guerra, os autores, em sua totalidade identificados com o ideário legalista, e as autoridades constituídas acabaram por estabelecer como verdade que os cabanos foram os rebeldes da Cabanagem. Nem é correto dizer que o termo se justifica porque os rebeldes moravam geralmente em cabanas, pois, mesmo na época, dizia-se que eles moravam em casas cobertas de palha denominadas "palhaças" (L. M. de Lima, 2008, p. 203). O termo provavelmente foi usado pelos legalistas sob a influência da denominação dos rebeldes da Cabanada (1832-1835), revolução que ocorreu em Pernambuco e Alagoas, pois seria comum o uso do termo cabano na corte do Império, na década de 1830, sob o sentido de inimigo. Segundo Leandro Mahalem de Lima (2008), na época da Cabanagem, ninguém na Amazônia queria ser cabano, em razão do sentido pejorativo da palavra.

Assim, o uso desse termo seria inadequado para se referir aos rebeldes. Os nomes que eles mais usavam para si eram patriotas, paraenses, brasileiros e patrícios. Leandro Mahalem de Lima (2008) destaca ainda que havia uma diversidade de grupos de rebeldes que aproveitaram a eclosão da guerra para manifestar seus protestos e reivindicações, não havendo um comando cabano rigidamente hierarquizado. Mesmo reconhecendo o equívoco inicial da palavra cabano, devido ao fato de que já está estabelecida, e ainda porque está sendo ressignificada atualmente na região, vou continuar usando-a, bem como o termo Cabanagem. Quando os mais jovens em Cuipiranga dizem "nós somos os novos cabanos", eles demonstram que não foi a narrativa dos legalistas que venceu.

A história da Cabanagem além de Pinhel

Falar da guerra dizendo que ela começou em Pinhel (ou em Alter do Chão, Vila Franca, Cuipiranga...) não significa ignorar a importância e a força da outra Cabanagem, que veio de Belém e se espalhou pela Amazônia, como disse Luís Cardoso. É preciso ter uma compreensão do contexto geral desse fato histórico que envolveu não só indígenas, mas negros, mestiços, brancos das classes baixas e médias, habitantes das cidades e das vilas do interior. Mas é consenso que o maior contingente de rebeldes foi formado pelos tapuios, os indígenas retirados das suas aldeias e colocados para trabalhar para os colonos, juntamente com os negros lutando pela sua libertação. Aliados com outros setores urbanos, chegaram a um ponto que já não aguentavam a exploração e as violências. Essa insatisfação, que já havia estourado no interior, foi liderada na região de Belém por setores médios dissidentes e nacionalistas, que começaram a preparar a guerra pelo direito de governar a sua província, que continuava sob o comando dos portugueses, apesar da propalada "adesão" do Grão-Pará à Independência do Brasil, em 15 de agosto de 1823 (Di Paolo, 1985; Oliveira, 1983).

No início de 1835, os rebeldes, conhecidos posteriormente como cabanos, tomaram de assalto Belém, a capital da província, e empossaram um presidente cabano. A insatisfação era geral, por isso os cabanos ganharam a simpatia da massa entre as camadas pobres da sociedade, e, logo, estavam conectados com os vários núcleos rebeldes no interior da Amazônia (Chiavenato, 1984; L. M. de Lima, 2008), inclusive no rio Tapajós. Os historiadores consideram que a guerra se estendeu até meados de 1840, quando 800 cabanos se renderam no lago Autaz, no rio Madeira, e o governo concedeu anistia aos sobreviventes (L. M. de Lima, 2008). Militarmente, os cabanos foram vencidos, e enfrentaram uma cruel repressão. Suas vilas e lugarejos, às margens dos rios, ficaram vazios. Seus habitantes ou foram mortos ou tiveram que fugir para a mata ou lugares mais seguros (Vaz Filho, 2010). Calcula-se o total dos mortos em 40 mil, quase a metade da população da Província à época (Sodré, 1978), calculada em 100 mil habitantes (Oliveira, 1983).

Era a continuação do secular processo de genocídio indígena. Não é difícil concluir que entre os mortos pela repressão, estavam as mais importantes lideranças dos tapuios. Sem elas, as famílias ficaram mais dispersas e os povoados, empobrecidos. Como vimos, muitas das atuais comunidades no Baixo Tapajós surgiram nesse momento de fuga das vilas para áreas menos habitadas (Ioris, 2005; Vaz Filho, 2010). Com a volta triunfal dos portugueses ao poder, um sentimento de frustração e impotência pode ter se apoderado momentaneamente dos indígenas e ribeirinhos. Anos depois, era possível ver que os sobreviventes e seus filhos davam outros sentidos à guerra, para além da derrota militar e das perdas humanas.

Os autores ligados à tradição memorialista dos legalistas vencedores — portugueses e seus descendentes — que primeiramente escreveram a história da Cabanagem, descreveram os cabanos como "homens-féra, celerados, malvados, destruidores, figuras desprezíveis" etc. (L. M. de Lima, 2008, pp. 24-25). No senso comum dos moradores da Amazônia, a palavra cabano passou a significar ladrão, estuprador e assassino sanguinário. Essa versão foi amplamente difundida na Amazônia até a década de 1980, quando da passagem dos 150 anos da Cabanagem. A partir dali, uma nova visão sobre os cabanos começou a ser divulgada, e a sua figura, reabilitada politicamente. Os livros didáticos passaram a mostrar os cabanos como lutadores das causas do povo paraense e até como revolucionários (Di Paolo, 1985; Ricci, 2002). As falas dos mais velhos de Pinhel mostram que eles já sabiam e cultivavam discretamente essa verdade. O que tenho feito aqui no Baixo Tapajós é ecoar a voz dos moradores, como fiz no programa de rádio A Hora do Xibé, apresentado na Rádio Rural de Santarém entre 2007 e 2022, e apoiar suas iniciativas, como o Encontro da Cabanagem em Cuipiranga.

O que está acontecendo em Pinhel?

É visível em comunidades como Cuipiranga e Pinhel um renovado olhar dos moradores sobre a Cabanagem, sua história e sua relação com esse passado e seu território. Os moradores mais velhos estão abrindo o baú das suas memórias, e os estudantes mais jovens os procuram para ouvir e escrever a sua história. Com a divulgação de livros, artigos e filmes, nota-se que o que esses moradores dizem corrobora as últimas descobertas da pesquisa histórica. Por exemplo, houve ativa participação feminina na guerra (Ferreira, 2003), a exemplo da cozinheira que ajudou no plano do primeiro ataque dos cabanos aos *portugueses* em Pinhel. E mais. Houve várias cabanagens dentro da Cabanagem. Só no baixo Tapajós, tivemos, pelo menos, as Cabanagens de Cuipiranga, Pinhel e Santarém, focos de muita resistência. Sobre cada uma dessas guerras é possível escrever muitos artigos, livros e fazer filmes. Essas várias guerras e seus combatentes se encontraram em muitos momentos, seja pelos ideais comuns, seja pela origem étnico-racial e social dos rebeldes. Reuniram-se fisicamente, inclusive. Tanto que os cabanos em Cuipiranga se referiam à sua fortaleza rebelde como "Reunião de Ecuipiranga" (Barriga, 2014, pp. 117-118).

Bem povoada e desenvolvida economicamente nos anos anteriores à Cabanagem, a vila de Pinhel era localizada estrategicamente sobre uma alta ribanceira de onde se via longe as embarcações que se aproximavam. Pelo que dizem os mais antigos, ali deve ter sido um ponto de entrada de uma conhecida trilha que cortava a floresta em direção oeste, no rumo da aldeia de Luzéa (hoje cidade de Maués, no Amazonas), habitada pelos Mawé, onde os cabanos tinham outro bem guarnecido quartel. Luzéa foi a última cidadela dos rebeldes a se render, em 1840. Mais de um século antes, um grupo de Mawé fora descido para a antiga missão de São José de Maytapus (hoje Pinhel). Faz sentido essa intensa comunicação que mantiveram com seus parentes de Luzéa. Como Zé Duarte e alguns cabanos conseguiram fugir do cerco final a Pinhel, eles podem ter ido para Luzéa. É só uma hipótese. Ao menos, um tio-avô de Luís Cardoso fugiu para lá, após encontrar um pote de *ouro dos cabanos* em Pinhel, como o próprio Luís Cardoso contou.

A Cabanagem ficou marcada profundamente nas mentes dos indígenas sobreviventes de 1840 e ainda hoje aparece como o momento em que o coletivo *nós* (indígenas colonizados) se insurgiu contra *eles* (portugueses colonizadores). Sentimos isso fortemente em Pinhel, a partir das falas dos mais velhos já citadas aqui. Mas até décadas atrás, eles não podiam manifestar esse orgulho abertamente. Agora, falam altivos que os seus antepassados lutaram bravamente contra os portugueses durante a Cabanagem, e sentem-se parte dessa história. Quando notam que o interlocutor se interessa pelo assunto, eles soltam-se ainda mais, mostram as várias *trincheiras* e dizem que foram feitas pelos cabanos como armadilhas para *espetar* os inimigos.

Na época das batalhas mais acirradas e, ainda mais, durante a repressão posterior, mulheres, idosos e crianças fugiram para o interior da floresta, e ficaram durante anos se escondendo em buracos nas árvores ou perambulando pela mata, uma vez que a vila e a margem do rio eram permanentemente vasculhadas pelas forças legalistas: "A minha avó e outras, mãe do meu pai e mãe da minha mãe se esconderam num buraco muito grande", contou Dona Firmina Carvalho dos Santos (Citada em Vaz Filho, 1997b, p. 13).

Há nitidamente um orgulho da parte dos atuais moradores de Pinhel quando fazem referência à Cabanagem, pois estão convencidos de que seus antepassados foram os rebeldes cabanos, que lutaram contra os portugueses. Muitos fatos e símbolos até passam por uma releitura em função dessa atual valorização. Em um trabalho escolar, um grupo de alunos, que entrevistou os mais velhos sobre a tradicional Festa do Gambá, escreveu que o vermelho de uma das bandeiras conduzidas pelos foliões significa o "sangue derramado na época da Cabanagem[19]" (Ingridy et al., 2007).

Em janeiro de 2008, em uma área próxima das *trincheiras*, os moradores, ao escavarem o solo, encontraram ossadas humanas enterradas de forma desordenada, como em uma vala comum. Seriam restos das muitas vítimas da Cabanagem? Foi o que pensaram. Em entrevista à imprensa, Maria José Caetano, então presidente da Associação Yané Caeté, que representava os moradores, disse suspeitar que fossem restos mortais dos cabanos, ou mortos do *tempo da Cabanagem* (Costa, 2008). Eram novos sinais da guerra aparecendo, comprovando o que diziam os mais velhos sobre a matança e dizendo que essa história não pode ficar enterrada para sempre. Maria José guardou os ossos e, pelos jornais, solicitou que estudiosos viessem confirmar a hipótese. Representantes do Instituto do Património Histórico e Artístico Nacional (Iphan) já estiveram duas vezes no local e encontraram, além dos ossos, louças, garrafas, fragmentos líticos e muita cerâmica pré-colonial associada à cultura tapajônica (Iphan, 2008), e recomendaram novos estudos com as ossadas e com esses outros materiais. As ossadas humanas foram levadas pelo Iphan para Belém, onde estão até hoje.

Pode ser que os novos estudos arqueológicos confirmem ao menos parte das expectativas dos indígenas, ou pode ser que surpreendam e tragam mais informações dessa história que os moradores se recusam a esquecer. Certo é que o achado das ossadas mostra novamente que, em Pinhel, a Cabanagem foi a guerra que mais ficou gravada na memória dos seus moradores e sempre ressurge com toda a força, quando provocada por um novo acontecimento.

---

[19] Essas bandeiras vermelhas parecem ser parte das tradições das folias ao Espírito Santo, e existem em várias regiões do país.

Cabanos, de bandidos a heróis do povo

Até os anos 1980, quando iniciou a atual fase de revalorização da Cabanagem, ao tratar do tema, era comum alguns estudos destacarem os seus significados em termos de tragédia, pelos milhares de mortos e pela derrota dos cabanos. A guerra teria sido o último capítulo no longo processo de desindianização da Amazônia e consolidação da caboclização. Foi Eugene Parker (1985) que popularizou o termo caboclização para se referir ao processo de destruição dos grupos tribais indígenas — que viviam principalmente às margens do rio Amazonas e no baixo curso dos seus rios tributários — e à transformação dos sobreviventes em participantes de uma cultura cabocla na Amazônia do século XIX. Ele afirma que o processo de caboclização — que ocorreu principalmente através das missões, da política do Diretório dos Índios e das medidas repressivas após a Cabanagem — foi concluído entre 1800 e 1850.

A reação a essa visão pessimista pode ser simbolizada pelos títulos das obras *Cabanagem: o povo no poder* (Chiavenato, 1984) e *Cabanagem: a Revolução Popular da Amazônia* (Di Paolo, 1985), que destacam o fato como uma revolução feita pelo povo, inclusive os indígenas. Esses estudos inspiravam-se nas teorias marxistas e dos novos movimentos sociais, ao mesmo tempo que refletiam o contexto das mobilizações populares no fim da Ditadura no Brasil. Nos anos seguintes, outros autores mostraram que a desestruturação mental e étnica promovida pela colonização foi enfrentada pelos indígenas exatamente na Cabanagem. Após o já citado processo de desindianização e homogeneização cultural, os tapuios deixaram de ser amorfos (Harris, 2006), durante a Cabanagem, quando, juntando os seus desejos de liberdade, colocaram-se claramente como um grupo social e étnico distinto contra a elite portuguesa dominante (Arenz, 2003). Tanto que, em novembro de 1835, principalmente os "índios" foram percebidos pelo ministro britânico Henry Fox como a maioria entre as "tropas de selvagens" que dominava a região de Belém (citado em Cleary, 2002, p. 187). Moreira Neto (1988) já havia mostrado que o grupo numericamente predominante entre os cabanos era o dos indígenas, os tapuios.

Por serem reconhecidos como os que mais lutaram na Cabanagem, os tapuios tiveram que negar sua identidade e evitar falar nheengatu, língua que denunciaria sua pertença indígena. Nem podiam assumir que haviam lutado na Cabanagem. Bates ([1863] 1979), logo após a Cabanagem, encontrou um indígena chamado Raimundo, próximo de Belém, que era acusado de ter participado da Cabanagem, o que ele negava. Ora, devido ao clima adverso que se criou contra os indígenas, após a guerra, nenhum deles admitiria haver participado da Cabanagem. Porém, se não podiam falar abertamente das bandeiras da Cabanagem, as pessoas podiam pensar e falar entre si discretamente.

Se nas lembranças dos moradores ficou muito pouco das lutas de resistência contra os portugueses, nos primeiros séculos da colonização, praticamente todos os moradores mais velhos têm algo a falar da Cabanagem, pois eles são os que mais guardam essa história na memória. Há evidências de que em todas as regiões onde ocorreram combates, a Cabanagem marcou, profundamente, as vidas dos nativos. Em 1882, quando fez uma viagem pelos rios Andirá e Maués, no Amazonas, José Veríssimo encontrou uma índia idosa, cuja idade foi calculada pelos seus parentes tendo como referência "a idade que tinha na época da revolta (1835) que é o marco miliário para o cômputo do tempo entre a gente velha destas paragens [...]" (Veríssimo, 1970, p. 117).

E transcorridos quase 200 anos da sua eclosão, a Cabanagem ainda é lembrada como se fosse um fato recente. Candace Slater (2001), quando percorreu várias cidades no interior da Amazônia, entre 1988 e 1992, comprovou essa resiliência: "Até os dias de hoje, os moradores se referem à revolta como se houvesse ocorrido ontem" (Slater, 2001, p. 37). Isso me evoca mais uma vez a voz de Luís Cardoso relatando que as forças anticabanas caçavam e perseguiam os revoltosos na floresta voando em... helicópteros. Isso mesmo! Helicópteros nos anos 1830. Ou aquela senhora que disse haver um lugar onde, debaixo da terra, ainda se pode encontrar o sangue dos mortos no tempo da Cabanagem. A metáfora do sangue vivo expressa bem a contemporaneidade desse evento, e a inclusão dos modernos helicópteros de guerra como armas da repressão no século XIX demonstra como os indígenas, a partir do que veem na televisão, fazem a atualização da sua memória para que seja inteligível às novas gerações.

De assassinos malvados, os cabanos passam, agora, a ser parte do "nós, o povo", tornando-se heróis lutadores de uma causa que é a mesma dos atuais indígenas: uma vida melhor, com sossego. Roselino Freire, de Pinhel, ao explicar as aparições de visagens ligadas ao tempo da Cabanagem, afirma que "as visões só podiam ser as almas dos falecidos que deram suas vidas pela liberdade de uma nova geração que vinha surgir" (Citado em Vaz Filho, 2010, p. 212).

Um modo de os informantes expressarem a atualidade da Cabanagem é referir-se às pessoas de quem escutaram relatos sobre a guerra como seus *avós*, que teriam sido testemunhas dos fatos, como se tivessem efetivamente vivido na década de 1830. Ora, em cálculos realistas, esses avós teriam nascido no máximo no início do século XX e, estes sim, devem ter ouvido relatos de seus avós, alguns dos quais teriam sido testemunhas da guerra. Havia ainda, nos anos 1980, quem dissesse conhecer sobreviventes do *tempo da guerra*. Sim, sobreviventes. É surpreendente essa "abrangência e vitalidade dos relatos sobre a Cabanagem, mesmo cerca de 180 anos depois" (Harris, 2009, p. 14). Importa muito o significado desse modo de contar a história, conforme sugere o relato colhido por Eunice Sena (1985):

> Um senhor que escapou, era "seu" Epifânio. Quando vieram as forças legais que mataram o pai dele, na Ponta do Mutá, perto de Pindobal, junto com um irmão que era rapazinho e um tio. Só escapou a mãe, o filho pequeno de 8 meses, que era o "seu" Epifânio e duas irmãs. Hoje ele mora lá, na esperança de arranjar os pertences do pai dele, enterrado pelos legais. (D. Rosa Cordeiro – Bairro do Laguinho, em Santarém) (Sena, 1985, p. 21).

A vitalidade da memória dos moradores do baixo Tapajós sobre a Cabanagem foi bem expressa em uma edição especial do jornal *Gazeta de Santarém* de 22 de junho de 2009, que trazia, como chamada de capa, a frase: "Cabanagem, a Guerra que não acabou". No caderno especial organizado pelos jornalistas Manuel Dutra e Celivaldo Carneiro (2009), que chegaram a visitar Cuipiranga e entrevistar moradores, veem-se os rostos e as falas desta gente que, até então, silenciava sobre esse fato histórico. "O povo tinha medo de falar nisso" (Dutra & Carneiro, 2009, p. 4), afirmou o Sr. Francisco. Não era para menos: "Uma coisa muito feia andou por aqui naqueles tempos" (Dutra & Carneiro, 2009, p. 4), como disse a senhora Maria Branches, de 80 anos, o que levou as pessoas a fugirem pelos matos. Muitos admitiam que não lembravam de quase nada, e os mais jovens mesclavam o que ouviam dos mais velhos com o que leram nos livros escolares. Nas fotos, os moradores apontam, entre os objetos encontrados nas matas, para "balas de canhão", "bicos metálicos de botas militares" e até um "canhão imperial" (Dutra & Carneiro, 2009, pp. 3-4), como o que foi encontrado em

Vila Franca, também visitada pelos jornalistas. Os moradores de Cuipiranga não se identificam como indígenas, mas o seu interesse em falar e mostrar o que ainda guardam sobre a Cabanagem é muito similar àquele demonstrado pelos indígenas em Pinhel. Em ambos os lugares, a Cabanagem está na "boca do povo".

Conclusão: a vitória do modo de vida dos cabanos

Apesar da inevitável referência às mortes e ao sangue, quando os indígenas falam da Cabanagem, eles não se sentem derrotados ou vencidos. Muito ao contrário. Talvez porque, de fato, eles permaneceram nas suas terras, ainda que seus avós tenham se escondido por anos na floresta. E de alguma forma, após a dura repressão, eles foram deixados em relativa paz. O desejo de ser deixado na sua terra e em paz parece ter sido um dos significados da Cabanagem para os indígenas. Dona Joana Soares Costa, da aldeia Cachoeira do Maró, na região do rio Arapiuns, comentou sobre o clima de insegurança depois da chegada de empresas madeireiras à região, nos anos 2000: "A gente vivia aqui bem sossegado, até que esse pessoal da firma chegou, e acabou o sossego da vida" (Citada em Vaz Filho, 2010, p. 252). Resumindo, é a perda do *sossego* e a busca da paz e da calma que motiva a recente mobilização das aldeias indígenas no Baixo Tapajós. Ainda hoje, como após a Cabanagem (Bates, [1863] 1979), os indígenas na região só querem ser deixados em paz e viver do seu jeito.

A memória sobre a Cabanagem fornece também bons elementos para que esses indígenas tornem evidente que eles são os donos legítimos da terra, por terem aí nascido e portarem sinais de uma presença remota. Harris (2009, p. 15) já afirmou que "[...] tanto quanto o liberalismo, a própria cultura e o modo de vida do povo pobre da Amazônia serviram para definir as motivações dos rebeldes". A Cabanagem foi, notadamente, o enfrentamento vitorioso desse modo de ser indígena contra a subordinação, personificada nos *portugueses*. Em Pinhel, as casas e as ruas onde estes viviam desapareceram completamente, tragadas pelo tempo e pelo avanço das águas do rio Tapajós, enquanto, na parte alta, lugar do antigo bairro Aldeia, a vida continua, soberana, entre *puxirum*, *putaua*, *tarubá* e Festa do Gambá (de São Benedito).

O maior sucesso da luta dos cabanos foi que esse modo de vida ou essa cultura popular (devoção aos santos, laços de parentesco, trabalho autônomo e não compulsório, falta de ambição desmedida, etc.) emergiu relativamente ilesa do período da Cabanagem, como bem demonstrou

Harris (2017). Esta é a mesma percepção de Rodrigues (2009, p. 183): não podemos falar em "derrota dos cabanos", pois "as populações permanecem fiéis aos parâmetros anteriormente definidos como seu modo de vida", com o ritmo menos desgastante do trabalho, mantendo as pausas entre os turnos, reservando tempo para o trabalho coletivo de ajuda mútua e associando, sempre que possível, trabalho, esporte, lazer e festa. Por fim, os moradores de Pinhel, que depois da Cabanagem, evitaram se dizer tapuios ou índios, em 2000 passaram a se identificar legalmente como *indígenas* e reivindicar a demarcação do seu antigo território. A estratégia cabana continua operando. Que desfecho!

Referências

Arenz, Karl Heinz (2003). *São e Salvo – A Pajelança da População Ribeirinha do Baixo Amazonas como Desafio para a Evangelização.* Abya Yala.

Barriga, Letícia Pereira (2014). *Entre leis e baionetas: Independência e Cabanagem no Médio Amazonas (1808-1840).* (Dissertação de mestrado, Programa de Pós-Graduação em História Social da Amazônia - PPGHSA, Universidade Federal do Pará, Belém).

Bates, Henry Walter ([1863] 1979). *Um Naturalista no Rio Amazonas.* Ed. Itatiaia; Ed. da USP.

Bettendorf, João Filipe ([1698] 1990). *Crônica dos Padres da Companhia de Jesus no Estado do Maranhão.* SECULT.

Chiavenato, José Júlio (1984). *Cabanagem: O Povo no Poder.* Brasiliense.

Cleary, David (Org.). (2002). *Cabanagem: Documentos Ingleses.* SECULT/IOE.

Costa, L. (2008). Fósseis são encontrados na Comunidade de Pinhel. *Aveiro Pará.* http://www.aveiropara.com.br/?op=noticias&nid=ODY=.

Di Paolo, Pasquale (1985). *Cabanagem: A Revolução Popular da Amazônia.* Conselho Estadual de Cultura.

Dutra, Manuel & Carneiro, Celivaldo (2009, junho 22). *Caderno Especial Cabanagem – Gazeta de Santarém,* Santarém, 22 jun.

Ferreira, Eliana Ramos (2003). As mulheres na cabanagem: presença feminina no Pará insurreto. ANPUH – XXII Simpósio Nacional De História – João Pessoa. http://encontro2014.rj.anpuh.org/resources/anais/anpuhnacional/S.22/ANPUH. S22.198.pdf.

Goldemberg, Deborah Kietzmann (2012). *Valentia*. Grua Livros.

Harris, Mark (2006). Presente Ambivalente: Uma Maneira Amazônica de estar no Tempo. In Cristina Adams, Rui Murrieta, & Walter Neves (Orgs.). *Sociedades Caboclas Amazônicas: Modernidade e Invisibilidade* (pp. 81-108). Annablume.

Harris, Mark [Entrevista]. (2009, junho 22) Uma Guerra Única na História das Revoluções, diz Antropólogo. *Jornal Gazeta de Santarém/Especial Cabanagem*, Santarém, 14-15. Harris, M. (2017). *Rebelião na Amazônia: Cabanagem, raça e cultura popular no norte do brasil, 1798 – 1840*. Editora da Unicamp.

Ingridy et al. (2007). *Resgate Cultural da Vila de Pinhel*. (Trabalho apresentado na disciplina de Arte, na Escola Municipal de Cametá).

Ioris, Edviges Marta (2005). *A Forest of Disputes: Struggles over Spaces, Resources and Social Identities in Amazonia*. (Tese de doutorado, Universidade da Flórida (USA), Gainesville, Flórida, Estados Unidos).

Iphan. (2008). 2ª. Superintendência Regional – PA. *Relatório de Vistoria. Processo: 0192.000165/2008-15*. Finalidade: Apurar comunicado sobre achados de ossos humanos em Pinhel, comunidade localizada no município de Aveiro, Estado do Pará. Período de realização: 22 a 24/04/2008.

Lima, Leandro Mahalem de. (2008). *Rios Vermelhos: Perspectivas e Posições de Sujeito em torno da Noção de Cabano na Amazônia em Meados de 1835*. (Dissertação de Mestrado, Programa de Pós-Graduação em Antropologia Social - Faculdade de Filosofia, Letras e Ciências Humanas - Universidade de São Paulo, São Paulo).

Lima, C. C. et al. (2002). *A História Oral das Populações Tradicionais da Comunidade de Pinhel*. (Trabalho final apresentado na disciplina Questões Sociológicas na Amazônia, UFPA-Campus de Santarém).

Moreira Neto, Carlos Araújo (1988). *Índios da Amazônia: de Maioria a Minoria (1750-1850)*. Vozes.

Oliveira, A. I. (1983). Ocupação Humana. *In* Eneas Salati et al. *Amazônia: Desenvolvimento, Integração, Ecologia*. Brasiliense/CNPq.

Parker, Eugene Philip (1985). Caboclization: the Transformation of the Amerindian in Amazônia 1615-1800. *Studies in Third World Societies*, 32, 1-49.

Picanço, Eloane Janay (2021). *Ressignificar o passado e agir no presente: identidade, memória e ação política em Cuipiranga, Santarém/PA*. (Dissertação de mestrado, Programa de Pós-Graduação em Antropologia - Universidade Federal do Pará, Belém).

Raiol, Domingos Antonio (1970). *Motins políticos ou história dos principais acontecimentos políticos da Província do Pará desde o ano de 1821 até 1835* (2ª ed.). UFPA. (3 volumes).

Reis, Arthur Cézar Ferreira (1979). *Santarém, seu Desenvolvimento Histórico*. Civilização Brasileira.

Ricci, Magda (2002). Do Patriotismo à Revolução: Histórias da Cabanagem na Amazônia. In E. Fontes (Org.). *Da Conquista à Sociedade da Borracha (Séc. XVI-XIX)*, (Coleção "Contando a História do Pará") (Vol. I; pp. 224-263). E-Motion.

Rither, V., & Vaz Filho, Florêncio Almeida (1988). *A Cabanagem: a Revolução Popular na Amazônia como um ensaio de Libertação à Luz de Jesus Cristo*. (Trabalho de Conclusão de Curso, Ciclo Básico do Curso Filosófico-Teológico, Instituto de Pastoral Regional (IPAR), Belém).

Rodrigues, Denise Simôes (2009). *Revolução Cabana e Construção da Identidade Amazônida*. EDUEPA.

Santos, Francisco Jorge dos. (2002). *Além da Conquista: Guerras e Rebeliões Indígenas na Amazônia Pombalina* (2ª ed.). EDUA.

Santos, Paulo Rodrigues dos. (1974). *Tupaiulândia, Santarém, Pará* (I Vol.; 2ª ed.). GRAFISA.

Sena, Eunice (1985). *Pequena História da Cabanagem*. Centro Comunitário da Liberdade: Santarém.

Slater, Candace (2001). *A Festa do Boto: Transformação e Desencanto na Imaginação Amazônica*. FUNARTE.

Sodré, Nelson Werneck (1978). *As Razões da Independência* (3ª ed.). Civilização Brasileira.

Vaz Filho, Florêncio Almeida (1997a). *Indicadores de Sustentabilidade de Comunidades Ribeirinhas da Amazônia Oriental*. (Dissertação de mestrado, Programa de Pós--Graduação em Ciências Sociais em Desenvolvimento, Agricultura e Sociedade/ Universidade Federal Rural do Rio de Janeiro, Rio de Janeiro).

Vaz Filho, Florêncio Almeida. (1997b). *História dos Povos Indígenas dos Rios Tapajós e Arapiuns a partir da Ocupação Portuguesa*. Mimeo.

Vaz Filho, Florêncio Almeida (2010). *Emergência Étnica de Povos Indígenas no Baixo rio Tapajós, Amazônia.* (Tese de Doutorado, Programa de Pós-Graduação em Ciências Sociais/Universidade Federal da Bahia, Salvador).

Veríssimo, José (1970). *Estudos Amazônicos.* UFPA.

Capítulo 2

PATRIMÔNIO AZULEJAR DE SANTARÉM

Clara Ariete Mendonça Costa
Marcela Nogueira de Andrade

Introdução

A cidade de Santarém, situada no oeste do Pará, é conhecida mundialmente no cenário arqueológico devido às visitas frequentes ao longo do tempo de cientistas e pesquisadores estrangeiros que "vinham especificamente a Santarém para conhecer a famosa cerâmica arqueológica da Amazônia" (Sena, 2004, p. 34). A região ganhou visibilidade internacional com os resultados das pesquisas da arqueóloga americana Anna Roosevelt desenvolvidas na Amazônia, onde ela divulgou as datações mais antigas para a cerâmica (sambaqui de Taperinha em Santarém) e para a ocupação da Amazônia (Caverna da Pedra Pintada em Monte Alegre) (Roosevelt, 1992, 1996).

Pesquisas posteriores realizadas por pesquisadoras e pesquisadores brasileiros confirmam a antiguidade da ocupação da Amazônia na região oeste do Pará, no sítio arqueológico Caverna da Pedra Pintada (Pereira; Moraes, 2019). As cerâmicas tapajônicas também continuam sendo foco de estudo e pesquisas arqueológicas desenvolvidas no Sítio Porto e no Sítio Aldeia, com ênfase no período pré-colonial, reafirmando a importância histórica e arqueológica da urbe. Para o arqueólogo Eduardo Neves (2015, p. 76) "aos olhos da arqueologia, Santarém pode ser considerada a povoação organizada mais antiga do Brasil", esse argumento nos mostra que a Arqueologia Santarena precisa ser foco de mais estudos, pois o "desenvolvimento" urbanístico acelerado da cidade, faz "sua história desaparecer" (Lima, 2015, p. 33). Segundo Rapp Py-Daniel et al. (2017, p. 10), "muitas áreas do município ainda não foram pesquisadas e a maior parte dos sítios arqueológicos identificados nunca foi escavada".

Entre as áreas que precisam ser foco de estudo, ressalta-se o Centro Histórico de Santarém, área com grande potencial histórico e arquitetônico da cidade para a realização de pesquisas arqueológicas voltadas para a arqueologia histórica, um dos ramos da arqueologia que estuda os períodos mais recentes da história. Para Barreto (2010, p. 34), a arqueologia histórica estuda as construções arquitetônicas e atua no campo da "[...] restauração de velhas edificações e monumentos ou a revitalização de antigos espaços urbanos".

Nesse sentido, identifica-se que grande parte dos casarões antigos que compõem o Centro Histórico ou que se encontram espalhados pela cidade, aos poucos, estão desaparecendo, na medida em que a cidade se modifica dando lugar a novos prédios comerciais e/ou devido a descaracterização dos casarões antigos, para que estes possam se adaptar a novas funções.

A partir deste contexto de poucos estudos voltados à Arqueologia Histórica de Santarém e do processo de modernização da urbe que vem condenando o Patrimônio Histórico, Arquitetônico e Arqueológico de Santarém ao desaparecimento, é que a temática deste estudo foi escolhida, sendo um desdobramento da monografia de conclusão de curso da primeira autora intitulada "Azulejaria portuguesa em Santarém do Pará: inventário e diagnóstico da azulejaria histórica de fachada dos casarões localizados no Centro Histórico" (Costa, 2019b) e orientada pela segunda autora.

O presente artigo possui como objetivos elaborar um diálogo sobre os azulejos históricos, bem como o entendimento de sua inserção na categoria de patrimônio azulejar, apresentar as etapas metodológicas que se sucederam ao longo da pesquisa e os resultados da análise.

Azulejos enquanto patrimônio

De acordo com Marluci Menezes, entende-se que o processo de invenção/patrimonização "é uma prática social, simultaneamente aludindo-se que o são igualmente a sua salvaguarda e conservação, o que exige envolvimento social entre outros tipos de empenhamento" (Menezes, 2015, p. 2). Nessa mesma concepção, enquadra-se o patrimônio azulejar, reconhecido como uma cultura secular, considerando seus "valores de uso, função, artísticos, decorativos e estéticos, históricos, técnicos e científicos" (Menezes, 2015, p. 2).

Sabe-se que os azulejos protagonizam uma grande quantidade de pesquisas nacionais e internacionais, com temáticas bem diversificadas: coleções, museus, conservação, restauração, patologias, tipologias, metodologias, datação, inventário, iconografia, cronologia, modos de produção, educação patrimonial, estudos de caso, artes, arquitetura, conservação, restauração, antropologia, arqueologia entre outras. No entanto, "o interesse pela preservação do patrimônio azulejar é relativamente recente se comparado com a preocupação por outros tipos de manifestações culturais" (Machado, 2009, p. 3).

A preservação dos revestimentos cerâmicos enquanto patrimônios, para Renata Curval, foi impulsionada somente a partir da inclusão desses bens nas Cartas Patrimoniais, que são os principais instrumentos de proteção patrimonial em nível mundial. A partir da elaboração desses documentos, "o azulejo é entendido como elemento arquitetônico e bem cultural" (Curval, 2007, p. 60), sendo incluído nas discussões nas seguintes Cartas Patrimoniais: Carta do Restauro de 1972, Manifesto de Amsterdã de 1975 - Carta Européia do Patrimônio Arquitetônico, Carta de Burra de 1980 e a Carta de Washington de 1986.

Na Carta do Restauro Italiana, divulgada em 6 de abril de 1972 pelo Ministério da Instrução Pública da Itália, os azulejos históricos foram oficialmente incorporados na categoria de patrimônio. Esse documento estabeleceu um conjunto de normas e instruções que deveriam ser respeitadas "em todas as intervenções de restauração em qualquer obra de arte" (Carta do Restauro, 1975, p. 1). Foram proibidas pelo Artigo 6°, no que se refere às operações de salvaguarda e restauração do patrimônio azulejar,

> 2 - remoções ou demolições que apaguem a trajetória da obra através do tempo, a menos que se trate de alterações limitadas que debilitem ou alterem os valores históricos da obra, ou de aditamentos de estilos que a falsifiquem; 3 - remoção, reconstrução ou translado para locais diferentes dos originais, a menos que isso seja determinado por razões superiores de conservação (Carta do Restauro, 1975, p. 2).

Na Declaração de Amsterdã, popularmente conhecida como o Manifesto de Amsterdã, de outubro de 1975, define-se o patrimônio arquitetônico como "expressão insubstituível da riqueza e da diversidade da cultura europeia, é herança comum de todos os povos [...]" (Manifesto de Amsterdã, 1975, p. 1). Nesse cenário, inserem-se os azulejos, pois

"[...] mesmo não sendo originalmente português [...] foi em Portugal que o azulejo teve uma utilização mais alargada, assumindo uma expressão muito especial desde o século XVI e atingindo uma proporção única no contexto europeu" (Horta, 1999, p. 4).

Em relação à Carta de Burra de 1980, Curval (2007, p. 60) afirma que "o azulejo pode ser entendido como um bem". A autora fez essa especulação baseando-se na definição de bem presente nesse documento:

> [...] bem como um conjunto de edificações ou outras obras que possuam uma significação cultural compreendidos, em cada caso, o conteúdo e o entorno a que pertence e também a significação cultural, pois designa seu valor estético, histórico, científico ou social para as gerações passadas, presentes e futuras (Carta de Burra, 1980 apud Curval, 2007, pp. 60-61).

Assim o azulejo assume o seu protagonismo como obra artística. Segundo Práce (2004, p. 3), "[...] o uso decorativo de azulejos é totalmente inseparável da vida quotidiana, vida cultural e vida urbana dos habitantes em todo o território de Portugal". Já Amorim (2003, p. 781) ressalta que "a arquitectura portuguesa passou a contar, desde os meados do século XIX, com a presença do azulejo como animador e protetor das fachadas", logo torna-se perceptível que a presença dos azulejos constitui muito mais que conjuntos artísticos em Portugal, sua presença é carregada de diferentes significados, funções e valores.

A Carta de Washington de 1986 é um documento redigido pelo Conselho Internacional de Monumentos e Sítios (ICOMOS), com a finalidade de garantir a salvaguarda das cidades históricas (Carta de Washington, 1986). Nessa carta, os azulejos históricos são citados indiretamente no respectivo trecho:

> [...] os valores a preservar são de caráter histórico da cidade e o conjunto de elementos materiais e espirituais que expressam sua imagem, em particular: a forma e o aspecto das edificações (interior e exterior) tais como são definidos por sua estrutura, volume, estilo, escala, materiais, cor e decoração (Carta de Washington, 1986, p. 2).

Os azulejos históricos correspondem aos materiais construtivos utilizados para decorar esteticamente o interior e as fachadas das edificações. Em Portugal, os revestimentos cerâmicos ou azulejos *in situ* são entendidos como revestimentos azulejares "aplicados num determinado suporte arquitectónico, que tenham ou não sido originalmente concebidos para o mesmo" (Aguiar, 2018, p. 9).

No território brasileiro, a transição do patrimônio azulejar português da metrópole, teve seu início no Brasil Colônia, especificamente no século XVII, no período em que as estratégias de ocupação colonial estavam passando por um processo de reformulação. Simões (1965, p. 22 apud Mello, 2015, p. 40) "afirma que, neste período inicial, não havia fabricação especial destinada ao Brasil, sendo os azulejos mandados para a colônia os mesmos utilizados na Europa".

No Brasil, conforme Simões (1959, pp. 9-11) relata, a azulejaria foi inserida "no revestimento das fachadas civis e religiosas [...], logo o azulejo foi chamado a embelezar e enriquecer os interiores das naves, dos claustros e das capelas". A pesquisadora de Artes Visuais Zeila Machado (2009) ressalta a importância do patrimônio azulejar brasileiro, o qual possui grande "destaque não só no Patrimônio Histórico e Artístico do país, como no Patrimônio da Humanidade, destacando-se por sua qualidade, quantidade e pela especificidade de estilos, materiais e técnicas" (Machado, 2009, p. 3). Na região Norte do Brasil, a azulejaria de fachada foi vastamente utilizada no período colonial, século XVIII, como uma forma de amenizar temperaturas, decorar e ostentar as edificações (Machado, 2009).

Durante o período colonial, a arquitetura brasileira transformou-se em decorrência do gosto dos burgueses, pela azulejaria de fachada. Muito além de um bom gosto, os revestimentos de fachada passam a assumir o papel de identidade da nova burguesia local, "que quer ser diferenciada das demais classes sociais. Costume originado no Brasil e exportado para Portugal, o hábito de se aplicar azulejos em fachadas transformou e marcou a arquitetura brasileira" (Machado, 2009, p. 7). Ainda segundo essa autora:

> [...] o acervo azulejar brasileiro é de extrema importância para o país e também para o patrimônio mundial, pois retrata a trajetória de uma vertente da cerâmica, sendo o azulejo o objeto avaliado e originado, em grande parte, em Portugal, assim como Holanda, França e no próprio Brasil (Machado, 2009, p. 12).

Os azulejos Luso-Brasileiros de Santarém "[...] utilizados para adornar as fachadas dos sobrados e casarões santarenos, construídos no século XIX, ilustram a prosperidade comercial adquirida com a exportação de produtos da região" (Costa, 2021, p. 44). Na urbe os novos exemplares da arquitetura colonial, de certa forma deram continuidade à tendência e à função decorativa dos azulejos vigente nos séculos XVII e XVIII, período em que os azulejos no contexto brasileiro "[...] foram largamente empregados na decoração de igrejas, conventos, sacristias, claustros, pátios, salas e sobrados" (Oliveira, 2013, p. 56).

A azulejaria santarena e seus suportes arquitetônicos, são "Patrimônios Históricos, Arquitetônicos, Arqueológicos e Culturais da zona urbana do município de Santarém, as construções coloniais e seus elementos decorativos, entre eles os azulejos de fachada [...] revelam a identidade local e a memória histórica da Amazônia e dos antepassados" (Iphan, 2010, p. 9). Os revestimentos cerâmicos azulejares, além de sua função decorativa, "são testemunhos da chegada de uma nova cultura na cidade. Eles nos mostram como eram as moradias luxuosas no tempo da colonização portuguesa no coração da Amazônia, o bom gosto dos comerciantes e das famílias ricas" (Costa, 2021, p. 44).

Conforme a historiadora Teresinha Amorim (2015, p. 17), "a cultura Santarena também se expressa na arquitetura que representa seus diversos estilos", mas, apesar disso, compreende-se que existe uma grande lacuna de informações relacionadas à arquitetura histórica situada no Centro Histórico de Santarém, pois sendo "Santarém cidade que já possui pesquisas no campo do patrimônio acompanha um processo acelerado de depreciação dos marcos materiais de suas histórias" (Lima, 2015, p. 34).

Nesse sentido, o patrimônio azulejar de Santarém *in situ* se encontra em uma pequena quantidade de bens imóveis de diferentes tipologias arquitetônicas: casas térreas, sobrados e casas assobradadas. Os azulejos históricos presentes nas fachadas dos casarões selecionados para o presente estudo foram identificados como azulejos históricos de origem portuguesa, mediante ao levantamento iconográfico realizado nas fontes históricas, sendo que no próximo tópico será apresentada a metodologia de análise do patrimônio azulejar de Santarém.

Metodologia de análise do patrimônio azulejar

A análise do patrimônio azulejar desenvolvida nesta pesquisa foi realizada em duas etapas com diferentes tipos de metodologias. A primeira etapa refere-se à identificação dos azulejos históricos presentes nas fachadas dos casarões coloniais da urbe. A segunda etapa designa-se à uma macroanálise dos azulejos. Ambas as etapas serão detalhadas nos próximos itens. Importante destacar que os problemas de conservação dos casarões antigos e dos revestimentos cerâmicos[20] dificultam a realização de pesquisas cujos objetivos se debruçam na caracterização dos azulejos históricos de fachada, sendo que a identificação desses problemas também integra a metodologia descrita a seguir.

Etapa 1: Identificação dos Azulejos

A primeira etapa corresponde a duas ações. A primeira delas é a elaboração de um estudo bibliográfico utilizando um inventário temático como instrumento de pesquisa, com a finalidade de identificar e levantar informações mais aprofundadas dos casarões históricos na cidade. Fontes orais também são importantes para esse levantamento.

A segunda ação corresponde à primeira etapa de campo com o objetivo de realizar uma prospecção visual e registro fotográfico dos casarões identificados nas referências bibliográficas e/ou fontes orais. Nessa prospecção, observa-se quais bens imóveis são compostos por azulejos para que seja feita a seleção dos casarões históricos para análise.

Inventário temático

O uso de um inventário temático corresponde à primeira etapa de identificação dos azulejos históricos *in situ*, pois antes de se pensar nos azulejos históricos é preciso buscar entender a sua contextualização com o seu suporte arquitetônico. Nesse sentido, o primeiro passo foi o uso das variáveis tendo como base o inventário temático do Docomomo (1995) para fazer o levantamento e encontrar ou descobrir novas informações (como quem encomendou a obra, planta da casa, materiais visuais e abertura de processo de tombamento) dos imóveis relacionados, especificamente aos suportes arquitetônicos dos azulejos, cruzando as informações encontradas no levantamento bibliográfico com as informações coletadas em campo.

A esquematização das informações baseadas em um inventário temático foi necessária para preencher várias lacunas informacionais relacionadas com o levantamento de dados dos azulejos históricos e seus suportes arquitetônicos: casarões/ solares antigos. Para a coleta de informações desse inventário, foram observadas as variáveis presentes na ficha mínima do Docomomo (1995): a) identificação do edifício ou conjunto arquitetônico,

---
[20] Revestimento cerâmico é uma terminologia usada para designar os azulejos históricos (Aguiar, 2018).

b) história de edifício, c) cronologia, d) estado atual do edifício, e) avaliação, f) referências documentais, g) material visual, cujas informações foram incluídas no inventário dos azulejos de Santarém (Baffi, 1934; Costa, 2019b).

Esses dados sistematizados ajudaram na elaboração da contextualização histórica dos casarões coloniais, apesar da grande ausência de informações históricas e documentais sobre a Casa do Cartório e Casarão Azulejado, com essa metodologia foi possível reunir uma pequena quantidade de informações que foram usadas na elaboração do inventário dos azulejos de Santarém.

Etapa 2: Macroanálise

A macroanálise foi desenvolvida em duas fases. A primeira corresponde à realização de um diagnóstico do estado de conservação dos revestimentos cerâmicos com ênfase nas patologias identificadas nos azulejos de fachada. Essa etapa é elaborada a partir das análises de danos observadas *in situ* e dos registros fotográficos coletados em campo.

A segunda fase objetiva elaborar um inventário dos azulejos santarenos, construído mediante aos processos de classificação tipológica, identificação iconográfica e catalogação dos azulejos de fachada, que poderá contribuir para a análise de outros imóveis com o mesmo tipo de padronagem azulejar em suas fachadas.

Fase 1 – *Diagnóstico de conservação: patologias/danos dos azulejos históricos*

Para a identificação dos danos/patologias presentes nos azulejos históricos de Santarém, foram utilizadas como referências os trabalhos de Freitas (2015), Sullasi et al. (2016) e Costa (2019a). De forma geral, as patologias que podem acometer os azulejos históricos se dividem em duas categorias: danos antrópicos e danos naturais.

Entre os danos antrópicos podemos citar: desordem, lacuna, manchas superficiais (manchas superficiais de tintas e vernizes, manchas pontuais decorrentes de colas e adesivos, outras manchas), elementos espúrios, recomposição de pintura, perda, e superfície encoberta. Na categoria de danos naturais podemos citar: alteração cromática (amarelamento/escurecimento generalizado), contaminação, concreção, desagregação, eflorescências, esfoliação, lacuna, manchas superficiais, perda, trinca, fissuras (Freitas, 2015; Tinoco, 2007; Sullasi et al., 2016; Costa, 2019a, 2009b).

Além desses danos possíveis de serem identificados de acordo com as referências utilizadas, é importante atentar para novos danos. Assim, foram diagnosticados na azulejaria de fachada de Santarém outros tipos de danos como: afloramento de furos, adesivo/papel de parede, buraco, pregos, fita adesiva, adesivo de preço, abrigo de insetos e vegetação hospedeira (Costa, 2019b). Os danos identificados como adesivo/papel de parede, pregos, fita adesiva adesivo de preço pertencem à categoria de danos antrópicos e os demais danos como afloramento de furos, buraco, abrigo de insetos e vegetação hospedeira pertencem à categoria de danos naturais.

Fase 2 – Inventário: catalogação dos azulejos de fachada in situ

Essa etapa da pesquisa de campo foi desenvolvida com base nas estratégias e convenções estabelecidas no *Guia de Inventário de Azulejo* in situ (Aguiar et al., 2018), sendo adicionados os dados referentes aos azulejos de Santarém e seus suportes arquitetônicos (Costa, 2019).

Uma grande vantagem na construção do Inventário dos Azulejos Históricos de Santarém, consistiu na existência dos trabalhos de catalogação/identificação da azulejaria histórica de fachada desenvolvidos nas respectivas cidades e estados brasileiros: Belém (Pará) (Alcântara, 2016), São Luís (Maranhão), Olinda e Recife (Pernambuco) (Cavalcante & De Menezes e Cruz, 2002) e Salvador (Bahia) (Knoff, 1986). Em relação aos trabalhos estrangeiros, utilizou-se contribuições de pesquisas desenvolvidas em Portugal por Arruda (1998), Araújo (2015) e Horta (1999). Foi possível identificar por meio das fontes nacionais e internacionais a presença dos mesmos padrões iconográficos de azulejaria de fachada identificados nos casarões e solares da cidade de Santarém do Pará (Costa, 2019).

As informações necessárias para a catalogação dos revestimentos azulejares a fim de obter um panorama tipológico e iconográfico são:

1. Imóvel e localização: informações sobre os suportes arquitetônicos (identificação, endereço, cronologia e intervenções) e sobre os azulejos (medidas e materiais);

2. Revestimento cerâmico e descrição iconográfica: para o revestimento são observadas informações referentes à identificação e à localização da azulejaria em seu suporte (interior ou exterior).

A descrição iconográfica foi elaborada em campo com base em material de referência regional: Amorim (2010), Couto (2013), Barreto et al. (2017), Silveira & Criado (2017) e Costa et al. (2017); as observações da azulejaria *in situ* foram focadas nas descrições das cores, identificação dos padrões e seus motivos decorativos, pois as cores citadas nas fontes utilizadas apresentavam variações e ausência de cores;

3. Secção, emolduramento, proveniência e técnica: no geral são informações detalhadas da leitura dos painéis azulejares[21]. Secção corresponde à identificação da tipologia; emolduramento é a ausência ou existência de peças-chaves cercaduras ou frisos; proveniência corresponde ao local de origem do revestimento em si e não somente do tipo de estampagem/motivo decorativo. Por fim, a técnica é a identificação dos tipos de decoração (decalque, corda seca, pintado à mão, estêncil, entre outras) (Costa, 2019).

A avaliação dos azulejos de Santarém

Para a primeira etapa da pesquisa foram realizadas investigações na Antiga Casa da Memória e sede do Instituto Histórico e Geográfico do Tapajós (IHGTAP) e no Instituto Cultural Boanerges Sena. Nesses locais, foram encontradas referências bibliográficas como Amorim (2010) e Queiroz (1993), além de cartões postais da Série Baixo Amazonas.

Durante o levantamento bibliográfico na literatura local, foram identificados oito imóveis azulejados, sendo seis casas térreas (Casa do Cartório, Solar dos Campos, Casarão Azulejado, Antiga Padaria Lucy, Solar do Barão de São Nicolau e Residência da Família Brandão), uma casa assobradada (Solar dos Brancos ou dos Confederados) e um sobrado (Hotel Alvorada) (Amorim, 2010). No levantamento imagético da Série *Baixo Amazonas* foi identificado um casarão térreo azulejado (Cartão Postal, 2017. Foto Acervo ICBS), totalizando nove imóveis azulejados.

A partir da constatação que a maioria dos casarões estava no centro histórico efetivou-se uma primeira etapa de campo objetivando uma prospecção visual dos casarões e seus azulejos para realizar a escolha dos imóveis que seriam trabalhados.

---

[21] Os painéis azulejares também denominados como tapete são os conjuntos de azulejos que juntos formam um padrão (Alcântara, 2016).

Na visita de campo observou-se que dos nove imóveis, dois deles tiveram seus azulejos históricos trocados por azulejos contemporâneos: a Antiga Padaria Lucy e o Solar dos Brancos ou dos Confederados. Notou-se ainda que um dos imóveis tinha sido demolido (Residência da Família Brandão); dois imóveis novos foram identificados: Casarão Azulejado 2 (nome dado por Costa, 2019a, 2019b) e um casarão que abrigava vários pontos comerciais: Farmácia Soares e Mercantil das Flores, mas que atualmente não possui mais seus azulejos históricos (Costa, 2019a). Por fim, identificou-se que ainda restam seis casarões que possuem azulejaria histórica de fachada.

Grande parte do conjunto azulejar de Santarém se concentrou nos imóveis das ruas: Siqueira Campos (Casa do Cartório, Solar dos Campos e Solar dos Brancos ou dos Confederados); Rua Lameira Bittencourt (Hotel Alvorada e Casarão Azulejado 1 e 2); Avenida Adriano Pimentel (Antiga Padaria Lucy); Rua Floriano Peixoto (Solar do Barão de São Nicolau). Os azulejos extintos foram identificados nas seguintes ruas e imóveis: Avenida Rui Barbosa (Residência da Família Brandão) e Rua 24 de Outubro (Casarão Comercial), também são casos isolados de emprego da azulejaria de fachada, pois não estão localizados na área de maior concentração do patrimônio azulejar santareno.

Nessa primeira etapa de análise, foram identificados e selecionados quatro imóveis: o Casarão Azulejado, o Solar do Barão de São Nicolau, o Solar dos Ca\mpos e a Casa do Cartório. Esses imóveis foram escolhidos em decorrência da iconografia presente em seus azulejos históricos, pois a partir deles é possível traçar um panorama dos motivos decorativos que ocorrem em Santarém: os azulejos do Solar dos Campos possuem os mesmos motivos presentes no Hotel Alvorada; o Casarão Azulejado 1 possui os mesmos motivos decorativos presentes nos azulejos do Casarão Azulejado 2; os azulejos da Casa do Cartório especulou serem iguais aos azulejos originais da Antiga Padaria Lucy, do Solar dos Brancos ou dos Confederados e do imóvel comercial; os azulejos do Solar do Barão de São Nicolau não existem em nenhuma outra fachada.

Na seguda etapa, que corresponde à macroanálise, os azulejos históricos de Santarém foram inventariados a partir de seus aspectos tipológicos e iconográficos[22]. Em relação à sua tipologia, observou-se as características físicas das placas azulejares que poderiam ser classificadas como: azulejos

---

[22] A tipologia é uma convenção adotada para identificar os azulejos e suas peças-chaves ou guarnições: cercaduras e frisos (Alcântara, 2016). De acordo com o *Guia de inventário de azulejos* in situ, a iconografia é uma etapa metodológica do inventário que engloba a catalogação, a identificação e a descrição temática dos motivos decorativos que formam os padrões presentes nos painéis azulejares (Aguiar, 2018).

de relevo ou azulejos planos e azulejos do tipo friso. As descrições iconográficas foram baseadas nas cores utilizadas na composição dos desenhos, nas secções, nos módulos, nas técnicas decorativas e nas catalogações já existentes, encontradas nos levantamentos bibliográficos (Costa, 2019a, 2019b). A seguir, apresenta-se o resultado da pesquisa: a contextualização histórica dos suportes arquitetônicos e os dados construídos para a azulejaria de Santarém.

Solar dos Campos

Com relação ao inventário temático foi identificado que o Solar dos Campos é uma casa térrea de porão alto, construída em estilo neoclássico no século XIX na Rua Siqueira Campos. O Solar foi construído para servir de moradia para duas famílias: os Campos e posteriormente "[...] seus descendentes os Macambiras" (Costa, 2019b, p. 114). O imóvel ostenta em seu gradil, situado em cima da porta de entrada, o ano de 1868, que pode ser o ano de construção do Solar ou pode corresponder ao ano em que os Campos foram morar no casarão, entretanto, não existe nenhuma confirmação sobre essas especulações (Amorim, 2010; Couto, 2013; Costa, 2019b).

Sobre o inventário referente à catalogação dos azulejos das fachadas, foi possível realizar a descrição do revestimento azulejar que corresponde à segunda etapa da macroanálise. Os Azulejos Históricos do Solar dos Campos são azulejos de tipo plano, de padrão ou de padronagem formada pela junção de quatro placas, medindo 14x14 cm. O padrão formado por essas quatro placas compõe os motivos vegetalistas ou fitomórficos do padrão denominado português portuguese. Os azulejos do Solar dos Campos foram pintados à mão e possuem policromia nas cores azul, amarelo, verde e branco (Araújo, 2015; Mello, 2015; Barbuy; Marins; Zequini; Zanatta, 2012; Cavalcante & De Menezes e Cruz, 2002; Costa, 2019a, 2019b). O branco é a cor de fundo para a composição decorativa, o azul é muito utilizado para contornar os desenhos, enquanto o verde, o amarelo e, pouquíssimas vezes, o azul são usados no preenchimento das formas.

Para a elaboração do diagnóstico de conservação (primeira etapa da macroanálise), foi realizada uma divisão do imóvel, caracterizado como um casarão térreo, a partir da definição de dois níveis de leitura em termos de revestimento dos azulejos portugueses. Os dois níveis de leitura são separados por detalhes arquitetônicos das janelas e dos porões, no primeiro nível (leitura feita de baixo para cima) estão integrados 16 painéis e no segundo nível de leitura há somente três painéis.

Na análise efetivada nos painéis do primeiro nível de leitura, foram observados danos antrópicos e naturais. Sobre as alterações de coloração, foram identificados os seguintes danos antrópicos: manchas pontuais de tintas e vernizes presentes em todos os 16 painéis; manchas pontuais decorrentes de colas ou adesivos nos painéis 1, 3 e 12; outras manchas nos respectivos painéis 8, 9, 11, 12, 13, 14, 15 e 16. Em relação aos danos naturais, identificou-se somente o dano amarelamento generalizado presente em todos os 16 painéis.

Na análise do item sobre a integridade da peça, foram constatados os seguintes danos naturais: fissuras e perda em todos os 16 painéis; trinca nos painéis 2, 3, 4, 5, 6, 7, 8, 9, 10, 11, 12, 13, 14, 15 e 16. Em relação aos danos antrópicos, foi observada superfície encoberta nos painéis 6 e 9. Novos danos naturais também foram descobertos em campo: afloramento de furos no painel 12 e abrigo de insetos identificados nos painéis 2, 4 e 13.

A partir da identificação e análise das patologias/danos que acometem os azulejos históricos integrados na fachada do Solar dos Campos, é possível afirmar que o estado de conservação do patrimônio azulejar desse imóvel é regular devido aos seus "azulejos apresentarem pequenos danos que representam danos a sua integridade física e estética" (Costa, 2019b).

Solar do Barão de São Nicolau

Com relação ao inventário temático, foi identificado que o Solar do Barão de São Nicolau pertencia ao Sr. José Pereira Costa. A casa térrea foi construída em estilo árabe no ano de 1867 na atual Rua Floriano Peixoto. O solar foi utilizado para diferentes funções: moradia e educandário em 1891 (Amorim, 2010; Costa, 2019b).

Sobre o inventário referente à catalogação dos azulejos das fachadas, foi possível realizar a descrição do revestimento azulejar que corresponde à segunda etapa da macroanálise. Os Azulejos Históricos do Solar do Barão de São Nicolau são azulejos de tipo plano, de padrão ou de padronagem formada pela junção de quatro placas, medindo 14x14 cm. O padrão formado por essas quatro placas compõe motivos vegetalistas ou fitomórficos, do padrão conhecido como padrão azul e branco; azul e branco com ponteados; ou padrão português portuguese; também denominado como azulejos/azulejaria de estilo mourista e rocaille (Amorim, 2010; Costa, 2019b, 2022).

O Solar do Barão de São Nicolau também possui azulejos planos de tipo friso, denominação dada por Barbuy (2012) e azulejos conhecidos e denominados como peças-chaves "frisos e cercaduras" (Araújo, 2015; Mello, 2015; Barbuy; Marins; Zequini; Zanatta, 2012; Costa, 2019). Ambos os azulejos do tipo plano e do tipo friso foram pintados à mão e possuem policromia nas cores azul e branco (Amorim, 2010; Costa, 2019a, 2019b). O branco é o plano de fundo para os motivos vegetalistas/fitomórficos e arabescos pintados na cor azul-marinho.

Para a análise do diagnóstico de conservação (primeira etapa da macroanálise), foi considerado que esse solar possui dois níveis de leitura dos painéis azulejares, estes são separados por detalhe arquitetônico presente na fachada. O primeiro nível é formado por 12 painéis separados por portas e janelas em estilo árabe, os painéis são delimitados em sua grande maioria por azulejos do tipo friso. O segundo nível possui três painéis azulejares separados por detalhes arquitetônicos presentes na fachada do imóvel.

Na análise elaborada nos painéis do primeiro nível de leitura foram observados os respectivos danos antrópicos: alterações de coloração correspondente às manchas pontuais de tintas e vernizes nos painéis 1, 2, 3, 4, 5, 7, 8, 9, 10, 11 e 12; manchas pontuais decorrentes de colas ou adesivos nos painéis 3 e 6; outras manchas encontradas nos painéis 4, 5, 7, 8, 9 e 10. Em relação aos danos naturais, somente escurecimento generalizado foi identificado nos painéis 1, 2, 3, 5, 6 e 10.

Na análise da integridade da peça, foram percebidos os seguintes danos naturais: fissuras nos painéis 1, 2, 3, 5, 6, 8, 9, 10 e 11; perda e trinca em todos os painéis; desagregação nos painéis 1 e 4. Em relação aos danos antrópicos, foi constatada a superfície encoberta nos painéis 1, 2, 4 e 7.

Novos danos também foram descobertos em campo, como dano antrópico: buraco no painel 10. Em relação aos danos naturais, foram observados: afloramento de furos nos painéis de 1, 2, 3, 4, 6 e 7; superfície áspera no painel 2 e porca fixada na parede do painel 3.

A partir da identificação e análise das patologias/danos que acometem os azulejos históricos integrados na fachada do Solar do Barão de São Nicolau, é possível afirmar que o estado de conservação do patrimônio azulejar desse imóvel é regular devido aos seus "azulejos apresentarem pequenos danos que representam danos a sua integridade física e estética" (Costa, 2019b, p. 203).

Casa do Cartório

Com relação ao inventário temático, foi identificado que a Casa do Cartório é uma casa térrea construída em estilo colonial situada na Rua Siqueira Campos. Seu ano de construção é inexistente na literatura regional. O imóvel pertenceu a três proprietários: Paulo Pereira da Silva e Francisco Paula Menezes por volta de 1928, posteriormente foi comprado por Antônio Andrade de Figueira em 1931 (Amorim, 2010; Costa, 2019b).

Sobre o inventário referente à catalogação dos azulejos das fachadas, foi possível realizar a descrição do revestimento azulejar que corresponde à segunda etapa da macroanálise. Os Azulejos Históricos da Casa do Cartório são azulejos de tipo plano, de padrão ou de padronagem formada pela junção de quatro placas, medindo 14x14 cm. O padrão formado por essas quatro placas compõe motivos decorativos/vegetalistas ou fitomórficos e geométricos. Provavelmente refere-se ao padrão português *portuguese*, devido à semelhança do motivo decorativo com outro azulejo português, que apresenta diferença apenas no estilo da flor central, formada na junção das placas (Cavalcante & De Menezes e Cruz, 2002; Costa, 2019a, 2019b, 2022).

A Casa do Cartório também possui azulejos planos de tipo friso, muito semelhantes aos azulejos do Solar do Barão de São Nicolau. Em relação aos motivos decorativos, a iconografia apresenta uma pequena diferença na coloração (Cavalcante & De Menezes e Cruz, 2002; Costa, 2019). Os azulejos do tipo plano e do tipo friso da Casa do Cartório possuem policromia nas cores azul, amarelo e branco, sendo o branco a cor de fundo ou a base para os desenhos feitos à mão (Cavalcante & De Menezes e Cruz, 2002; Alcântara, 2016; Costa, 2019b).

Para a análise do diagnóstico de conservação (primeira etapa da macroanálise), foi considerado que essa casa possui dois níveis de leitura em termos de revestimento azulejar. Os níveis são separados por cimalhas e azulejos do tipo friso, esses elementos arquitetônicos contornam os arcos das portas. A casa possui três painéis azulejares no primeiro nível separados pelas portas e delimitados pelos azulejos do tipo friso, no segundo nível seu painel é inteiriço.

Na análise realizada nos painéis do primeiro nível de leitura, foram observados os respectivos danos antrópicos: alterações de coloração, correspondente às manchas pontuais de tintas e vernizes nos 3 painéis; manchas pontuais decorrentes de colas ou adesivos no painel 1; outras manchas nos painéis 2 e 3. Em relação aos danos naturais, foi constatado o escurecimento generalizado nos 3 painéis.

Na análise sobre a integridade da peça, foram identificados os seguintes danos antrópicos: lacunas nos painéis 1 e 2; superfície encoberta nos painéis 1 e 3. Sobre os danos naturais, foram percebidos: fissuras e perdas nos 3 painéis; trincas nos painéis 2 e 3; desagregação no painel 2. Também foi observado novo dano antrópico em campo: afloramento de furos nos painéis 2 e 3.

A partir da identificação e análise das patologias/danos que acometem os azulejos históricos integrados na fachada da Casa do Cartório, é possível afirmar que o estado de conservação do patrimônio azulejar desse imóvel é bom devido aos seus "azulejos apresentarem pequenos danos aparentes que não danificam a sua estética" (Costa, 2019b, p. 203).

Casarão Azulejado

Com relação ao inventário temático, foi identificado que o Casarão Azulejado é uma casa térrea de duas fachadas situada na Rua Lameira Bittencourt, esquina da Travessa Francisco Corrêa. Seu ano de construção e informações sobre seus proprietários na bibliografia regional são inexistentes. O casarão já foi usado apenas para fins comerciais (Amorim, 2010; Costa, 2019b).

Sobre o inventário referente à catalogação dos azulejos das fachadas, foi possível realizar a descrição do revestimento azulejar que corresponde à segunda etapa da macroanálise. Os Azulejos Históricos do Casarão Azulejado são azulejos de tipo plano, de padrão ou de padronagem medindo 14x14 cm. Uma particularidade presente nesses azulejos consiste na sua representação iconográfica ser única, ou seja, "[...] quando o elemento cerâmico contém toda a informação decorativa" (Mello, 2015, p. 5), não precisando da junção entre os azulejos para formar o motivo decorativo o que diferencia dos outros azulejos no Centro Histórico de Santarém.

A padronagem presente na fachada do Casarão Azulejado é caracterizada pela junção de motivos vegetalistas ou fitomórficos e geométricos, a união dos azulejos desse tipo forma uma única estampa, sendo o padrão Minton & Co (Arruda, 1998), com policromia nas cores branco, preto e amarelo queimado (Costa, 2019b, 2022). O branco também é utilizado como a base para os desenhos, possivelmente esses azulejos apresentam a mesma técnica decorativa identificada nos outros casarões, sendo o desenho livre uma técnica de decoração manual.

Para a análise do diagnóstico de conservação (primeira etapa da macroanálise), foi considerado que esse casarão possui duas fachadas, seu revestimento azulejar possui dois níveis de leitura, a primeira fachada apresenta 6 painéis azulejares e a segunda fachada possui 5 painéis azulejares. As duas fachadas no segundo nível possuem painel único.

A análise desse casarão difere das outras em decorrência das duas fachadas, a análise foi efetivada nos painéis do primeiro nível de leitura das duas fachadas nomeadas como Casarão Azulejado 1 e Casarão Azulejado 2. Foram observados os respectivos danos antrópicos: alterações de coloração correspondentes às manchas pontuais de tintas e vernizes em todos os 6 painéis do Casarão Azulejado 1 e nos 5 painéis do Casarão Azulejado 2; manchas pontuais decorrentes de colas ou adesivos nos painéis 1, 4, 5 e 6 do Casarão Azulejado 1 e em todos os painéis do Casarão Azulejado 2; outras manchas nos painéis 1, 2, 3 e 5 do Casarão Azulejado 1, no painel 4 do Casarão Azulejado 2.

Na análise sobre a integridade da peça foram constatados os seguintes danos naturais: fissuras e perda em todos os painéis do Casarão Azulejado 1 e 2; trinca nos painéis 1, 2, 4, 5 e 6 do Casarão Azulejado 1 e nos painéis 3 e 4 do Casarão Azulejado 2. Em relação aos danos antrópicos, foi encontrada a superfície encoberta nos painéis 1, 2 e 3 do Casarão Azulejado 1 e nos painéis 4 e 5 do Casarão Azulejado 2.

Novos danos antrópicos foram percebidos: adesivo nos painéis de 1 a 4 do Casarão Azulejado 1 e nos painéis 1, 2 e 3 no Casarão Azulejado 2; buraco no painel 2 do Casarão Azulejado 1; pregos no painel 3 do Casarão Azulejado 1; fita adesiva no painel 6 do Casarão Azulejado 1; adesivo de preço no painel 6 do Casarão Azulejado 1. Em relação aos danos naturais, foi encontrada vegetação hospedeira no painel 1 do Casarão Azulejado 2.

A partir da identificação e análise das patologias/danos que acometem os azulejos históricos integrados na fachada do Casarão Azulejado, é possível afirmar que o estado de conservação do patrimônio azulejar desse imóvel é ruim devido aos seus "azulejos se encontrarem muito danificados, que se faz necessária uma restauração" (Costa, 2019b, p. 203).

A seguir, observa-se a fachada do Solar do Barão de São Nicolau (Figura 1) e exemplos de danos identificados na Casa do Cartório (Figura 2), Casarão Azulejado fachada 2 (Figura 3) e Solar dos Campos (Figura 4).

Figura 1

Panorâmica da Fachada do Solar do Barão de São Nicolau, Santarém, Pará, Brasil

Nota: Foto Costa (2019).

Figura 2

Dano antrópico lacuna no painel 2 da Casa do Cartório

Nota: Foto: Costa, 25-11-2019.

Figura 3

Dano Antrópico superfície encoberta no painel 4 na fachada 2 do Casarão Azulejado

Nota: Foto: Costa, 25 - 11 – 2019.

Figura 4

Dano antrópico outras manchas no painel 13 do Solar dos Campos

Nota: Foto Costa 27 - 11 – 2019.

Considerações

A construção deste artigo ratifica a importância da cidade de Santarém para a Arqueologia Amazônica. As pesquisas arqueológicas citadas anteriormente afirmam que Santarém é um sítio multicomponencial com campos de pesquisas arqueológicas e patrimoniais no âmbito da arqueologia pré-colonial, arqueologia histórica, na área de conservação e restauro, arquitetura entre muitas outras possibilidades. Entretanto, contrapondo-se a todo esse potencial científico, encontra-se o descaso com a arqueologia local e com os bens patrimoniais históricos, arquitetônicos e arqueológicos da cidade. Neste artigo, percebe-se que a azulejaria histórica de fachada da cidade está resistindo ao tempo, mas pode não resistir à especulação imobiliária que destrói a memória coletiva, os marcos históricos e o turismo cultural no local.

A azulejaria portuguesa de fachada é um marco histórico da colonização europeia, a região norte foi o berço brasileiro da utilização dos azulejos para ornamentar as fachadas. Constitui-se de uma parte da história das primeiras habitações coloniais brasileiras e marca o período histórico da Amazônia de ostentação e desenvolvimento urbanístico ocasionado pelo ouro branco, a borracha.

Nos resultados apresentados neste artigo, percebe-se que a cidade de Santarém precisa urgentemente de políticas públicas para a salvaguarda o patrimônio cultural localizado no Centro Histórico de Santarém. Observou-se também a inexistência ou ausência de manutenção e de fiscalizações nas obras realizadas no conjunto patrimonial arquitetônico, histórico, turístico e arqueológico da cidade, resultando em descaracterizações, reformas, depredações e demolições das casas térreas, casas assobradadas, sobrados e dos casarões azulejados. Esse cenário mostra que é necessário o desenvolvimento de pesquisas na área do patrimônio, bem como no campo da arqueologia histórica, focadas em metodologias que tornem possível a preservação dos azulejos históricos e suas casas coloniais.

Referências

Aguiar, I. (2018). *Guia de Inventários de Azulejo In – Situ* (1ª ed.). Projecto AZ – Rede de Inventariação em Azulejo.

Alcântara, D. M. S. (2016). *Azulejaria em Belém do Pará: inventário – arquitetura civil e religiosa – século XVIII ao XX* (1ª ed.). Iphan.

Amorim, A. T. S. (2010). Patrimônio histórico e arquitetônico de Santarém. *Revista da Faculdades Integradas do Tapajós – FIT*, Santarém, Gráfica Brasil.

Amorim, A. T. (2015). Santarém: A Pérola do Tapajós e seu potencial turístico. *Revista do Instituto Histórico e Geográfico do Tapajós – IHGTAP*, (3), Santarém, Gráfica Global.

Amorim, S. A. (2003). Contributos para o estudo do azulejo publicitário. *Revista da Faculdade de Letras Ciências e Técnicas do Patrimônio*, (1), Porto, Revista da Faculdade de Letras.

Araújo, S. I. S. B. (2015). *A conservação de azulejo de fachada na cidade do Porto: As práticas de reabilitação de edifícios com fachadas azulejadas.* (Dissertação de mestrado em Conservação e Restauro, Instituto Politécnico de Tomar, Escola Superior de Tecnologia de Tomar, Porto, Portugal).

Arruda, L. (1998). *Programa Caminho do Oriente: Guia do Azulejo* (2ª ed.). Livros, Horizonte.

Baffi, M. I. S. (1934). O IGEPAC-SP e outros inventários da Divisão de Preservação do balanço. *Revista do Arquivo Municipal*, Departamento do Patrimônio Histórico, São Paulo, (1).

Barbuy, H. et al. *Azulejos: preservação, exposição, conhecimento* (6ª ed.). Museu Republicano "Convenção de Itu", 2012.

Barreto, M. V. *Abordando o passado; uma introdução á Arqueologia.* Belém: Park-Tatu, 2010.

Barreto, P. et al. (2017). *Estilo tradicional português.* (Trabalho de disciplina, Universidade Federal do Oeste do Pará, Santarém, PA).

Carta do Restauro, 1975. Iphan. (n.d.). *Cartas Patrimoniais.* Disponível em: <http://portal.iphan.gov.br/pagina/detalhes/226>

Carta de Washington, 1986. Iphan. (n.d.). *Cartas Patrimoniais.* Disponível em: <http://portal.iphan.gov.br/pagina/detalhes/226>Cavalcante, S. T. H.& De Menezes e Cruz, A. (2002). *O Azulejo na arquitetura civil de Pernambuco, século XIX* (1ª ed.). Metalivros.

Costa, C. A. M. et al. (2017). *Estudo de caso da arquitetura colonial de Santarém – PA: Estilo Árabe presente no Solar do Barão de São Nicolau e no Solar dos Brancos* (Trabalho de disciplina, Universidade Federal do Oeste do Pará, Santarém, PA).

Costa, C. A. M. (2019a). *Projeto de Mobilidade Acadêmica Externa Nacional: Medidas de preservação, análise e diagnóstico de azulejos presentes em casarões históricos.* (Relatório). Departamento de Artes Plásticas - Escola de Belas Artes – Universidade Federal de Minas Gerais – UFMG. Belo Horizonte).

Costa, C. A. M. (2019b). *Azulejaria Portuguesa em Santarém do Pará: Inventário e diagnóstico da azulejaria histórica de fachada dos casarões localizados no Centro Histórico*. (Monografia de graduação em Arqueologia, Programa de Antropologia e Arqueologia, Universidade Federal do Oeste do Pará, Santarém, PA).

Costa, C. A. M. (2021). Herança portuguesa em Santarém do Pará: Azulejos portugueses. *Revista Círio Nossa Senhora da Conceição*, Santarém, 44-45.

Costa, C. A. M. (2022). Azulejos portugueses e casarões: Patrimônios históricos de Santarém. In J. F. Dantas (Org.), *Lugares e Memórias: reflexões sobre patrimônio histórico e educação patrimonial na Amazônia* [Recurso Eletrônico] (pp.143-159). Ufopa.

Couto, E. M. (2013). *Casarões históricos de Santarém: estudo sobre os sobrados e prédios históricos e sua significação dentro da área central da cidade de Santarém*. (Dissertação de mestrado em Arquitetura, na linha de Patrimônio, Restauro e Tecnologia, Universidade de Arquitetura e Urbanismo, Universidade Federal do Pará, Santarém, PA).

Curval, R. B. F. (2007). *Reflexão sobre a azulejaria portuguesa na cidade do Rio Grande/ RS: o caso do sobrado dos azulejos*. (Trabalho Acadêmico, Especialização em Patrimônio Cultural e Conservação de Artefatos, Programa de Pós Graduação em Patrimônio Histórico/ Conservação de Artefatos, Universidade Federal de Pelotas, Pelotas, RS).

Freitas, Y. M. (2015). *Azulejos portugueses dos séculos XVII e XVIII em Pernambuco: patologias e caracterização tecnológica*. (Dissertação de mestrado em Arqueologia, Programa de Pós-Graduação em Arqueologia da Universidade Federal de Pernambuco, Recife, PE).

Horta, C. M. R. S. R. (1999). *Percursos da azulejaria de interior no Conselho das Caldas da Rainha*. (Dissertação de mestrado em Museologia e Patrimônio, Universidade Nova de Lisboa, Faculdade de Ciências Sociais e Humanas, Departamento de Antropologia, Lisboa, Portugal).

Instituto do Patrimônio Histórico e Artístico Nacional – Iphan. Ficha M 102 – Contexto imediato. Santarém, PA, 2010. Disponível em: https://sicg.iphan.gov.br

Knoff, Udo. Azulejos da Bahia. 1 ed. Salvador: Fundação Cultural do Estado da Bahia, 1986.

Lima, P. (2015). A preservação do Patrimônio Histórico e Artístico e o encontro das cidades amazônicas com sua história. *Revista do Instituto Histórico e Geográfico do Tapajós - IHGTAP*, (3), Santarém, Gráfica Global.

Machado, Z. M. de O. (2009). Destruição do acervo azulejar brasileiro: Uma perda irreparável. 18° Encontro da Associação Nacional de Pesquisadores em Artes Plásticas Transversais nas Artes Visuais, Salvador, BA.

Manifesto de Amsterdã, 1975. Iphan. (n.d.). *Cartas Patrimoniais*. Disponível em: <http://portal.iphan.gov.br/pagina/detalhes/226>

Mello, E. U. C. (2015). *O panorama do patrimônio azulejar contemporâneo brasileiro visto através do seu inventário: do século XX ao século XXI*. (Dissertação de mestrado em Artes, Área de Concentração: Patrimônio Cultural, Programa de Pós-Graduação em Artes da Escola de Belas Artes da Universidade Federal de Minas Gerais, Belo Horizonte, MG).

Menezes, M. (2015). Azulejo, culture, memory and society: study of the social meanings of the ceramic tile heritage. *Proceedings International Conference Glazed Ceramics in Architectural Heritage*, LNEC, Lisbon. ISBN 978-972-49-2277-5.

Neves, E. G. (2015). A Cidade de Todos os Tempos. National Geographic Brasil, n. 189.

Pereira, E. & Moraes, C. (2019). A cronologia das pinturas rupestres da Caverna da Pedra Pintada, Monte Alegre, Pará: revisão histórica e novos dados. *Boletim do Museu Paraense Emílio Goeldi*, Ciências Humanas, 14, 327-341.

Práce, B. (2004). *A intenção decorativa do azulejo português*. (Trabalho Acadêmico, Filozofická fakulta, Katedra románských jazyků, Masarykova univerzita, República Checa).

Queiroz, O. A. S. (1993). *Os casarões santarenos: "expressão de uma época"*. (Trabalho de Conclusão de Curso, Licenciatura Plena e Bacharelado em História, Núcleo Universitário de Santarém, Centro de Filosofia e Ciências Humanas, Departamento de História, Universidade Federal do Pará, Santarém, PA).

Rapp Py-Daniel, A. et al. (2017). *Uma Santarém mais antiga sob o olhar da Arqueologia* (1ª ed.). Cromos Editora e Indústria Gráfica Ltda.

Roosevelt, A. C. (1992). Arqueologia Amazônica. In M. C. da Cunha (Org.) *História dos índios no Brasil*. Companhia das Letras, Secretaria Municipal de Cultura: FAPESP.

Roosevelt, A. C. et al. 1996. Paleoindian Cave Dwellers in the Amazon: The Peopling of the Americas, *Science*, 272, 373-384.

Sena, C. (2004). Cerâmica Arqueológica da Amazônia. *Revista Programa da Festa de Nossa Senhora da Conceição*, Santarém, 34-35.

Silveira, A. B. da & Criado, M. R. (2017) *Fachadas com Azulejos* (Trabalho de disciplina, Universidade Federal do Oeste do Pará. Santarém, PA).

Simões, J. M. S. (1959). Azulejaria no Brasil. *Revista do Patrimônio Histórico e Artístico Nacional*, Colóquio de Estudos Luso-Brasileiros, Bahia.

Sullasi, H. S. L. et al. (2016). Perfil tecnológico dos azulejos portugueses da primeira metade do século XVIII em Pernambuco. *Revista indexada: Latindex*, Pernambuco, 3(1), 81-93.

Tinoco, J. E. L. (2007). *Restauração de azulejos-Recomendações básicas* (Textos para discussão - Série Gestão de Restauro, n. 12). Centro de Estudos Avançados na Conservação Integrada.

Capítulo 3

NUMA ENCRUZILHADA AMAZÔNICA: CACHIMBOS DE BARRO DA REGIÃO DE SANTARÉM E (CO)EXISTÊNCIAS AFROINDÍGENAS

Sarah de Barros Viana Hissa

Antecedentes: cachimbos na região e perspectivas arqueológicas

A atual cidade de Santarém, como muitas urbes contemporâneas, é uma ocupação milenar. A região, já sabidamente muito rica em ocupações humanas e suas produções materiais, apresenta complexa sequência de tipos cerâmicos desde períodos pré-coloniais (para algumas poucas referências, ver Gomes 2002, 2006, 2012, 2022; Gomes et al., 2018; Amaral, 2016; Troufflard, 2016; Alves, 2018, 2020). Como já apontado por alguns autores (por exemplo Symanski & Gomes, 2012; Costa, 2016, 2017; Rapp Py-Daniel et al., 2017; Muniz & Gomes, 2017; Muniz, 2019), a história recente da região também é bastante rica e deixou vestígios arqueológicos importantes. Tais vestígios podem fomentar discussões sobre amplas redes internacionais de comércio, formas locais de consumo de bens industrializados, contatos identitários e interétnicos, mudanças e persistências em práticas culturais indígenas e afrodescendentes, processos de etnogênese, entre outras questões. Entre os artefatos históricos analisados em pesquisas anteriores, observa-se que o material cerâmico recebeu mais atenção. Contribuindo também sobre esse tipo de material, este texto tratará de uma categoria cerâmica específica: os cachimbos.

Os cachimbos arqueológicos do período histórico no Pará podem ser classificados em dois grandes grupos: os estrangeiros e os presumidamente feitos local/regionalmente (ver Figura 1). Os cachimbos estrangeiros aparecem em alguns trabalhos de Belém, em especial nos trabalhos de Fernando Marques (MPEG). Foi identificado um único fragmento de haste no Engenho do Murutucu, Belém (PA) (Marques, 2004). No entanto, coleções maiores foram identificadas nas escavações no Forte do Presépio, na Feliz Lusitânia (que compreende o Forte do Castelo e o antigo Hospital Militar/Casa das Onze Janelas) e no antigo forte de São Pedro Nolasco (Marques, 2006). Em breve observação dos cachimbos colocados em exposição nas Docas e no Museu do Presépio, esses apresentaram cronologia ampla, do século XVII ao XIX (Hissa, 2018, 2020).

Figura 1

Nomenclatura para cachimbos arqueológico-históricos usada neste texto

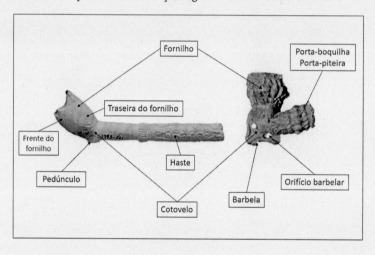

Notas. À esquerda, apresenta-se um cachimbo estrangeiro, feito em argila caulinítica (branca) e com haste integrada ao fornilho; à direita, um cachimbo barroco feito em Minas Gerais, com porta-boquilha, para inserção de piteira vegetal (cf. Hissa, 2022).

Os cachimbos de fatura presumidamente local/regional são mais frequentes e mais numerosos na região. Seu estudo é também mais antigo (Barata, 1944, 1951; Ott, 1944; Palmatary, 1960; Brancante, 1981; Guapindaia, 1993; D'Aquino, 2001). O estudo mais antigo e em profundidade sobre os cachimbos amazônicos do baixo Tapajós, hoje frequentemente referidos como cachimbos tapajônicos, é o de Frederico Barata (1944, 1951). Em primeira publicação, Barata (1944), estudando cerca de 20 peças, especialmente exemplares da coleção de Robert-Rose Brown, informa, de modo geral, que a coleta desses materiais não foi sistemática, da qual não há registro preciso, mas foram encontrados em Santarém e Alter do Chão, em superfície ou desenterrados por águas pluviais, pelo que se infere uma profundidade pouca. Alguns anos depois, tendo intensificado sua pesquisa, Barata (1951) discute 186 exemplares, muitos desses provenientes de escavações promovidas por ele no sítio Aldeia em Santarém, em área bastante revolvida pelas sucessivas ocupações, bem como peças das coleções Robert-Rose Brown, Charles Towsend e Geraldo Corrêa[23]. Sobre a fatura, Barata sugere que essas peças, de modo geral, não teriam sido feitas por molde, por não ter o autor se deparado ao longo de seu estudo com nenhuma duplicidade de peças. Sugere então uma fatura por modelagem em duas partes (ditas por ele em *duas bandas*), posteriormente unidas.

Do ponto de vista interpretativo, Barata agrupa os cachimbos em cinco categorias estilísticas, sugerindo uma cronologia de fatura que iria desde o fim do século XVII ao século XIX (Figura 2). O seu primeiro tipo de cachimbos é caracterizado por ornatos de inspiração vegetal, de pura tradição europeia, recobrindo a totalidade do cachimbo. Esses teriam sido feitos ainda em fins do século XVII, quando "os cachimbos mais perfeitos e luxuosos com esses ornatos teriam sido executados polos próprios missionários, modelando o barro indígena para encher horas de lazer ou por qualquer outro motivo" (Barata, 1951, p. 191). O segundo tipo seria assemelhado ao primeiro, mas sem o mesmo apuro técnico. Apresentariam ornatos de idêntica inspiração vegetal, porém menos perfeitos e visivelmente imitativos. Esses seriam atribuíveis a índios[24] discípulos dos jesuítas, remontando à mesma época dos anteriores ou do início do século XVIII. O terceiro tipo seria um estilo indígena tapajônico preservado, com formas antropomorfas e zoomorfas, essas últimas encontradas também na arte lítica dos Tapajó. Teriam sido produzidos no momento dos primeiros contatos com os colonizadores, portanto, também dos fins do século XVII e início do XVIII. Os outros dois tipos seriam posteriores. O tipo quatro apresentaria decoração muito singela, de origem vegetal, recobrindo apenas parcialmente o cachimbo, que é sempre pronunciadamente angular e com frequência em *barro puro*. Barata presume que a autoria dessas peças teria sido de índios aldeados ou de *caboclos*, no século XIX. Por fim, o quinto tipo se referia a cachimbos angulares de ornamentação muito simples ou sem

---

[23] A proveniência dos cachimbos estudados por Barata nesse artigo, além de Santarém e Alter do Chão, também inclui, em menor número, Monte Alegre, Faro e Terra Santa.

[24] O léxico utilizado por Frederico Barata foi parcialmente reproduzido aqui e em itálico, para oferecê-los para uma reflexão crítica de quem lê o presente capítulo. Entre esses, ressaltam-se os termos índios e *caboclos*, que são categorias socioculturais já problematizadas do ponto de vista antropológico, tal como o conceito de *aculturação*.

decoração, caracterizados pela confecção em *duas bandas* depois unidas. Nessa classe, Barata também inclui cachimbos com uma protuberância na parte inferior (barbela) com um orifício usado para suspensão da peça. Seriam os mais recentes de todos, remontando ao século XIX.

Figura 2

Classificação de cachimbos da coleção compilada por Barata (MPEG), com as datações por ele propostas

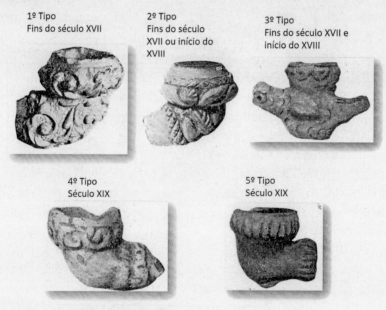

Notas. Fonte: Adaptado de Barata (1944, 1951).

    Apesar de não termos analisado diretamente a coleção do MPEG, considera-se aqui que a classificação estilística oferecida por Barata parece muito consistente, principalmente quando frente ao desafio que apresenta a ampla diversidade de decorações da coleção. Vale ressaltar que, não obstante as sugestões e esforços reflexivos da seriação proposta por Barata (com datações anteriormente descritas e ilustradas na Figura 2), não há uma cronologia amplamente aceita para essas peças. Assim, a fragilidade do seu trabalho hoje reside mais nas interpretações que tece, tanto cronológicas (que ainda carecem maior estudo), quanto antropológicas. Essas últimas não resistiram à passagem do tempo e às críticas aos conceitos fundamentais que usa para compreender as interações entre portugueses e indígenas.

A classificação estilística e com fins cronológicos proposta por Barata se baseia claramente em um modelo teórico histórico-culturalista, com a cultura material atuando como indicador direto de afiliação cultural. Ele compreendeu-os a partir da relação de contato, *aculturação* e produção por missioneiros e grupos Tapajó. Subjaz a essa interpretação uma noção de fluxo unilateral de influência cultural, enfatizando a perspectiva do grupo dominante, e a noção de que o indígena *perdeu* traços de sua identidade étnica material original ao longo dos séculos. Cachimbos com estilos barrocos mais complexos e execução entendida como mais refinada teriam sido feitos pelos Tapajó sob instrução direta de missionários durante o início do processo de colonização. Assim, o *refino* observado seria, em essência, europeu. Já os cachimbos posteriores teriam sido produzidos exclusivamente pelos ditos *aculturados* Tapajó, com menos influências do estilo artístico barroco, denotando o ritmo de tal processo de aculturação. A ordenação cronológica de tipos denota também uma noção de degeneração estilística ao longo dos séculos. Ainda, é importante ressaltar que as ponderações de Barata sobre os cachimbos entendidos como de fatura afro foram bastante sucintas e minimizaram demasiadamente seu papel na coleção angariada. Além disso, suas reflexões partem do pressuposto de *pureza étnica* e ignoram fluxos de interação e influência mútua entre indígenas, africanos e afrodescendentes.

Paralelamente, Carlos Ott (1944) descreve três cachimbos da região de Santarém, coletados por Protásio Frikel. Sua descrição, porém, é sucinta, posto que tal publicação enfatiza, na verdade, a arqueologia da Bahia. Um desses três cachimbos é um antropomorfo em figura feminina de corpo inteiro, outro é um zoomorfo em forma de ave e o terceiro é um cachimbo decorado com linhas curvilíneas (semelhante a outros encontrados em São Paulo). No cachimbo antropomorfo feminino, o fornilho é em forma de cesta e o fenótipo do rosto é descrito como mongólico e de cabelos compridos. Todos são entendidos por Ott como produções indígenas.

Alguns anos depois, Hellen Palmatary (1960) apresenta um inventário pouco interpretativo de cachimbos da região, além de descrever algo do trabalho e interpretações de Barata. A autora também os entende como produções indígenas e já observa que as argilas usadas nos cachimbos e nas cerâmicas utilitárias dos Tapajó apresentam similaridades: "Julgando apenas pela aparência, a receita da argila e o processo de queima dos cachimbos eram os mesmos que os índios Tapajó empregavam na fabricação de suas vasilhas" (tradução minha[25], de Palmatary, 1960, p. 72).

---

[25] Original: *"Judging from appearances alone, the clay mixture and the firing process used for the pipes were the same as the Tapajó Indians employed in the manufacture of their vessels"* (Palmatary, 1960, p. 72).

Passadas algumas décadas, Eldino Brancante (1981) oferece breve menção aos cachimbos da região de Santarém, porém especificamente aos barrocos. Esse autor se referiu aos cachimbos barrocos paraenses em contraste com os cachimbos barrocos presentes nas áreas das antigas minas de ouro e diamante, hoje Minas Gerais e Goiás. Esses dois grupos de cachimbos são de fato extremamente distintos entre si (para os cachimbos barrocos do sudeste e centro-oeste, ver especialmente Souza, 2000; Agostini, 2018; Hissa, 2022).

Algumas das peças estudadas por Barata e acondicionadas no Museu Paraense Emílio Goeldi foram revisitadas em outras ocasiões (Guapindaia, 1993; D'Aquino, 2001). Guapindaia (1993) analisou os 58 cachimbos da coleção, reiterando a hipótese do autor de alguns serem objetos originários do contato, produzidos pelos europeus ou por indígenas sob orientação dos mesmos.

Observa-se que, enquanto os cachimbos do MPEG já foram analisados anteriormente (Barata, 1944, 1951; Palmatary, 1960; Guapindaia, 1993; D'Aquino, 2001; Martins, 2017), os cachimbos de Santarém e arredores acondicionados no MAE/USP ainda não foram discutidos em publicações dedicadas ao assunto. Ainda, observa-se que os cachimbos da região são entendidos em geral como indígenas, enquanto os cachimbos barrocos recebem maior atenção, frequentemente sob a ótica interpretativa de Barata.

Em discussão mais recente, Symanski e Gomes (2012), a partir de um cachimbo recuperado arqueologicamente do centro urbano de Santarém, retomaram brevemente o estilo barroco proposto por Barata. No entanto, pensaram-no mais a partir das noções de *hibridismo* e de *mestiçagem* do que de *aculturação*, como o fez Barata. Os autores consideram que, apesar de provavelmente produzidos por indígenas, os cachimbos barrocos podem ter sido utilizados por vários segmentos da sociedade, a partir de processos de contatos culturais e de fusão de identidades.

Posteriormente, os trabalhos de Diogo Costa (UFPA) no engenho do Murutucu, no município de Belém, resultaram em oito cachimbos de barro, incluindo barrocos e outros, com decorações geométricas e variadas. Além do fato de serem cachimbos contextualizados arqueologicamente, o que é raro principalmente no caso amazônico, esses pitos apresentam variação tipológica. Foram catalogados em Lairisse Costa (2018), e posteriormente estudados e discutidos especialmente nas suas conexões africanas (D. Costa, no prelo). Em consonância com o trabalho de Diogo Costa, ressaltar essas conexões é parte do objetivo proposto neste capítulo.

Aportes históricos, fumo e *cabeças de cachimbo*[26]

Para embasar o contexto histórico regional, observamos alguma literatura secundária, relatos de naturalistas viajantes e periódicos oitocentistas. Desse trabalho extraímos informações dignas de nota para este texto.

Em primeiro lugar, as diferentes formas de se consumir o tabaco eram, em alguma medida, definidas de acordo com a classe socioeconômica e posição nas hierarquias de poder da sociedade. Como já sintetizado (Hissa, 2018, 2020), o naturalista Henry Walter Bates observou o uso de cachimbos de madeira no Pará (em Baião e nos arredores de Óbidos), mas afirmou que a classe mais abastada da população de Santarém não tinha o hábito de fumar. Eles "tomavam" rapé (Bates, 1944). No entanto, essas relações que remetem ao gosto de classe bourdieusiano (Bourdieu, 2007) não foram rígidas ou deterministas. Em 1763, no Pará, D. Frei João de São José Queiroz, em Visitas pastorais (apud Bruno, 2001), descreve um pároco local que teria sido bastante espiritual e fumava um dito indispensável cachimbo deitado na rede. Essa menção sugere o fumo entre a classe eurorreligiosa. Já pensando na sociedade como um todo, segundo Bates ([1863] 1944), um senhor de escravos e agricultor na foz do rio Madeira, chamado João Trindade, era muito adepto e conhecido pelo seu uso de tabaco e cigarros. Nos arredores de Óbidos (PA), em 1849, Bates menciona que um plantador de cacau, dono da casa, fumava um cachimbo de madeira, longo e decorado com pinturas em cores vivas, em sua rede. Em Baião (PA), uma "mameluca" foi mencionada a fumar cachimbos longos de madeira. Ela era casada com o senhor Seixas, cuja posição social não é detalhada, mas que tinha possibilidades suficientes para auxiliar a viagem de Bates naquela localidade, ao proporcionar quarto e montaria, bem como matando um boi em sua homenagem. No baixo Amazonas, entre Óbidos e Manaus, a mameluca Senhora Catita, viajava com os filhos e o marido, que era negociante e tinha seu pequeno barco. Ela cuidava de afazeres domésticos, como lavar a roupa, e, ainda de madrugada e nas primeiras horas de acordada, tomava um café forte e fumava seu primeiro cachimbo matinal (Bates, [1863] 1944).

---

[26] Os cachimbos de barro, popularmente também referidos como *pitos*, foram chamados em periódicos oitocentistas paraenses de *cabeças de cachimbos*, como veremos adiante.

Em segundo lugar, em busca assistemática a periódicos históricos do Pará[27], observou-se algumas similaridades ao que foi dito em outra ocasião, considerando jornais e almanaques cariocas (Hissa, 2018, 2020), referente à presença e ao comércio de cachimbos importados, bem como a venda de cachimbos de barro em atacado e varejo e o comércio de tabaco especificamente manufaturado para o uso em cachimbos. Assim, em jornais paraenses oitocentistas, notadamente belenenses, foi observada a ocorrência de manifestos de carga em navios de importação trazendo cachimbos estrangeiros para o país (provindo de portos em Portugal, na França e na Inglaterra, entre outros). Além de manifestos de carga em grandes navios, foram veiculados em periódicos paraenses anúncios modestos de leilões e de lojas vendendo cachimbos estrangeiros (mencionando especificamente cachimbos de espuma do mar e raiz) e cachimbos de barro. Ainda, veicularam informações sobre leilões e de vendas por atacado, bem como lojas e vendas em varejo, de cachimbos e tabaco em Belém de fins do século XIX. Foram observados anúncios de fumo desfiado e picado para cachimbos, inúmeros folhetins literários caracterizando personagens a partir do fumo em cachimbos, além de matérias veiculando opiniões diversas sobre o próprio consumo do tabaco (ver as figuras a seguir).

---

[27] Essa pesquisa foi realizada de forma virtual, no site da Biblioteca Nacional e página da Hemeroteca digital, que permite acessar periódicos históricos de várias regiões do país: https://bndigital.bn.gov.br/acervodigital/. Último acesso em 16 de junho de 2023.

Figura 3

Leilões oitocentistas de tabaco, em Belém (PA)

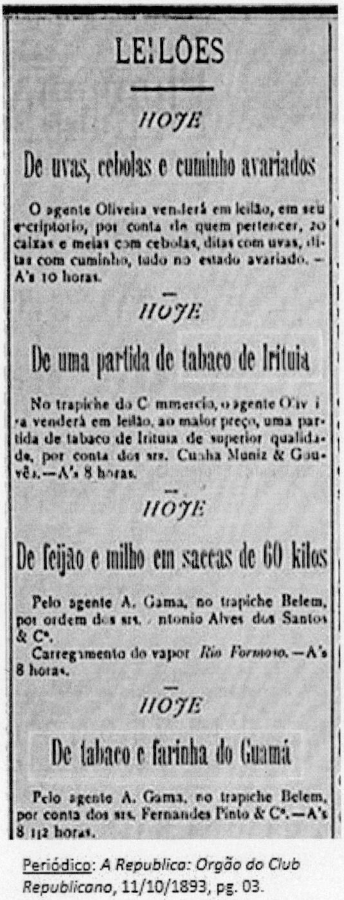

LEILÕES

HOJE

De uvas, cebolas e cuminho avariados

O agente Oliveira venderá em leilão, em seu escriptorio, por conta de quem pertencer, 20 caixas e meias com cebolas, ditas com uvas, ditas com cuminho, tudo no estado avariado. — A's 10 horas.

HOJE

De uma partida de tabaco de Irituia

No trapiche do C mmercio, o agente O'iv i ra venderá em leilão, ao maior preço, uma partida de tabaco de Irituia de superior qualidade, por conta dos srs. Cunha Muniz & Gouvêa.—A's 8 horas.

HOJE

De feijão e milho em saccas de 60 kilos

Pelo agente A. Gama, no trapiche Belem, por ordem dos srs. ntonio Alves dos Santos & Cª.

Carregamento do vapor *Rio Formoso*.—A's 8 horas.

HOJE

De tabaco e farinha do Guamá

Pelo agente A. Gama, no trapiche Belem, por conta dos srs. Fernandes Pinto & Cª.—A's 8 1/2 horas.

Periódico: *A Republica: Orgão do Club Republicano*, 11/10/1893, pg. 03.

Notas. Fonte: A Republica: Orgão do Club Republicano, 1893.

Figura 4

Anúncio da loja "Flor do Fumo", em Belém, PA, século XIX

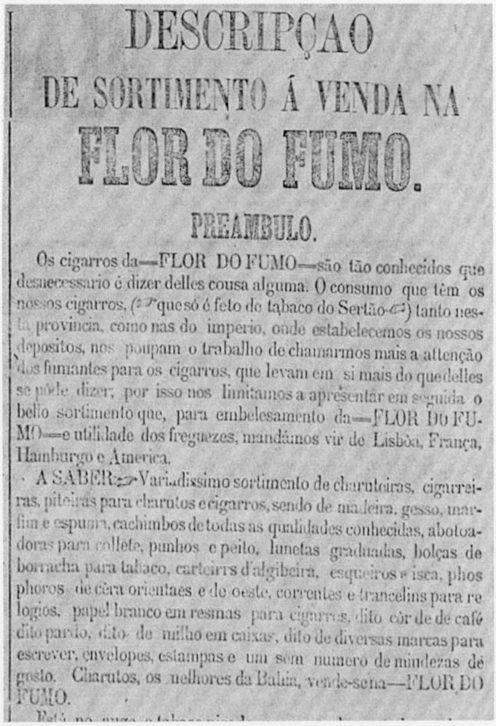

DESCRIPÇAO

DE SORTIMENTO Á VENDA NA

FLOR DO FUMO.

PREAMBULO.

Os cigarros da—FLOR DO FUMO—são tão conhecidos que desnecessario é dizer delles cousa alguma. O consumo que têm os nossos cigarros, (que só é feto do tabaco do Sertão) tanto nesta provincia, como nas do imperio, onde estabelecemos os nossos depositos, nos poupam o trabalho de chamarmos mais a attenção dos fumantes para os cigarros, que levam em si mais do que delles se póde dizer; por isso nos limitamos a apresentar em seguida o bello sortimento que, para embelesamento da—FLOR DO FUMO—e utilidade dos freguezes, mandámos vir de Lisbôa, França, Hamburgo e America.

A SABER: Variadissimo sortimento de charuteiras, cigarreiras, piteiras para charutos e cigarros, sendo de madeira, gesso, marfim e espuma, cachimbos de todas as qualidades conhecidas, abotoadoras para collete, punhos e peito, lunetas graduadas, bolças de borracha para tabaco, carteiras d'algibeira, esqueiros e isca, phosphoros de cêra orientaes e de oeste, correntes e trancelins para relogios, papel branco em resmas para cigarros, dito côr de de café dito pardo, dito de milho em caixas, dito de diversas marcas para escrever, envelopes, estampas e um sem numero de mindezas de gosto. Charutos, os melhores da Bahia, vende-sena—FLOR DO FUMO.

Notas. Fonte: Diario de Belém: Folha Politica, Noticiosa e Commercial, 1876.

Figura 5

Anúncios variados de vendas de cachimbos em Belém (PA), no século XIX

Notas. Fontes: *Diário de Belém*, 1868, 1876; *Correio Paraense*, 1892; *A república*, 1893; *Folha do Norte*, 1897; *O Pará*, 1897.

Vale ressaltar o uso frequente da expressão êmica *cachimbo de barro* para se referir aos pitos, já observada antes nos anúncios de venda em periódicos oitocentistas (Hissa, 2018). Contudo, observou-se em vários anúncios e matérias jornalísticas o uso da expressão *cabeças de cachimbo* para se referir aos próprios cachimbos, especialmente quando se tratava de vendas ou leilões dessas peças (ver figuras 6 e 7). Essa expressão ainda não foi identificada em periódicos ou outras referências documentais de outras regiões do país, podendo se tratar de um regionalismo da linguagem.

Figura 6

"Cabeça de cachimbo"

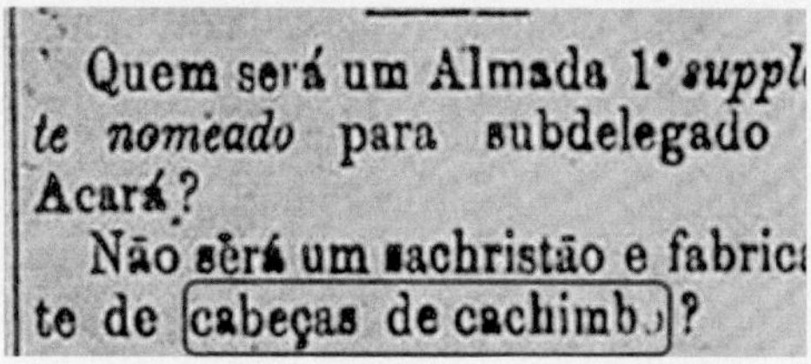

> Quem será um Almada 1º *suppl*
> *te nomeado* para subdelegado
> Acará?
> Não será um sachristão e fabric*
> te de cabeças de cachimb*?

Notas. A Constituição. Orgão do Partido conservador, 1878.

Figura 7

"Cabeça de cachimbo"

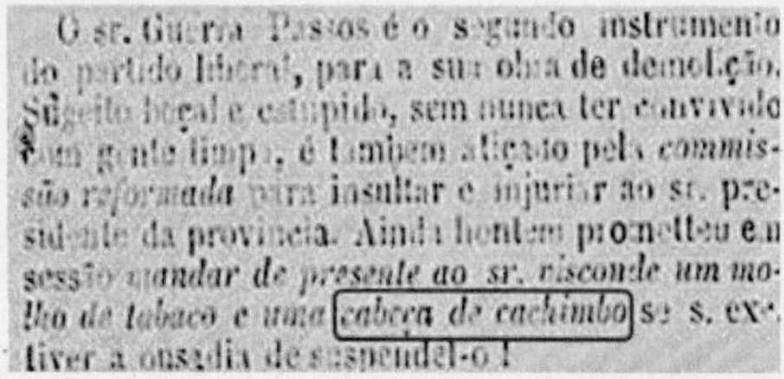

O sr. Guerra Passos é o segundo instrumento do partido liberal, para a sua obra de demolição. Sujeito boçal e estúpido, sem nunca ter convivido com gente limpa, é também afeiçoado pela commissão reformada para insultar e injuriar ao sr. presidente da província. Ainda hontem prometteu em sessão mandar de presente ao sr. visconde um molho de tabaco e uma cabeça de cachimbo se s. ex. tiver a ousadia de suspendel-o!

Notas. A Constituição. Orgão do Partido conservador, 1884.

   Até aqui, desse breve contexto histórico traçado podemos extrair que possivelmente os cachimbos eram mais comumente usados, mas não restritos, a pessoas menos abastadas. Ainda, notou-se que as *cabeças de cachimbo* e o tabaco eram vendidos tanto em varejo quanto em atacado, em tipos variados de estabelecimentos ou formatos de venda (leilões, venda direta etc.). Havia também certa variedade de cachimbos disponíveis para compra. Observamos que havia alguma produção de tabaco no Pará (ao menos em Irituia e Guamá), o que não foi mencionado no importante trabalho de síntese sobre produção histórica de tabaco elaborado para o Brasil por Nardi (1996), e que se vendia tabaco em Belém nos vários formatos (folha, picado e desfiado).

   Outro ponto de muito interesse encontrado nesses jornais se refere à circulação de cachimbos no território como bens de consumo. Uma menção relata a entrada em Belém de duas barricas de *cabeças de cachimbo* vindas do Ceará (Diário de Belem, 1883). Outra, relata uma caixa de cachimbo vinda de Pernambuco, além de vários outros itens de outras regiões do país (Diário de Belem, 1887). Apesar de serem poucas as referências documentais aqui encontradas, elas indicam a presença de um comércio regional de cachimbos de barro chegando a Belém, com produção pelo menos no Ceará e Pernambuco.

Por fim, foi identificada uma menção à uma "[...] fazenda de gado denominada S. Francisco, situada nos Campos, conhecidos por Cachimbo, no Igarapé Jutahi" (A Constituição: Orgão do partido Conservador, 1886, p. 1). É possível que essa toponímia indique uma região produtora de cachimbos, da mesma forma que Agostini (1998) especulou para uma região próxima a Diamantina (MG), que também leva esse nome. Ainda que pesquisas prospectivas de campo na região fossem fundamentais para produzir dados mais concretos sobre uma possível produção naquela região, já é intrigante assinalar tal possibilidade.

Os cachimbos das coleções *José da Costa Pereira* e *Ubirajara Bentes* do MAE/USP

Os cachimbos de Santarém e região guardados no MAE/USP correspondem a duas coleções. A primeira, diminuta, inclui alguns cachimbos adquiridos de José da Costa Pereira (Coleção *José da Costa Pereira*). A segunda e principal coleção inclui peças arqueológicas (e também etnográficas) compiladas desde a década de 1940 pelo advogado Ignácio Ubirajara Bentes de Souza. O acervo da coleção então denominada *Ubirajara Bentes* é composto de peças de distintas cronologias e matérias-primas, incluindo 199 cachimbos (Meneses, 1972). Foi adquirida por Ulpiano Bezerra de Meneses em nome da USP, na década de 1970, com recursos da Fapesp. Assim, as duas coleções somam 209 cachimbos, referidas na instituição como *Cachimbos Tapajônicos*. Como há poucas informações contextuais específicas de procedência arqueológica e estratigrafia, essas peças devem ser entendidas como relacionadas à região de Santarém.

Esse acervo foi analisado em abril de 2019, nas dependências do MAE/USP, mais especificamente no espaço do Laboratório de Estudos Interdisciplinares sobre Tecnologia e Território (LINTT/USP), coordenado pela Prof.ª Fabíola Silva. As peças apresentam sujidades, as arestas das quebras encontram-se algo arredondadas e muitos dos cachimbos estão brilhosos e polidos por manuseio (polimento de gaveta). Mesmo assim, de modo geral, são peças bastante íntegras, certamente motivo pelo qual integraram a compilação primeva.

Os cachimbos apresentam muitas variações entre si, no que tange aos atributos arqueológicos mais comumente observados (decoração, pasta etc.). Em primeiro lugar, é evidente a ocorrência de duas técnicas básicas de manufatura da forma, com predominância numérica do modelado sobre o moldado (Figura 8). Entre as peças modeladas, há grande variação no que tange forma, decoração, tratamento de superfície. Nessas peças, pode-se observar sinais da relação da argila com as mãos, tais como o encaixe da forma entre os dedos (Figura 9 'e'), inclusive com digitais (Figura 9 'b'), ou o encaixe dos dedos no vão do fornilho e alisamento (Figura 9 'f', 'g'). Esses aspectos aludem para um uso íntimo e fluido do corpo, especificamente uma sintonia entre a argila e as mãos artesãs, durante o processo de liberdade criativa individual. Outras marcas de fatura manual são corriqueiras, tais como a fatura do vão do fornilho com instrumento (Figura 9 'a') ou alisamento/polimento (Figura 9 'c', 'd', 'h').

Figura 8

Técnica geral de manufatura da forma

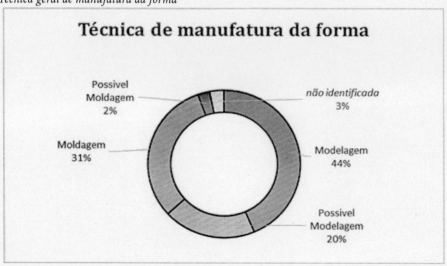

Notas. Fonte: Elaborado pela autora.

Entre alterações pós-queima, algumas peças chamaram atenção. Enquanto na Figura 10 'a' uma possível face incisa é mais facilmente reconhecível, os possíveis rostos das figuras 10 'c', 'd', 'e', ainda que muito similares entre si, deixam dúvida sobre suas feições. Essa face incisa na Figura 10 'a' foi um entalhe elaborado na peça já depois da queima, o que é visível no aspecto anguloso das paredes e bases dos talhos. Assim, tendo sido um desenho esculpido com o cachimbo já pronto, possivelmente em uso, podemos especular, criando uma imagem plausível, como em Hissa e Lima (2019). Teriam esses rostos sido entalhados por um fumante durante o fumo, talvez em momento de inatividade, ócio contemplativo e reflexão? É algo a se imaginar.

Já os sulcos produzidos na peça moldada da Figura 10 'b' sugerem que a peça pode ter sido alterada para acomodar e pendurar um cordão, talvez numa alternativa ao orifício barbelar, que é tão recorrente em cachimbos de barro.

Figura 10

Cachimbos e incisões

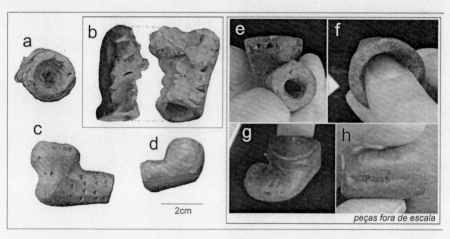

Notas. *Observar o rosto visível principalmente no cachimbo assinalado em 'a', mas também sugeridos em 'c', 'd', 'e'. Em 'b', as incisões percorrem a borda decorada do fornilho, em local propício para se passar uma amarra.*

Fonte: *Acervo MAE/USP. Fotos da autora, 2019.*

Os cachimbos barrocos do Pará

Os cachimbos barrocos das regiões de mineração de ouro e diamantes e proximidades (em especial os estados de Minas Gerais e Goiás) apresentam simplificação de motivos eruditos, com alguma influência do rococó e do barroco mineiro. Como Brancante (1981) também já havia anunciado, esses são mais robustos, com fornilhos mais volumosos e capazes de abrigar mais fumo. Enquanto isso, os elementos estilísticos dos cachimbos barrocos paraenses são mais *acadêmicos*, no sentido artístico do termo, com volutas muito bem elaboradas e executadas, com alto grau de complexidade, sinuosidade e profusão (Hissa, 2022). De fato, em perspectiva comparada, os cachimbos barrocos do Pará são marcantes em sua unicidade e exuberância (Figura 11).

Figura 11

Cachimbos barrocos paraenses

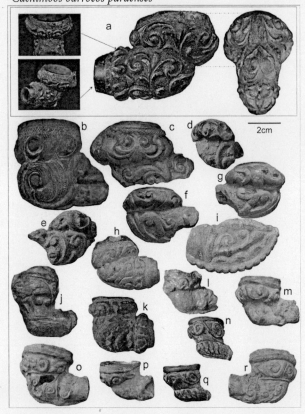

Notas. Acervo MAE/USP. Fotos da autora, 2019.

A peça da Figura 11 'a' é equivalente ao cachimbo barroco 'tipo Barata 1' (ver novamente a classificação proposta por Barata na Figura 2). De fato, essa peça é a representante mais exuberante desse tipo na coleção do MAE e pode ter sido produzida por modelagem simples (e não modelagem em duas partes posteriormente conectadas, como sugere Barata). Em uma experimentação[28] relativamente rápida a partir de modelagem em argila, foi possível produzir um cachimbo similar àquele, muito embora seja visível a qualidade inferior da execução, afinal, não sou uma artesã experiente. Ainda, vários dos cachimbos barrocos e outros que apresentaram cicatriz à frente do fornilho, seguindo para a base da porta-boquilha, foram entendidos aqui como moldados (ao invés de modelados como propõe Barata), feitos a partir de moldes de duas partes (a cicatriz na porção frontal dos cachimbos se referiria à junção do molde). Vários cachimbos barrocos foram assim elaborados por molde.

Além dos cachimbos barrocos, há outras peças aqui trazidas para evidenciar alguns argumentos interpretativos. No gráfico que se segue, pode-se observar a presença relativamente alta, na coleção, dos cachimbos aqui referidos como *lapidados* e *em gomos*, que serão discutidos mais adiante.

Figura 12

Tipo geral de decoração entre os cachimbos analisados

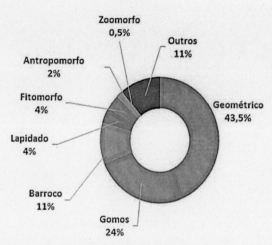

Notas. Fonte: Elaborado pela autora.

---

[28] As peças elaboradas na experimentação e as reflexões decorrentes desse processo serão objeto de publicação posterior.

Amazônia conectada: de cachimbos e artesãos

Entre os arqueólogos e demais estudiosos amazonistas não é novidade pensar a região em termos da sua riqueza e dinamicidade cultural e natural (para algumas poucas referências, ver Baleé, 1994; Heckenberger, 2005; Fausto & Neves, 2018). Ao invés do antigo *inferno verde* ou *paraíso ilusório* (Meggers, 1987), temos uma Amazônia pré-colonial e histórica vivida ativamente em intensa demografia, em diversidades e transformações culturais e em paisagens deliberadamente modeladas criativamente.

No que se refere aos cachimbos aqui em discussão, podem ser pontuadas algumas características dessa dinamicidade e integração com as várias regiões do Brasil e do mundo. Em primeiro lugar, há peças que podem ter sido elaboradas deliberadamente para serem similares a cachimbos estrangeiros. Se for o caso, isso não precisa ser compreendido a partir de noções como aculturação, de perda ou de submissão material e cultural, mas podem ser vistas como formas de *negociação* e *acomodação cultural* (Oliveira, 1998). A peça da Figura 13 'a' apresenta alguma similaridade com cachimbos Turquia (Topić & Milošević, 2012). As peças da Figura 13 'b' e 'c' são similares aos cachimbos *Gladstone* muito produzidos na Irlanda, que apresentam uma leve plataforma ou soerguimento entre o fornilho e a haste ou cotovelo (Graf, 2008), enquanto a peça da Figura 13 'd' se assemelha aos cachimbos com rosa Tudor estilizada, produzidos na Inglaterra e nos Países Baixos (Hissa, 2018, 2020). Vale lembrar que a coleção compilada por Frederico Barata e acondicionada no MPEG também conta com cachimbos desse estilo (Guapindaia, 1993; D'Aquino, 2001), tendo sido também encontrado arqueologicamente no Engenho do Murutucu (PA), sendo que foi relacionado em Costa (no prelo) a escarificações circulares constantes no Suriname. Ainda esse mesmo estilo de cachimbo (Figura 13 'd') aparece em várias localidades do Brasil. Uma ampla dispersão também ocorre com as sequências de besantes barrocas, bem como as peças da Figura 13 'f' e 'g' com decoração fitomorfa na lateral do fornilho. Peças semelhantes a essas foram também relacionadas ao barroco por Souza e Lima (2022), para peças identificadas no Rio de Janeiro.

Figura 13

Cachimbos e conexões externas

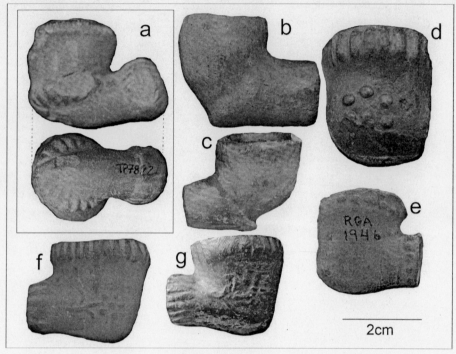

Notas. Acervo MAE/USP. Os cachimbos 'a', 'd', 'f', 'g' e 'e' foram feitos por moldes de duas partes. Fotos da autora, 2019.

De todo modo, mais importante — para este texto — do que possíveis conexões com outros países é a integração dos cachimbos da região de Santarém com os cachimbos de várias outras regiões do Brasil. A partir de uma visão comparada em ampla escala entre essa coleção e muitos outros acervos, fica evidente que há várias peças bastante semelhantes com exemplares de coleções provenientes de localidades distantes geograficamente.

Alguns poucos tipos serão aqui apresentados como ilustrativos dessa semelhança. O primeiro tipo, referente aos cachimbos com decoração *em gomos* nas bordas do fornilho e da porta boquilha (como nos cachimbos da Figura 14 'd', 'f', 'g') aparecem em inúmeros sítios no Brasil, como no Rio de Janeiro (Souza & Lima, 2022). Outro tipo se refere aos cachimbos *globulares* (Figura 14 'a'), que podem ser observados em vários estados do país, de Santa Catarina até Goiás e Sergipe (Guaraldo, 2022; Hissa, no prelo); o modelo *orbital* (Figura 14 'b'), em Goiás (Caetano, 2010; Garcia, 2014); o *fornilho triangular*, em Pernambuco (Hissa, 2017; Hissa, no prelo). Os cachimbos aqui referidos como *lapidados* (em função do formato de parte da decoração na borda do fornilho) estão representados neste texto pela Figura 14 'd', 'f', 'g', 'h'. A peça 14 'd' apresenta similar no Engenho do Murutucu (Costa, 2018; Costa, no prelo); as peças 14 'e'-'h', apresentam similares em Santa Catarina (Borba, 2013).

Figura 14

Cachimbos e conexões

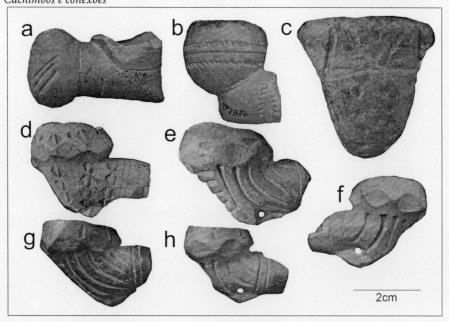

Notas. Entende-se aqui que todos esses cachimbos foram feitos por modelagem em pré-forma única. Acervo MAE/USP. Fotos da autora, 2019.

Um mapeamento em plataforma SIG dos tipos de cachimbos discutidos aqui e de outros mais foi realizado e aguarda publicação (Hissa, no prelo). Esse levantamento georreferencia a localização onde os vários exemplares de diferentes tipos de cachimbos foram encontrados. Como resultado, observou-se cachimbos fortemente similares, conformando vários tipos gerais, muito dispersos no território. Os dados aqui trazidos para os tipos de cachimbos observados na coleção de Santarém apontam então para uma conexão intensa e dinâmica entre essa região e várias outras. A floresta não impediu em nada o trânsito de coisas e dos seus *modos de fazer* nesses períodos históricos. Muito pelo contrário, grande parte dessa coleção de cachimbos indica justamente uma comunicação intensa do baixo Tapajós com territórios distintos e afastados.

Para esses cachimbos com correlatos em vários lugares, algumas ideias podem ser levantadas. Em primeiro lugar, podemos imaginar que, em alguma medida, a região do baixo Tapajós recebeu cachimbos de outras localidades, da mesma forma que Belém. As menções em periódicos oitocentistas anteriormente citadas descrevem barricas de *cabeças de cachimbo* vindas do Ceará e de caixa de cachimbo advinda de Pernambuco para Belém. Assim, havia alguma circulação de cachimbos em lotes entre regiões mais amplas. Esse primeiro cenário remete a uma produção e a um comércio mais estruturado, no qual maiores quantidades poderiam ser vendidas para o uso em regiões distantes de onde foram produzidos. E esse cenário teria incluído a região em questão. Ainda não se pode definir com certeza o(s) centro(s) de produção inicial e/ou principal de cada tipo de cachimbo, pelo menos neste momento. De todo modo, essa não é a ênfase aqui. Importa agora refletir sobre o quanto e como tais objetos do fumo viajaram, mais do que sobre o sentido vetorial da viagem. Num segundo cenário possível, considera-se que alguns conjuntos de peças ou mesmo unidades circularam junto aos viajantes, tropeiros e canoeiros. Esses cachimbos podem ter chegado não somente nas mãos de fumantes, mas em mãos artesãs (quiçá também fumantes), que poderão ter se inspirado nas novas peças. O sentido inverso desse cenário também poderá ter ocorrido.

Assim, em suma, imagina-se três possibilidades, que não precisam ser entendidas como mutuamente excludentes: (1) os lotes maiores advindos de várias regiões podiam ter peças variadas; (2) os cachimbos advindos de outras localidades, independentemente da quantidade em que chegaram na região, tiveram seus estilos técnicos e decorativos em alguma medida incorporados e reelaborados pelas artesãs e artesãos locais; (3) os estilos gerais dos cachimbos dessa coleção podiam tanto ter sido criados inicialmente na região do baixo Tapajós, como em outras, porém sempre repensados nas suas novas e várias olarias ao longo do território. A ideia de *trocas dinâmicas* é fundamental para a presente discussão. Em todas as escalas de circulação de peças aqui aventadas, os cachimbos conectam indiretamente as artesãs e artesãos que os produziram, levando tanto ao seu comércio tradicional quanto à sua incorporação, reprodução e recriação de peças com base em modelos vindos de outros locais. Nesse sentido, através de influências artísticas e técnicas, eram reproduzidas em vários locais, com várias argilas locais e releituras estilísticas. A *ideia* de cada estilo viajava nas muitas ou poucas peças. É dessa maneira que as artesãs e artesãos estavam sendo conectados indiretamente e que a região santarena se mostra aqui interligada às várias outras áreas do território através dos cachimbos.

Por fim, é importante ressaltar alguns pontos sobre a distribuição das peças entendidas como barrocas nos cachimbos da região. Alguns poucos tipos de cachimbos barrocos santarenos apresentam correlatos em sítios ao redor do país, como as peças com perolado ou a efigie marinha (Hissa, 2022). No entanto, as peças barrocas da Figura 11 e outras que não couberam nessa publicação não apresentam correlatos em outras regiões. Os cachimbos barrocos santarenos são muitíssimo particulares. Isso é extremamente significativo. Assim, é evidente como são esses últimos (Figura 14), bem como outros que também não conseguiram espaço neste texto, os cachimbos mais bem integrados com outras olarias e mercados regionais do atual território brasileiro. Neste ponto da discussão, interessa refletir que as artesãs e artesãos conectados pelas redes de troca consolidadas pelos viajantes, tropeiros e canoeiros ao longo do território teriam sido indígenas, africanos e afrodescendentes, mas não (ou dificilmente, para uma pitada de cautela) europeus e eurodescendentes, como discutido também em Hissa (2022). As verdadeiras personagens e agentes nesses cenários são as artesãs e artesãos e os comerciantes viajantes por terra e água.

Algumas reflexões sobre a coexistência contra a mistura e o *afroindígena*

Algumas peças da coleção de Santarém do MAE/USP remetem mais prontamente ao que imaginamos ser uma fatura indígena. Da mesma forma que Ott e Barata já pensavam, em alguma medida há uma matriz estética e simbólica que associamos à fatura indígena. Os pitos antropomorfos (Figura 15 'a') e zoomorfos (Figura 15 'b') podem ter uma raiz ameríndia. Apesar de que já foi dito (Barata, 1951, p. 190) que os indígenas não se utilizavam muito de inspiração vegetal em seus artesanatos cerâmicos, alguns frutos e florais podem ter sido de inspiração indígena, como o abacaxi (Figura 15 'c'), fruto originário da América do Sul, fazendo parte de dietas indígenas.

Figura 15

Cachimbos e trajetórias indígenas

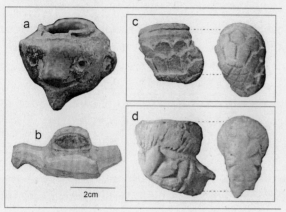

Notas. Acervo MAE/USP. Foto da autora, 2019.

Além disso, a coleção apresenta vários cachimbos, tanto moldados quanto modelados, atribuíveis a estéticas de matrizes africanas (Figura 16). Em várias peças foi possível observar a coexistência de incisões decorativas relacionadas a estilos e símbolos africanos e de fatura de cerâmicas contendo cauixi, geralmente associadas a técnicas indígenas de confecção de vasilhas (Figura 17).

Figura 16

Cachimbos e trajetórias afro

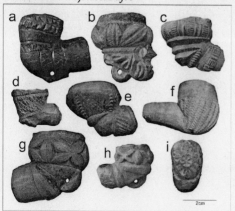

Notas. Acervo MAE/USP. Fotos da autora, 2019.

Figura 17

Cachimbo de barro com incisão sugestiva de cosmograma BaKongo e visualização em lupa da pasta da mesma peça, contendo cauixi (algumas espículas assinaladas por setas brancas)

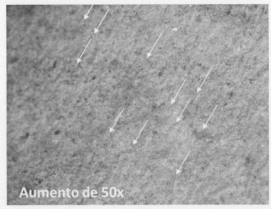

Notas. Fotos da autora, 2019.

      Esta é uma observação interessante, pois pode significar que artesãs e artesãos africanos e descendentes de africanos aprenderam a fatura da cerâmica com cauixi com indígenas. Possivelmente, essas mesmas pessoas artesãs possivelmente afrodescendentes podem ter aprendido a não se importar com a coceira causada pela cerâmica com cauixi. Por outro lado, pode bem ser que foram artesãs e artesãos indígenas que tenham gostado, adotado e aprendido incisões e representações de estilo e simbologia africana, usando sua argila e técnicas tradicionais para fazer os cachimbos. Outra alternativa ainda, essas artesãs e artesãos podem ter sido descendentes tanto de indígenas, quanto de africanos. Em qualquer uma dessas possibilidades — e independentemente de casamentos mistos ou miscigenações biológicas —, as relações e trocas culturais entre artesãs e artesãos (e fumantes) indígenas e afrodescendentes podem facilmente ter acontecido de forma independente, parcial ou totalmente, de portugueses e eurodescendentes. Esses cachimbos podem ter sido o resultado de relações, práticas e saberes que podem ter excluído parcial ou totalmente os brancos.

      Assim, o resultado dessa interseção entre mundos pode ser entendido como uma composição criativa feita de uma bricolagem de experiências. Esses elementos simplesmente coexistem, mantendo-se. Evocar aqui, para esse contexto, a ideia de identidades *afroindígenas* (Goldman

2014, 2015, 2017, 2018; Miranda & Costa, 2021) poderá ser uma forma de pensar a interação entre povos indígenas e descendentes de africanos nessa região do Brasil, afastando-se de ideias de assimilação, essencialismos e concepções homogeneizadoras, enfatizando a continuidade e a coexistência de diferentes elementos culturais. A fatura de cachimbos cerâmicos com pasta contendo cauixi e, ao mesmo tempo, com o uso de simbologias africanas não causaria nem conflito e nem mescla (ou *mistura* e *hibridismo*) (para algumas problematizações desses conceitos, ver Oliveira, 1998; Silliman, 2012, 2015). Nesse sentido, alguns cachimbos de barro (como algumas peças de Santarém) podem ter sido produtos das relações entre afrodescendentes e indígenas e/ou modos de fazer, talvez tendo desempenhado, no passado, um papel importante na construção do que hoje se entende por *afroindígena*.

Voltando ao título do texto, em primeiro lugar, Santarém é encruzilhada no sentido da convergência macroescalar que observamos de pessoas e de artefatos, modos de fazer e estéticas distintas de cachimbos. Refere-se à conexão intensa e dinâmica que grande parte da coleção de cachimbos do MAE/USP denuncia da região do baixo Tapajós com outras regiões do território hoje brasileiro. Em segundo lugar, Santarém é encruzilhada também no sentido de que artesãs e artesãos africanos, afrodescendentes e indígenas dialogaram, trocaram conhecimentos e produziram coisas particulares na/da região. É presença afro e indígena em coabitação e coexistência. É também, pedindo licença pelo neologismo, co-resistência e co-persistência.

Agradecimentos

Agradeço ao MAE/USP, particularmente Francisca Figols e Cristina Demartini, pelo acesso ao material e à documentação referente em 2019. Agradeço à Prof.ª Fabiola Silva, pelo apoio ao conceder gentilmente o uso dos espaços e equipamentos do LINTT durante o estudo do material. Agradeço aos Professores Igor Rodrigues, Anne Rapp Py-Daniel e Camila Jácome, pelas sugestões ao texto. Por fim, agradeço aos alunos da UFRB, pelos frutíferos diálogos antrológicos.

Referências

Agostini, Camilla (1998). Resistência cultural e reconstrução de identidades: um olhar sobre a cultura material de escravos do século XIX. *Revista de História Regional*, 3(2), 115-137.

Alves, Marcony (2018). Para além de Santarém: os vasos de gargalo na bacia do rio Trombetas. *Boletim do Museu Paraense Emílio Goeldi. Série Ciências Humanas*, 13, 11-36.

Alves, Marcony (2020). Revisitando os alter egos: figuras sobrepostas na iconografia Konduri e sua relação com o xamanismo. *Boletim do Museu Paraense Emílio Goeldi. Série Ciências Humanas*, 15, 1.

Amaral, Márcio (2016). Cerâmica Santarém de estilo globular. In C. Barreto, H. Lima, & C. Betancourt. *Cerâmicas arqueológicas da Amazônia* (pp. 253-261). Museu Paraense Emilio Goeldi.

Barata, Frederico (1944). Arte indígena Amazônica: os maravilhosos cachimbos de Santarém. *Revista Estudos Brasileiros*, Rio de Janeiro, ano 7, (13), 270-293.

Barata, Frederico (1951). A arte oleira dos Tapajó: os cachimbos de Santarém. *Revista do Museu Paulista*, São Paulo, ano 5, 183-198.

Balée, William (1994). *Footprints of the Forest: Ka'apor Ethnobotany—the Historical Ecology of Plant Utilization by an Amazonian People*. Columbia University Press.

Bassi, Francesca (2012). Revisitando os Tabus: as cautelas rituais do povo de santo. *Religião e Sociedade*, Rio de Janeiro, 32(2), 170-192.

Bates, Henry Walter (1944 [1863]). *O naturalista no rio Amazonas*. Companhia Editora Nacional.

Borba, Fernanda Mara (2013). *Arqueologia da escravidão numa vila litorânea: vestígios negros em fazendas oitocentistas de São Francisco do Sul*. (Dissertação de mestrado em Patrimônio Cultural, Universidade da Região de Joinville, Joinville, SC).

Bourdieu, Pierre (2007). *A Distinção: crítica social do julgamento*. Zouk e Edusp.

Brancante, Eldino da Fonseca (1981). *O Brasil e a Cerâmica Antiga*. Cia Lithographica Ypiranga, Bruno, Ernani Silva (2001). *Equipamentos usos e costumes da casa brasileira: Objetos* (Vol. 4). Museu da Casa Brasileira.

Caetano, Karine (2010). *Cachimbos Cerâmicos com decoração antropomórfica: suas influências na formação das identidades femininas em Goiás.* (Monografia, graduação em Arqueologia, Pontifícia Universidade Católica de Goiás, Goiânia).

Costa, Diogo (2016). Arqueologia dos africanos escravos e livres na Amazônia. *Vestígios: Revista Latino-Americana de Arqueologia Histórica*, 10, 71-91.

Costa, Diogo (2017). Arqueologia Histórica Amazônida. *Revista de Arqueologia*, 30, 154-174.

Costa, Diogo (no prelo). The Golden Pipe: one Archaeology of Historical Ceramic Cachimbos in the Brazilian Amazon. In S. Hissa (Org). *Archaeologies of Smoking, Pipes and Transatlantic Connections.* Springer.

Costa, Lairisse (2018). *Arqueologia e Etnicidade: o estudo de cachimbos de barro na Amazônia Colonial (Séc. XVIII e XIX).* (Dissertação de mestrado em Antropologia, Universidade Federal do Pará, Belém).

D'Aquino, Gilma (2001). *O fumo e os cachimbos cerâmicos na pré-história da Amazônia Brasileira: Os "Sambaquieiros" de Alenquer e os Tapajó de Santarém.* (Dissertação de mestrado em História, Universidade Federal de Pernambuco, Recife).

Fausto, C., & Neves, E. G. (2018). Timeless gardens: deep indigenous history and the making of biodiversity in the Amazon. In *Exploring frameworks for Tropical Forest conservation.* Museu de Arqueologia e Etnologia, Universidade de São Paulo.

Garcia, Juliana. (2014). *Análise dos atributos decorativos da coleção Ordener Ferreira.* (Trabalho de conclusão no curso de bacharelado em Arqueologia, Pontifícia Universidade Católica de Goiás, Goiânia).

Gomes, Denise (2002). *Cerâmica Arqueológica da Amazônia: vasilhas da Coleção Tapajônica MAE-USP* (Vol. 1500; 1ª ed.). Edusp.

Gomes, Denise (2006). A Cerâmica Santarém e seus Símbolos. In M. Callia, & M. F. de Oliveira (Orgs.). *Terra Brasilis: Pré-História e Arqueologia da Psique* (pp. 49-72). Paulus.

Gomes, Denise (2012). O perspectivismo ameríndio e a ideia de uma estética americana. *Boletim do Museu Paraense Emílio Goeldi. Série Ciências Humanas*, 7, 133-159.

Gomes, Denise (2022). Images of transformation in the Lower Amazon and the performativity of Santarém and Konduri pottery. *Journal Of Social Archaeology*, 22, 82-103.

Gomes, D., Silva, A. C., & Rodrigues, R. (2018). Múltiplos territórios: os sítios vizinhos às grandes aldeias de Santarém, PA. *Revista de Arqueologia*, 31(1), 3-24.

Goldman, Márcio (2003). Observações Sobre o "Sincretismo Afro-Brasileiro". Kàwé Pesquisa. *Revista Anual do Núcleo de Estudos Afro-Baianos Regionais da UESC* I (1), 132-137.

Goldman, Márcio (2014). A relação afroindígena. *Cadernos de Campo*, 23, 213-222.

Goldman, Márcio (2015). "Quinhentos anos de contato": por uma teoria etnográfica da (contra) a mestiçagem. *Mana*, 21(3), 641-659.

Goldman, Márcio (2017). Contradiscursos Afroindígenas sobre Mistura, Sincretismo e Mestiçagem. Estudos Etnográficos. R@U. *Revista de Antropologia da UFSCar*, 9 (2), 11-28.

Goldman, Márcio (2018). *Beyond Identity. Anti-Syncretism and Counter-Miscegenations in Brazil*. Lecture to the Workshop "Brazil at the Crossroads: Looking Beyond the Current Crisis", sponsored by TORCH. The Oxford Research Centre in the Humanities, University of Oxford, Oxford, UK.

Graf, Otto (2008). Archaeological Investigations at an Industrial Site: Ohlssons Breweries, Newlands, Cape Town, South Africa, *Society for clay pipe research Newsletter*, 73, 25-29.

Guapindaia, Vera (1993). *Fontes históricas e arqueológicas sobre os Tapajó de Santarém: A coleção 'Frederico Barata' do Museu Paraense Emílio Goeldi*. (Dissertação de mestrado em História, Universidade Federal de Pernambuco, Recife).

Guaraldo, Fábio (2022). Cachimbos de barro na comunidade quilombola de Galeão: achados arqueológicos para pensar a diáspora africana. *Vestígios: Revista Latino-Americana De Arqueologia Histórica*, 16(2), 28-53.

Heckenberger, Michael J. (2005). *The Ecology of Power: Culture, Place, and Personhood in the Southern Amazon, A.D. 1000-2000*. Routledge.

Hissa, Sarah de Barros Viana (2018). *O petyn no cachimbo branco: arqueologia e fumo nos séculos XVII ao XIX*. (Tese de doutorado em Arqueologia, Museu Nacional, Universidade Federal do Rio de Janeiro, Rio de Janeiro).

Hissa, Sarah de Barros Viana (2019a). Brancos, castanhos e vermelhos: cachimbos arqueológicos de cerâmica no forte Orange. *Vestígios: Revista Latino-Americana de Arqueologia Histórica*, Belo Horizonte, 13(1), 3-28.

Hissa, Sarah de Barros Viana (2019b). O pito (de) holandês: cachimbos arqueológicos de caulim do Recife e de Salvador. *Boletim do Museu Paraense Emílio Goeldi. Série Ciências Humanas*, Belém, 14, 963-980.

Hissa, Sarah de Barros Viana (2020). *Fumo e Arqueologia Histórica: O Tabaco e Cachimbos Importados no Brasil, Séculos XVII ao XX*. Editora Appris.

Hissa, Sarah de Barros Viana (2022). A estetização do cotidiano e o teatro onipresente: revisitando os cachimbos barrocos. *Vestígios: Revista Latino-Americana De Arqueologia Histórica*, 16(2), 54-86.

Hissa, Sarah de Barros Viana (no prelo). Smoking Pipes and Quotidian Constellations in Brazil. In S. Hissa (Org.). *Archaeologies of Smoking, Pipes and Transatlantic Connections*. Springer.

Hissa, Sarah de Barros Viana, & Lima, Tania Andrade (2019). Cachimbos brancos da região do Valongo: o cachimbo cosmopolita no Rio de Janeiro oitocentista. *Revista de Arqueologia*, 32, 61-85.

Jácome, Camila et al. (2020). Pluralidade dos acervos epistêmicos na Amazônia. *Revista de Arqueologia*, 33(3), 306-329.

Martins, Renata (2017). Cuias, cachimbos, muiraquitãs: a arqueologia amazônica e as artes do período colonial ao modernismo. *Boletim do Museu Paraense Emílio Goeldi. Série Ciências Humanas*, Belém, 12(2), 403-426.

Marques, Fernando Luiz Tavares (2004). *Modelo da agroindústria canavieira colonial no estuário Amazônico: estudo arqueológico de engenhos dos séculos XVIII e XIX*. (Tese apresentada ao programa de doutorado em História da Pontifícia Universidade Católica do Rio Grande do Sul, Porto Alegre).

Marques, Fernando Luiz Tavares (2006). Investigação arqueológica na Feliz Lusitânia. In Pará. Secretaria executiva do Estado (Org.). *Feliz Lusitânia/Forte do Presépio – Casa das Onze Janela, Casario da Rua Padre Champagnat* (Vol. 4; pp. 147-190). SECULT-PA.

Meggers, Betty (1987). *Amazônia: a ilusão de um paraíso*. Itatiaia; Edusp.

Meneses, Ulpiano Bezerra de (1972). *Arqueologia Amazônica (Santarém)*. MAE/USP.

Miranda, Danielle Santos, & Costa, Marcilene Silva (Orgs.). (2021). *Perspectivas afroindígenas da Amazônia*. CRV.

Muniz, Tiago (2019). Materiais e fluxos na Amazônia Colonial: evidências da presença de africanos escravizados no Sítio Aldeia (Santarém, Pará). *Revista de Arqueologia*, 32, 16-35.

Muniz, Tiago, & Gomes, Denise (2017). Identidades materializadas na Amazônia colonial: a cerâmica dos séculos XVIII e XIX do sítio Aldeia, Santarém, PA. *Vestígios: Revista Latino- Americana de Arqueologia Histórica*, 11(2), 50-76.

Nardi, Jean Baptiste (1996). *O fumo brasileiro no período colonial*. Ed. Brasiliense.

Oliveira, João Pacheco (1998). Uma etnologia dos 'índios misturados'? Situação colonial, territorialização e fluxos culturais'. *Mana*, 4(1), 47-77.

Ott, Carlos (1944). Contribuição à arqueologia baiana. *Boletim do Museu Nacional, Nova Série. Antropologia*, 5, 1-37.

Palmatary, Helen (1960). The Archaeology of the Lower Tapajós Valley, Brazil » Transactions of The American Philosophical Society. *New Series*, Philadelphia, 50(3), 1-243.

Rapp Py-Daniel, Anne et al. (2017). *Uma Santarém mais antiga sob o olhar da Arqueologia*. MPEG.

Silliman, Stephen (2012). Between the Longue Durée and the Short Purée: Postcolonial Archaeologies of Indigenous History in Colonial North America. In Maxine Oland, Siobhan Hart, & Liam Frink (Eds.), *Decolonizing Indigenous Histories: Exploring "Prehistoric/Colonial" Transitions in Archaeology* (pp. 113-131). University of Arizona Press.

Silliman, Stephen (2015). A requiem for hybridity? The problem with Frankensteins, purées, and mules. *Journal of Social Archaeology*, 0(0), 1-22.

Souza, Marcos André Torres (2000). *Ouro Fino: arqueologia histórica de um arraial de mineração do século XVIII em Goiás*. 166 f. (Dissertação de mestrado em História, Universidade Federal de Goiás, Goiânia).

Souza, Marcos André Torres, & Lima, Tania Andrade (2022). Olhando, desejando, in-corporando: cachimbos de barro na construção de comunidades diaspóricas. *Vestígios: Revista Latino-Americana De Arqueologia Histórica*, 16(2), 7-27.

Symanski, Luís, & Gomes, Denise (2012). Mundos mesclados, espaços segregados: cultura material, mestiçagem e segmentação no sítio Aldeia em Santarém, PA. *Anais do Museu Paulista*, São Paulo, 20(2), 53-90.

Topić, Nikolina, & Milošević, Branka (2012). Turkish clay pipes from archaeological excavations in Dubrovn. *Journal of the Académie Internationale de la Pipe*, 5, 17-24.

Troufflard, Joanna (2016). Cerâmicas da cultura Santarém, Baixo Tapajós. In C. Barreto, H. Lima, & C. Betancourt. *Cerâmicas arqueológicas da Amazônia* (pp. 245-260). Museu Paraense Emilio Goeldi.

Fontes primárias históricas: jornais e periódicos

Anúncios (05 de Agosto de 1868). *Diario de Belém: Folha Politica, Noticiosa e Commercial*, pg. 02.

Anúncios (22 de Agosto de 1876). *Diario de Belém: Folha Politica, Noticiosa e Commercial*, pg. 02.

Anúncios (21 de Março de 1878). *A Constituição: Orgão do Partido Conservador, Ano V* (65), pg. 01.

Anúncios (17 de Agosto de 1883). *Diário de Belem: Orgão Especial do Commercio, Ano XVI* (185), pg. 01.

Anúncios (04 de Maio de 1886). *A Constituição: Orgão do Partido Conservador, Ano XIII* (100), pg. 01.

Anúncios (08 de Janeiro de 1887). *Diário de Belem: Orgão Especial do Commercio, Ano XX*, (5), pg. 01.

Anúncios (11 de Outubro de 1893). *A Republica: Orgão do Club Republicano*, pg. 03.

Anúncios (10 de Março de 1897). *Folha do Norte*, pg.02.

Anúncios (16 de Dezembro de 1897). *O Pará*, pg. 03.

Anúncios: Tabacaria Paraense de J. Ferro & Comp. (15 de Maio de 1892). *Correio Paraense: Diario Noticioso, Commercial e Litterario*, pg. 03.

Câmara de Belém (01 de Janeiro de 1884). *A Constituição. Orgão do Partido Conservador, Ano XI* (01), pg. 02.

De miudezas, estivas, perfumarias e calçado: hoje (22 de Agosto de 1876). *Diario de Belém: Folha Politica, Noticiosa e Commercial*, pg. 03.

Capítulo 4

FLOR NO SERINGAL: ARQUEOLOGIA NA PAISAGEM DE TRANSIÇÃO ENTRE "MENINA", "MOÇA", "RAINHA DO LAR" E "MULHER SOLTEIRA" NA CIDADE OPERÁRIA DA FORD, BELTERRA[29]

Daniela Aparecida Ferreira
Scott Joseph Allen

Introdução

Quando tinha 14 anos de idade, em setembro de 1945, [Taís][30] morava em Belterra (Figura 1) com o seu cunhado e com a sua irmã mais velha, [Sabrina], de 22 anos. Na época, [Sabrina] era a responsável pelos cuidados de [Taís] já que seus pais residiam em Santarém, sede administrativa da qual Belterra fazia parte. Sua residência ficava localizada na Estrada 10, mais especificamente na casa de número 47.

---

[29] Este texto foi elaborado a partir da tese de doutorado de Daniela A. Ferreira, sob orientação do professor doutor Scott J. Allen, a ser defendida no Programa de Pós-Graduação em Arqueologia da Universidade Federal de Pernambuco (UFPE).

[30] Todos os nomes utilizados para as personagens envolvidas no processo judicial são fictícios e foram inseridos neste relato apenas para facilitar a identificação dos indivíduos citados no caso para além do seu papel enquanto vítima, acusado ou testemunhas. Para possibilitar a sua identificação no texto, os nomes inventados foram escritos entre colchetes [].

Figura 1

Projeção georreferenciada das áreas correspondentes às concessões da Ford na região do Rio Tapajós

Notas. A poligonal localizada na porção norte do mapa faz referência à área concedida para a instalação de Belterra. Fonte: Elaborado por Daniela Ferreira a partir de CFIB (1935 - 1938).

Ao lado, na casa de número 46, morava a vizinha, [Margarete], que, na ocasião, havia se programado para levar a sua filha em uma festa que iria acontecer na noite do dia 1 de setembro no *"Barracão da sede danssante da Estrada Dez"*. Por ter confirmado sua presença na festa, [Margarete] ficou incumbida por [Sabrina] de levar consigo [Taís], desde que a trouxesse de volta para casa em segurança. Nessa mesma festa, estava [Eliseu], que tinha 22 anos de idade, era labrador e também morador da Estrada 10, na casa de número 11.

Ao chegar na festa, [Eliseu] encontrou [Taís] dançando.

Perto de meia-noite, [Margarete] foi até [Taís] e a convidou para retornar para casa. Contudo a menina negou ao chamado já que estava gostando da festa e queria continuar a dançar. Acolhendo o pedido, [Margarete] deixou [Taís] no Barracão e, até o momento de sua saída, não havia percebido por parte da menina *"nenhum interesse de menino e nem algum interessado com ela"*.

Por volta das 3h da manhã, a festa foi encerrada e aqueles e aquelas que resistiram até o final foram se organizando para retornar para as suas casas. Não se sabe ao certo se foi [Taís] quem pediu a [Eliseu] que a acompanhasse até sua casa, ou se ele quem se ofereceu para levá-la de volta. Fato é que ambos seguiram juntos conversando pela Estrada 10.

De acordo com [Taís], ainda *"com uma certa distância para chegar em sua casa"*, [Eliseu] a teria levado *"para outro caminho que seguia em outro rumo de sua casa"*. Quando já tinham se afastado suficiente, ouviu de [Eliseu] *"promessa de todo que era bom"* e, após as várias ofertas, pediu para com ela ter relações sexuais.

Mesmo sabendo que [Eliseu] era *"casado catolicamente"*, [Taís], que no momento indicou não ter motivos para duvidar das promessas do rapaz e por acreditar que ele sabia *"cumprir suas obrigações"*, aceitou ter relações com ele por essa e outras vezes, das quais, em algumas, ele chegou a *"lhe gratificar com dinheiro"*.

Já pela parte de [Eliseu], foi [Taís] que o convidou para acompanhá-la até sua casa logo após o fim da festa dançante. Afirmou que antes desse dia, conversavam *"sempre quando apresentava oportunidade"*, e que nesse dia, em determinado ponto do trajeto de retorno para casa, ele pediu para que ela tivesse com ele relações sexuais.

Contudo, no momento em que Taís *"satisfez o seu desejo libidinoso"*, em meio à relação, o rapaz *"verificou que a sua namorada não era moça virgem, e que por isto [afirmou que] nada lhe dev[ia]"*.

Para se defender da denúncia feita por [Sabrina], irmã mais velha e responsável por [Taís], [Eliseu] relatou que em algum momento das conversas com a menina, ouviu que o responsável pelo ato do defloramento seria um comerciante de uma loja localizada no bairro de Aldeia, em Santarém, e que naquela cidade, [Taís] *"teve mais dois namorados".*

Dos encontros entre [Tais] e [Eliseu], por duas dessas vezes, [Denis], que trabalhava como fiscal no ponto da Estrada 10, chegou a vê-los juntos uma vez enquanto *"conduzia uma machina de cinema perto do Barracão de festas da Estrada dez"* e, em outra vez, *"no meio [...] da quadra que saia da Estrada dez para a Estrada cinco".*

Outro encontro da menina e do rapaz foi presenciado por [Pedro], também residente na Estrada 10, na casa de número 33.

[Pedro] contou em seu depoimento que enquanto *"viajava da Estrada oito para a sua residência,* [se] *deparou* [com os dois] *em uma certa altura da Estrada oito, já próximo a Estrada dez".* Por não ter certeza de quem eram as pessoas que tinha visto, chegou no *"ponto fiscal da Estrada dez"* onde [Denis] trabalhava, e lá foi saber que se tratava de [Taís] e [Eliseu].

Das testemunhas ouvidas no processo, os olhos voltavam-se para a menina, enquanto vítima, e para o jovem rapaz, enquanto réu, sendo que todas declararam que não tinham conhecimento de nada que colocasse em dúvida a conduta nem de [Taís], e tão pouco de [Eliseu], que foi considerado um rapaz *"muito trabalhador e cumpridor de seu dever"* apesar de *"um pouco conquistador com as moças".*

[Sabrina], irmã mais velha da menina e considerada pobre, nos termos da lei, também recebeu a sua avaliação. De acordo com as testemunhas, não havia nada que *"demonstrava que as suas responsáveis tivesse*[m] *desmazelo com a mesma".*

Quatro anos após, em 1949, o processo-crime de defloramento[31] de [Taís] foi concluído sem que houvesse uma resposta ao caso, como se nada tivesse acontecido[32].

Nesse episódio, a Estrada 10 foi moradia, mas também espaço de transição entre os papéis socialmente impostos às mulheres e que, no caso narrado,

---

[31] Delito sexual tipificado no Código Penal Brasileiro desde 1890 até 1940, a partir do artigo 267. O delito sexual é assim enquadrado quando havia consentimento, mesmo que a vítima fosse menor de idade. De acordo com o artigo 267, *"Deflorar mulher de menor idade, empregando seducção, engano ou fraude: Pena - de prisão cellular por um a quatro annos"* (Decreto n. 847, 1890).

[32] Informações retiradas de processo datado de 1945 e consultado no acervo do CDHBA – Centro de Documentação Histórica do Baixo Amazonas, da Universidade Federal do Oeste do Pará, Santarém, Caixa "Estupro (1937-1969) - Criminal - Comarca de Santarém XX" - Pasta 3.

pesavam também sobre [Taís]: de menina para "moça", enquanto indivíduo do sexo feminino que preservava uma boa conduta diante da comunidade da qual fazia parte através da manutenção da sua honra sexual pela virgindade; da "rainha do lar", que evidenciava sua boa conduta através da fidelidade sexual (Rago, 1985; Caulfield, 2000); ou "mulher solteira", termo utilizado localmente para se referir às meninas e mulheres, em geral pobres, que tiveram sua honra sexual violada e, por estarem posicionadas fora do contrato do casamento, foram encobertas sob os véus estigmatizados da prostituição (Rago, 1990; Federici, 2017, 2019).

A partir dessa micro-história (Ginzburg, 2007; Ginzburg & Poni, 1989; Levi, 2016, 1992) foi possível direcionar o olhar sobre a cidade desde a escala das pessoas que vivenciaram o espaço da Estrada 10, área periférica do espaço urbano de Belterra e, a partir delas, visualizar pormenores das relações sociais que passariam despercebidas se fossem estabelecidas comparações olhando em outra escala.

Beaudry (2010, p. 144) faz referência à micro-história como uma prática que permite às arqueólogas aos arqueólogos históricos a adoção de uma *postura exploratória [...] que permite examinar o evento de vários lados, explorando as múltiplas maneiras pelas quais diferentes indivíduos perceberam e reagiram a um evento*" e como uma alternativa para "*reconstruir biografias arqueológicas de indivíduos que, de outra forma, permaneceriam anônimos*".

Sob essa perspectiva, e em diálogo com pesquisas já desenvolvidas sobre gênero no campo da arqueologia histórica em contextos urbanos e industriais (Baugher & Spencer-Wood, 2010; Metheny, 2010; Hardesty, 2010), buscou-se perceber, a partir do caso de defloramento brevemente relatado, de que forma as paisagens de gênero foram experienciadas em Belterra.

Para isso, a análise da sintaxe espacial (Hillier & Hanson, 1984; Hillier et al., 1993; Hillier, 2007; Bermejo Tirado, 2009; Holanda, 2012; Hillier, Yang, & Turner, 2012) sobre a configuração urbana de Belterra foi utilizada com vistas a demonstrar as diferenças observadas na organização dos espaços e para discutir como essa organização manteve relação com as dinâmicas de poder que repercutiram em relações fortemente enraizadas em aspectos morais que recaíram, sobretudo, sobre as mulheres.

Em suma, buscou-se perceber de que forma essas relações de poder foram atravessadas por categorias de desigualdade, tais como classe, raça e gênero, que ainda hoje marcam as mulheres e homens no contexto da cidade e que vai muito além da narrativa masculina dominante.

A "mulher" na paisagem[33] da cidade operária do início do século XX

Dentre as categorias de sexo predominantemente polarizadas na noção binária de homem e mulher, o ser mulher é aqui compreendido como um conceito que reflete uma identidade social historicamente e culturalmente construída e forjada na dinâmica de uma sociedade patriarcal (Eisenstein, 1980; Saffiotti, 1997, 2004). Sob essa perspectiva, estão contempladas estratégias para a manutenção da supremacia e dos privilégios associados à identidade do homem e, com isso, a dominação das mulheres que, socialmente, ocupam espaços menos valorizados (Santos Souza, 2015; Lerner, 2019).

De acordo com Saffiotti (1987), as fontes de dominação perpassam pela combinação dos *"princípios de estruturação de poder"*, onde a identidade social do ser mulher e do ser homem, a construção da ideia de inferioridade física e intelectual da mulher e a divisão desigual da população em classes sociais são elementos importantes para a compreensão das sociedades tidas como modernas e capitalistas. Para a autora, os papéis sociais estão associados a identidades, também sociais, atribuídas e delimitadas por determinado grupo/sociedade e, por isso, estão carregados de funções predeterminadas que precisam ser cumpridas para a manutenção de uma estrutura social.

Para Rago (1985), o discurso médico higienista difundido no Brasil entre o final do século XIX e início do XX, contribuiu para o estabelecimento de precedentes ideológicos que foram utilizados pelos industriais e pelos órgãos de vigilância para a normalização do controle sobre os homens, mas principalmente, sobre as mulheres e as crianças das classes sociais mais pobres, o que levou a um aprofundamento das desigualdades. Esse discurso médico-higienista se voltou para a criação de um novo conceito de família, onde a criança e a mulher eram os sujeitos que justificariam a intervenção do médico e do Estado na construção dos papéis sociais associados ao "reizinho da família" e à "rainha do lar", aprimorada na década de 1910 e intensificada nas décadas de 1920 e 1930.

---

[33] Como paisagem, neste texto, considera-se o entendimento de Santos (2008), onde esta pode ser compreendida como um conjunto de coisas (Ingold (2012) dispostas em determinado espaço que, por sua vez, é percebido pelos sujeitos através dos seus sentidos e passível de ter seu significado decifrado. Já a paisagem de gênero faz referência às tentativas de perceber paisagem para além da presença e atuação dos sujeitos masculinos (Baugher e Spencer-Wood, 2010).

Nesse cenário, para o menino — "reizinho da família" e futuro trabalhador para o desenvolvimento da nação — seriam ensinados a ordem e o respeito aos superiores. Já para as meninas e para as mulheres, "rainhas do lar", seria exigida a responsabilidade sobre a saúde dela própria enquanto gestante e puérpera, e das crianças e do homem trabalhador, para que estes continuassem a produzir e, se meninas, reproduzir. Assim, a medicina e a pedagogia ocuparam importantes lugares no campo da política e no cotidiano da vida privada das famílias pobres (Rago, 1985).

Matos (1995) argumenta que:

A partir de diferentes setores, em particular do médico-sanitarista, propalava-se um modelo imaginário de família orientado para a intimidade do lar e que conduzia a mulher ao território da vida doméstica, locus privilegiado para a realização de seus talentos, procurando-se introjetar-lhe a importância da missão da mãe. A essa nova mulher - mãe e esposa - caberia desempenhar um papel fundamental na família: sempre vigilante, atenta, responsável pela saúde e felicidade das crianças e do marido, dedicada ao lar e à sua higiene (Matos, 1995, pp. 114-115).

Na construção desta ordem social, a questão sexual também estava em pauta. A construção científica de uma noção moral sobre a mulher como "guardiã" e "rainha do lar", não abarcava o sexo que, para ela, servia apenas para procriação e nunca para o prazer.

Como observa Soihet (1989), a conduta da mulher, enquanto "moça", é avaliada a partir da defesa da sua virgindade e, enquanto "esposa", a partir da sua fidelidade conjugal, sendo que nos dois casos, o homem é o agente legitimador da honra, seja pela sua ausência, indicando a manutenção da honra pela virgindade, seja pela sua presença, legitimada a partir do casamento.

Nesse sentido, o caso de defloramento trazido para este texto é representativo, pois, como expõe Caulfield (2000), principalmente a partir da década de 1930, e apesar da conduta do acusado continuar a ser avaliada, é sobre a conduta da mulher que havia maior preocupação, visto que era posto sobre ela o discurso que implicava a ordem nacional à uma noção de honra que, por sua vez, estava enraizada na sua honra sexual.

A honra sexual da mulher a partir da manutenção da sua virgindade e fidelidade era alvo de preocupação tanto no contexto político, jurídico, quanto social através do controle da sua honestidade sexual, medida a partir de uma régua que percorria desde o seu passado regresso até o momento do ato que a posicionou enquanto vítima.

De acordo com Rago (1985, p. 108), a questão sexual associada ao modelo de família na modernidade acabou por criar uma nova contradição sobre a existência da prostituição que, até aquele momento, era percebida por aqueles que controlavam o poder como uma atividade a ser criminalizada. Em face à essa contradição, a procura da mulher prostituta pelo homem passou a ser justificada em respeito à construção moral da "noiva" e da "mulher-esposa-dona-de-casa-mãe-de-família" que, dentro do modelo de união preconizado para a constituição da família, às suas vezes, viu as suas sexualidades serem negadas, sendo as primeiras, as "moças", excluídas do processo de iniciação sexual dos seus noivos e, para a segunda, depois da oficialização do casamento, eram impostas *uma série de interdições sexuais*".

Para Caulfield (2000, p. 26), "*a honra sexual* [da mulher] *era a base da família, e esta, a base da nação*". Nesse sentido, para o controle da sexualidade feminina, deveriam ser privilegiadas estratégias em que o homem ocupasse o lugar provedor e de produção, enquanto para a mulher, em seu trabalho desvalorizado, seria preferido o ambiente doméstico e privado (Rago, 1985).

Ao tratar sobre a relação entre espaço, identidade e gênero em comunidades "pesqueiras"[34] do litoral da região Nordeste do Brasil, Woortmann (1992) buscou evidenciar como o espaço e o tempo se relacionavam com a condição feminina. Para isso, dedicou-se a perceber o processo recíproco de [re]construção entre o espaço e o tempo e as mulheres e, através desse processo, discorreu sobre a maneira desigual como as comunidades pesquisadas vivenciaram as transformações nas suas relações de trabalho.

Um dos argumentos do trabalho de Woortmann (1992, p. 2) que vem contribuindo para refletir sobre o contexto de Belterra é a classificação dos espaços sociais e os "*domínios pertinentes a cada gênero*".

No contexto pesquisado por Woortmann (1992), a classificação do espaço natural era refletida na classificação do espaço social e nos territórios compreendidos a partir de uma bipolaridade, como de domínio dos homens e das mulheres, o mar e a terra, respectivamente. O mar, local onde ocorria a atividade pesqueira, enquanto território de domínio do masculino,

---

[34] Woortmann (1992) utiliza aspas para tratar sobre comunidade "pesqueira" devido ao termo fazer referência ao reconhecimento da comunidade a partir do valor social da atividade masculina realizada no mar, a pesca. O discurso público que identifica o grupo a partir do trabalho desenvolvido pelos homens é um dos pontos criticados pela pesquisadora em sua argumentação.

possuía maior valor social e, a partir dele, foi construída a identidade do grupo — o discurso público. Já a terra, local onde se realizava a agricultura, era território de domínio do feminino e de onde as mulheres obtinham o seu reconhecimento social, mesmo que ainda a partir de um ponto de vista masculino e, por isso, assumia um menor valor social.

Para o caso de Belterra, destaca-se que as narrativas da cidade operária tendem a reconhecer no território do trabalho masculino, focado no desenvolvimento da cidade e na produção da borracha, o valor social que identifica a comunidade como um todo, ao mesmo tempo que limita esses trabalhos enquanto realizados exclusivamente por homens.

Por esse ângulo, a busca por visibilizar as mulheres no contexto de Belterra não pode servir de artifício para ignorar a existência dos demais sujeitos que vivenciaram diferentes experiências nesse mesmo lugar, num passado considerado multivocal.

Massey (2000) sugere repensar o sentido de lugar a partir de uma alternativa não eurocentrada e não economicista que, em soma, possa incluir categorias de análise, tais como raça e gênero, para além daquelas focadas em determinar a *"nossa vivência do espaço"* exclusivamente em consideração às forças econômicas e do "capital".

Tal discussão, a partir do campo da geografia crítica, vai remeter ao conceito de fronteira que, associado ao poder de mobilidade e comunicação, de forma ampla, tem relação com uma *"diferenciação social complexa"*, onde diversos grupos participam/ colaboram/recebem os efeitos, de variadas formas, da *"compressão do espaço-tempo"*, refletindo e/ou reforçando condições de poder (Massey, 2000).

Para Massey (2000), uma interpretação alternativa sobre o espaço é possível a partir da percepção de que as relações econômicas, políticas e socioculturais possuem, em suas especificidades, estruturas internas de dominação e subordinação e que, as estruturas estendem-se pelo planeta a partir de diferentes escalas — da família, à comunidade, à cidade, até o internacional.

Sob esse olhar, a noção de lugar pode ser percebida a partir de uma "constelação de relações sociais que se encontram e se entrelaçam em um locus particular", onde cada lugar pode ser percebido a partir dos pontos onde os encontros acontecem e não de limites arbitrários (Massey, 2000, p. 184). Assim, cada possibilidade de observar a paisagem é única e integrada com o global e o local. As diversas possibilidades de relações sociais e a identificação dos lugares onde os encontros acontecem evidenciam também diferentes formas de se olhar e interpretar aquilo que vemos.

Estudos arqueológicos sobre a espacialidade e a paisagem que objetivam a construção de narrativas que sejam capazes de registrar, no contexto da cidade e nas transformações nas relações de trabalho, a presença de uma diversidade de sujeitos que não se reduzem ao homem, têm tomado corpo a partir das perspectivas de gênero aplicadas aos estudos arqueológicos (Baugher & Spencer-Wood, 2010; Metheny, 2010; Hardesty, 2010).

Encontros entre gênero, paisagem industrial e arqueologia do capitalismo

Sob uma abordagem multidisciplinar, estudos realizados a partir arqueologia histórica e com foco nas transformações que se deram em decorrência da modernização das relações de trabalho e a expansão do capitalismo podem elucidar a respeito da vida cotidiana dos trabalhadores e trabalhadoras. Através desses estudos, busca-se perceber a forma como as pessoas pensavam, valorizavam e usavam os objetos, assim como as variáveis que poderiam explicar as formas de ocupação e transformação das suas paisagens.

A identificação de acontecimentos, motivações, sensibilidades e informações sobre indivíduos e famílias, permite que arqueólogas e arqueólogos desenvolvam biografias mais complexas sobre as relações entre pessoas e objetos, e viabiliza que as narrativas arqueológicas sejam construídas trazendo à luz questões e reflexões sobre os contextos observados (Beaudry, 2017).

Como tendência para o campo de estudos arqueológicos em contextos sob a influência do sistema capitalista, Little (1994) destaca a necessidade de se construir análises integrativas onde os conceitos de poder, ideologia, desigualdade e heterogeneidade sejam centrais para permitir interpretações mais complexas e com foco nas pessoas que, até então, não encontraram voz nos registros formais.

Pauls (2006) defende que estudos descritivos podem trazer informações relevantes sobre a relação entre grupos de artefatos e áreas de trabalho e habitação, ou sobre a relação entre um aglomerado de casas e uma cidade.

Além dos artefatos e dos documentos, o espaço e as relações espaciais percebidas nas paisagens ocupam importantes papéis nos estudos arqueológicos e, no caso das vilas operárias, a subversão do uso dos espaços, a alteração, reconfiguração e aspectos da preservação podem trazer informações relevantes sobre aspectos ideológicos materializados na paisagem.

Para Pauls (2006, p. 66), nos estudos realizados em contextos pós-coloniais, é possível ainda explorar o papel do espaço nas relações de poder, visto que "colocar alguém em seu lugar é literalmente o objetivo de grande parte da arquitetura doméstica, comercial e cívica"[35] e, como enfatiza Zarankin (2002, p. 3), "a capacidade de controlar o espaço é uma condição para o funcionamento do poder".

No caso das vilas operárias, captar a organização dos espaços de produção, administração, circulação, comercialização e moradia, em associação à identificação de informações sobre o cotidiano e aos conflitos locais, apresentam-se como um caminho possível para a compreensão das mudanças nas estratégias de negociação, dominação e resistência, e nas relações de poder.

Tratando sobre as possibilidades de se perceber trajetórias múltiplas através da arqueologia, Metheny (2010, p. 323) defende que a experiência humana na paisagem é "tão essencial para as nossas reconstruções e interpretações das paisagens históricas quanto os dados que extraímos do registro arqueológico a partir da observação"[36]. Desse aspecto, a autora reafirma que a descrição dos lugares pode trazer à luz sentimentos e emoções que retratam a experiência de diferentes indivíduos. Por isso, avalia que fontes arqueológicas e históricas associadas às narrativas orais ajudam a perceber essas diferentes experiências e a compreender a complexidade da paisagem a partir da sua multivocalidade.

Na arqueologia histórica, estudos que se colocaram no escopo da análise das paisagens de gênero evidenciam caminhos interpretativos sobre as paisagens urbanas e industriais em consideração a uma diversidade de sujeitos, dentre eles, as mulheres.

Diante dessa questão, com foco na paisagem, estudos que conciliaram perspectivas de gênero ao método de pesquisa arqueológica buscaram evidenciar passados multivocais e suas possíveis manifestações no presente. Nesse aspecto, o livro *Archaeology and Preservation of Gendered Landscapes*, editado por Sherene Baugher e Suzanne Spencer-Wood e publicado no ano de 2010, é um referencial importante a ser considerado.

---

[35] Traduzido a partir do trecho em inglês: *"Historical archaeologists also explore the role of space in power relations, as 'putting someone in their place' is literally the goal of much domestic, commercial, and civic architecture"* (Pauls, 2006, p. 66).

[36] Traduzido a partir do trecho em inglês: *"We need to recognize that the non-visual or cultural landscape – that is, past human experience of the landscape – is as essential to our reconstructions and interpretations of historical landscapes as the observables we extract from the archaeological record"* (Metheny, 2010, p. 323).

O livro em questão foi publicado a partir de uma lacuna identificada pelas editoras e representada pela necessidade de situar o estudo sobre as paisagens na arqueologia histórica norte-americana para além dos lugares associados aos homens de elite, ou apenas sobre lugares de elite, mas que não consideravam o gênero como categoria de análise. Para além disso, coube ao volume apresentar reflexões acerca da preservação de paisagens culturais abarcando a complexidade das relações que foram vivenciadas nos contextos pesquisados, o que cumpriu incluir narrativas que se refletiram também a partir das trajetórias e experiências de grupos minoritários (Baugher & Spencer-Wood, 2010).

Dos artigos publicados no referido livro, seis deles trouxeram análises das paisagens de gênero em contextos pós-colonial e industrial onde foram mobilizadas categorias de desigualdade como classe, raça, etnia, e que permitiram perceber possíveis caminhos para a análise da paisagem de gênero em Belterra (Metheny, 2010; Hardesty, 2010; Delle & Levine, 2010; Baugher, 2010; Battle-Baptiste, 2010).

Para o caso do livro referenciado, Metheny (2010) e Hardesty (2010) apresentaram casos de análise arqueológica em paisagens da mineração que levaram em consideração abordagens de gênero.

Desenvolvida em um contexto de cidade operária, a pesquisa realizada por Metheny (2010) em Helvetia, cidade construída na Pensilvânia (EUA) e que funcionou de 1891 a 1954 para atender a exploração de carvão, dentre as variáveis observadas, a hierarquia e a ideologia corporativa foram reproduzidas na planta da cidade operária. Essa hierarquia pôde ser demonstrada pela autora a partir da identificação de áreas destinadas exclusivamente para o desenvolvimento de determinadas atividades e da disposição das moradias em relação às estruturas da empresa e às áreas de comércio e de serviços.

Em sua análise, Metheny (2010) observou que os funcionários da gerência recebiam moradias unifamiliares com qualidade superior e em áreas de melhor acesso para a área da mina, área comercial e de serviços. Já para os trabalhadores da mina, as moradias dispostas em casas duplas geminadas, eram organizadas na paisagem da cidade operária de forma a sublimar os interesses em comum e dividir a classe operária.

Nesse caso, o conjunto de estruturas construídas para compor a cidade operária e a rede de serviços foi pensada para servir de atrativo para homens casados e com família, na qual estratégias para a sua estabilização eram priorizadas. Como destacou Metheny (2010, p. 319), "diferenças relacionadas à etnia, práticas culturais, língua, raça ou classe eram utilizadas pelas empresas no sentido de impedir que os trabalhadores descobrissem interesses em comum que pudessem gerar disputas entre a administração e a classe operária"[37].

Contudo, após análise dos dados arqueológicos e históricos, Metheny (2010) evidenciou uma série de negociações que alteraram a paisagem das famílias que moravam na cidade operária e que perpassaram desde o direito pelo uso da terra até a alteração funcional dos cômodos das casas que eram direcionadas aos operários, para melhor atender as necessidades individuais de cada família e em diálogo às suas bases étnicas, religiosas e socioeconômicas. Assim, o núcleo familiar (homem, mulher e filhos) e as relações de parentesco são percebidos como centrais para a construção e alteração da paisagem.

No trabalho de Metheny (2010), o que fica evidente é que a análise da paisagem de gênero[38] de Helvetia parece abrigar, restritivamente, as mulheres casadas nas tarefas domésticas e secundariamente às atividades dos seus maridos e às necessidades da família, enquanto as mulheres solteiras recorriam a trabalhos como professoras, garçonetes, lavadeiras e empregadas domésticas, haja vista a limitação de cargos direcionados a elas pela empresa.

Outro exemplo de pesquisa arqueológica com interpretação da paisagem industrial em consideração a uma perspectiva de gênero em contexto de mineração, foi a desenvolvida por Hardesty (2010), que buscou perceber as mulheres a partir da análise das paisagens de três vilas construídas nos estados de Califórnia e Nevada, nos Estados Unidos.

Ao tratar sobre o início da cidade mineira de Bodie, Hardesty (2010) trouxe como referência o relato de um jornalista que visitou a vila em 1864, e que nos permite perceber a forma como as mulheres eram percebidas no contexto da vila de mineração, além de apontar para uma possível relação entre esse tipo de empreendimento com o desenvolvimento da prostituição:

---

[37] Traduzido a partir do trecho em inglês: "[...] wheter those differences stemmed from ethnicity, cultural practice, language, religion, race, or class - companies hoped to prevent workers from discovering their common interests in disputes between management and labor" (Metheny, 2010, p. 319).

[38] A "paisagem de gênero" [gendered landscapes] tratada por Methany (2010) parece fazer referência a uma tentativa de observar a paisagem da cidade operária para além de uma predisposição inicial em perceber a cidade a partir da atividade masculina relacionada ao trabalho na mina de carvão. Enfatiza que a paisagem da cidade é resultado de relações sociais e econômicas complexas vivenciadas por vários membros da comunidade, no caso da pesquisa citada, a família formada a partir de noções de parentesco se apresenta como grupo central para a articulação dessas relações. Ao contrário da paisagem da mineração, que, por sua vez, não seria de gênero por ser dominada por homens.

Os homens machos dominam este período inicial; o jornalista de mineração J. Ross Browne comentou sobre as "alegrias" da vida doméstica sem mulheres em Bodie durante sua visita em 1864. No entanto, há evidências documentais de que pelo menos três famílias se mudaram para Bodie do campo de mineração vizinho de Aurora no ano de 1863. Browne também se referiu a uma "Maiden Lane" nas proximidades do que mais tarde se tornou a cidade de Bodie, o que implica a existência de um distrito da luz vermelha (Hardesty, 2010, p. 297)[39].

Com a consolidação dos assentamentos de mineração enquanto vilas operárias, diferentemente do contexto observado por Metheny (2010), Hardesty (2010) identificou uma gama de atividades desenvolvidas, sobretudo por mulheres casadas, e que podem indicar que a vida delas era mais dinâmica do que aquela restrita ao lar.

Aliando a leitura da paisagem aos dados identificados em documentos históricos, como censos demográficos e textos publicados em jornais, Hardesty (2010) identificou diferentes ocupações, desde aquelas relacionadas à manutenção da casa ou funções enquanto costureira, lavadeira, empregada doméstica, até cargos como hoteleira, gerente de loja, professoras, enfermeiras, médicas, mineradoras e prostitutas.

Um dos pontos da análise da paisagem apresentada por Hardesty (2010) identificou que, nas vilas operárias, as famílias de classe média e aquelas casadas moravam nas áreas centrais e/ou comerciais. Baseado em dados censitários, verificou ainda que as mulheres que possuíam alguma ocupação fora do cuidado da casa eram em sua maioria casadas com homens que possuíam cargos característicos de uma classe média: comerciantes, artesãos, sendo apenas 30% delas casadas com operários/mineiros. O cruzamento desses dados indicou que as mulheres da classe média conseguiram contribuir com o status econômico da família e evidenciou que a geografia das mulheres nessas vilas operárias estava relacionada às categorias como classe social, ocupação e etnia:

> Dados documentais sobre a cidade de Bodie sugerem que, no período pesquisado, as mulheres tendiam a se agrupar em alguns bairros.

---

[39] Traduzido a partir do trecho em inglês: *"Males dominates this early period; mining journalist J. Ross Browne remarked on the 'joys' of domestic life without women in Bodie during his visit in 1864. Nevertheless, there is documentary evidence that at least three families moved to Bodie from the neighboring mining camp of Aurora in 1863. Browne also referred to a 'Maiden Lane' in the vicinity of what later became the townsite of Bodie, which implies the existence of a red-light district"* (Hardesty, 2010, p. 297).

Como exemplo, a Green Street, localizada no extremo sudeste da cidade, era repleta de empresas e residências e era o local mais comum para mulheres que viviam em famílias de classe média.

Já a Bonanza Street, no canto nordeste da cidade, era o local mais comum para mulheres que trabalhavam em bordéis e salões de dança. A comunidade chinesa de Bodie também morava perto da King Street, na mesma parte da cidade. As mulheres que viviam em famílias da classe trabalhadora viviam em outras partes da cidade (Hardesty, 2010, pp. 297-298)[40].

A partir da pesquisa realizada por Hardesty (2010), é possível perceber que, por estarem geograficamente posicionadas mais próximas às áreas comerciais e com a disponibilidade de serviços, as mulheres casadas de classe média podem ter conseguido acessar mais facilmente trabalho nesses locais. Essa observação talvez informe também sobre a dificuldade das mulheres dos operários/mineiros, ou mesmo das mulheres sem vínculo de casamento em exercer outras formas de trabalho para obtenção de renda, seja pela distância de suas casas do centro comercial, seja pela necessidade de subsistência, implicando na sua permanência no entorno da casa em que residiam.

Em soma, a categoria de gênero observada conjuntamente à questão étnica trouxe para a análise contornos dramáticos, em especial quando observada a paisagem e o contexto social das mulheres que, além de se apresentarem em quantidade consideravelmente inferior ao número de homens que residiam nas vilas mineiras, os arranjos que envolviam casamento e prostituição repercutiram também em segregação.

Na paisagem de gênero analisada por Hardesty (2010), e diante da tipologia do empreendimento ao qual a paisagem se conecta[41], a organização

---

[40] Traduzido a partir do trecho em inglês: *"Documentary data on the town of Bodie suggest that during this period women tended to be clustered in a few neighborhoods. Green Street at the southeast end of the town, for example, which was lined with businesses and residences, was the most common location for womens living in middle-class family households. Bonanza Street at the northeast corner of the town was the most common location for women working in brothels and dance halls; Bodie's Chinese community also lived nearby on King Street in the same part of the town. Women living in working-class family households lived in other parts of the town"* (Hardesty, 2010, pp. 297-298).

[41] Ao abordar sobre a organização doméstica nas vilas de mineração pesquisadas, Hardesty (2010) faz referência sobre qual seria o papel das mulheres dentro de um "sistema mundial de mineração", a partir da identificação da "casa" inserida nesse sistema. Nesse caso, um padrão na organização social em que homens e mulheres membros da casa viveram poderia ser verificado, mesmo em áreas de mineração localizadas em diferentes lugares. Para o caso das áreas pesquisadas pelo autor, o papel das mulheres é observado muitas vezes no contexto da casa, tanto em funções domiciliares em uma atitude conservadora (vitoriana), quanto em funções diversas que poderiam servir de apoio econômico para a renda da família.

espacial parece apresentar como foco os agrupamentos familiares baseados em ajuda mútua, seja pela ocupação ou pela identificação associada aos grupos de trabalho. Nesse caso, as diferenças observadas na composição familiar das residências, seja ela lugar de moradia exclusivamente por homens, ou por mulheres, ou por grupos mistos, foram importantes para compreender que os agregados familiares que não estavam organizados pelo casamento ou parentesco também compunham os arranjos da organização doméstica nas vilas de mineração.

A partir dos estudos de caso aqui referenciados, a relação simbólica observada na paisagem entre a espacialidade, identidade e gênero, apresentou-se como um caminho para se compreender e alcançar novas informações acerca do cotidiano das pessoas não restritas aos homens, em contextos que evidenciaram as transformações nas paisagens verificadas em consequência da expansão industrial.

Nas pesquisas realizadas por Metheny (2010) e Hardesty (2010), as análises nas vilas de mineração organizadas hierarquicamente para abrigar predominantemente homens para o trabalho, evidenciaram mulheres, tanto em atividades desenvolvidas no espaço doméstico como em ocupações diversas que, em comunidade, vivenciaram e também modificaram as paisagens que preeminentemente são lidas enquanto masculinas.

Diante dos textos referenciados, os estudos arqueológicos aplicados em contextos históricos que objetivam a análise das paisagens construídas podem contribuir para que pesquisadoras e pesquisadores se aproximem das experiências diversas vivenciadas no passado.

Sob esse aspecto, a leitura da configuração urbana de Belterra a partir da análise da sintaxe espacial permitiu a interpretação dos significados e dos discursos não verbais atribuídos aos espaços que formaram a paisagem verificada no processo de defloramento em que estiveram envolvidas vítima, acusado e testemunhas e, a partir dessa análise, discutir a transição dos papéis sociais atribuídos à menina.

A organização espacial de Belterra

As vilas e as cidades operárias construídas entre o final do século XIX e na primeira metade do século XX deveriam ser lugares higiênicos e prósperos (Rago, 1985), com estruturas básicas completas. Ademais, se apresentavam com uma nova proposta de relação patronal paternalista que, forjada na construção do sentimento de pertencimento a uma mesma comunidade, poderia ser utilizada como um instrumento para negar a existência de conflito entre a classe trabalhadora e os industriais.

Belterra teve sua instalação iniciada em 1934 pela Companhia Ford como alternativa à Fordlândia, primeiro projeto de cidade operária da empresa na região do baixo Rio Tapajós, onde objetivavam disputar o controle da produção da borracha necessária para a montagem dos seus automóveis (ver Figura 1).

Era necessário que Belterra oferecesse as estruturas básicas para a moradia de trabalhadores e para a implantação de uma plantação industrial de seringueiras, assim como para o desenvolvimento de uma comunidade que respondesse aos regramentos morais idealizados pela Ford, e buscando superar os problemas e conflitos vivenciados em Fordlândia[42].

Nesse sentido, projetada para disponibilizar as estruturas básicas necessárias para o funcionamento da cidade operária, havia uma casa de força, um sistema de captação, tratamento e distribuição de água que atendia as "casas, lojas e dependências administrativas da Companhia" e contava com 32 quilômetros de encanamento, assim como sistema de telefonia entre as estruturas de Belterra.

Para a organização das construções, Belterra foi projetada a partir de lotes entrecortados por estradas numeradas pelos eixos norte/sul (numeração par) e leste/oeste (numeração ímpar). De acordo com Costa (1981), até o ano de 1937, haviam sido construídos 33 quilômetros de estradas e um porto flutuante.

Pereira (2016) descreveu que Belterra começou a ser construída a partir do lugar chamado "Porto Novo", localizado a 12 quilômetros do local escolhido para ser instalado o núcleo urbano e de onde chegavam os trabalhadores e os equipamentos necessários para a estruturação do novo projeto. Nesse primeiro local, "havia posto médico, almoxarifado e cantina". Em 1935, o porto de Pindobal foi finalizado, e as obras viabilizaram o seu funcionamento independentemente do nível de água em que se apresentava o Rio Tapajós.

De acordo com Pereira (2012), a organização da cidade operária se deu a partir da utilidade dos espaços, conforme texto em destaque:

---

[42] Para melhor conhecimento sobre Fordlândia, em especial sobre os problemas relacionados à exploração da borracha e aos conflitos vivenciados entre as classes trabalhadoras de menor hierarquia e os trabalhadores norte-americanos que ocuparam funções na administração do projeto, recomendo consultar: Costa (1981), Amorim (1995), Grandin (2010), Damasceno Neto (2015) e Lima (2019).

a) as estradas para assegurar o deslocamento dos trabalhadores, dos equipamentos e da produção; b) as quadras onde floresciam os seringais; c) os barracões e oficinas para o armazenamento do látex, produção das peças, equipamentos e utensílios necessários à atividade industrial, e o escritório, de onde se controlava a mão de obra, a produção e o cumprimento das metas e prazos estabelecidos pela empresa; d) o hospital, responsável pela vacinação, prevenção e do tratamento dos doentes; e) os portos e o campo de pouso, para deslocamento das pessoas, mercadorias, mantimentos e garantia da conexão do lugar com a totalidade-mundo; f) um pequeno centro comercial com bar, sapataria barbearia, alfaiataria e padaria; e g) o sistema de abastecimento de água, todos esses locais fazem parte da estrutura construída para dar suporte ao empreendimento. (Pereira, 2012, p. 85).

Já sobre as escolas, o relatório elaborado pelo administrador de Belterra no ano de 1941 informou a existência de:

3 escolas principais e 2 mais afastadas com um total de 958 alunos matriculados incluindo uma turma noturna de 49 alunos. Tem um adicional de 306 crianças em idade escolar que estarão prontos para ir a escola em janeiro de 1941. Uniformes escolares padronizados estão sendo feitos por conta da companhia. Então todos os alunos estarão vestidos igualmente. Estima-se, portanto, que seu total de matrículas será maior que 1250 quando a escola abrir em janeiro: após os 3 meses usuais de férias que ocorrem em outubro, novembro e dezembro. Existem 3 classes noturnas em Belterra, com um total de matrículas de 105 estudantes. Estes estão a cargo de 3 instrutores que são pagos pela companhia. Eles são supervisionados por um diretor que tem uma equipe de 27 professores. Os padrões escolares mantidos são melhores que aqueles requeridos pelas escolas estaduais. A grade escolar é equivalente aquela requerida para a entrada na Junior High School nos Estados Unidos, embora este curso seja dividido em 5 séries. A escola funciona 6 dias na semana. Estudantes e professores têm somente um turno diário. Nos locais onde todas as crianças não podem ser acomodadas pela manhã, a escola é mantida à tarde, professores substitutos são contratados para estas aulas. Cada escola possui áreas de lazer com brinquedos tradicionais [como] em qualquer outra escola nos Estados Unidos.

A Escola Edsel Ford e a Escola Benson Ford agora sendo construídas, terão também um campo de futebol. (Johnston, A. The Ford Rubber Plantation. [ca.1941], p. 16 apud Pereira, 2016, p. 212).

Como área de lazer, Belterra contava com um campo de Golfe, o *Club House*, onde ocorriam os bailes dançantes e um cinema onde os filmes eram escolhidos pela empresa (ver Figura 2).

Figura 2

Mapa das estruturas e identificação das vias em Belterra

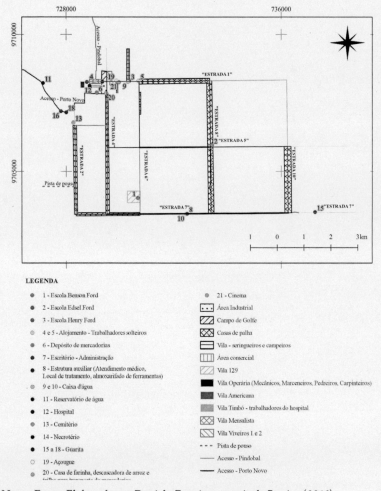

Notas. Fonte: Elaborado por Daniela Ferreira a partir de Pereira (2012).

Análise espacial da paisagem de Belterra

A Estrada 10, lócus central no processo de defloramento narrado e no qual [Taís] foi enquadrada enquanto vítima, está posicionada no extremo leste da configuração urbana de Belterra, na periferia da cidade e contava com casas de palha dos dois lados da via no perímetro delimitado pelas Estradas 5 e 7 (ver Figuras 2 e 3).

Figura 3

Vista das casas de palha, Belterra (sem data)

Notas. Fonte: Arquivo digital - The Henry Ford Archives.

O recorte do mapa elaborado pela Companhia Ford de 1935-1938 (ver Figura 4) evidencia que a ocupação do espaço urbano se deu desde a Estrada 2, sendo a Estrada 10 a última a ser ocupada ainda no período em que Belterra foi administrada pela empresa.

Nos depoimentos obtidos através do processo de defloramento previamente relatado, a paisagem da Estrada 10 foi revelada para além das casas de palha inicialmente indicadas e apresentou alguns lugares que puderam ser parcialmente localizados: a casa da vítima e de sua irmã, localizada na Estrada 10, n. 47; a casa do acusado, localizada na Estrada 10, n. 11; a casa da vizinha da vítima, localizada na Estrada 10, n. 46; o Barracão da sede dançante/de festas da Estrada 10; o ponto fiscal da Estrada 10, citadas por duas testemunhas; e a quadra que saía da Estrada 10 para a Estrada 5, onde a terceira testemunha observou a vítima e o acusado.

O uso das ferramentas da sintaxe do espaço[43] contribuiu para a análise espacial da paisagem da Estrada 10 em relação ao todo do desenho urbano de Belterra, onde o foco foi a busca pelos significados não verbais[44] observados na arquitetura capitalista[45] e passíveis de serem lidos nos espaços relacionados à cidade operária.

Figura 4

Recorte do mapa da Concessão de Belterra com a progressão das áreas de plantação (1935-1938)

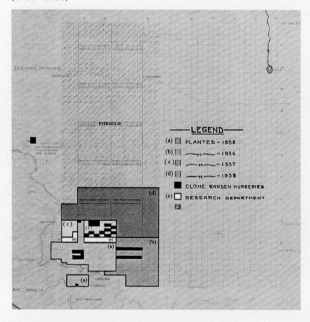

Notas. Fonte: Companhia Ford Industrial do Brasil - CFIB (1935-1938). Acervo da American Geographical Society Library.

---

[43] O desenvolvimento da sintaxe espacial remete às décadas de 1970 e 1980, e apresenta como referência a publicação, em 1984, do livro denominado *The Social Logic of Space*, sob autoria de Bill Hillier e Julienne Hanson.

[44] Sobre os significados não verbais associados à leitura da paisagem, remeto-me especialmente ao entendimento sobre o poder de manipulação verificado na arquitetura em relação à sua materialização sobre a paisagem. Para isso, recorro às pesquisas de Leone (1984), Zarankin (1999, 2002) e Souza (2002) que verificaram nas paisagens por eles pesquisadas mecanismos que funcionaram de forma a controlar o movimento dos sujeitos e, com isso, promover ou reduzir as possibilidades de encontros.

[45] Como arquitetura do capitalismo, para esta pesquisa, faço uma limitação, em específico, às transformações das paisagens observadas a partir da expansão industrial vivenciada entre o final do século XIX e início do século XX, marcada por uma sociedade sob a era do panóptico (Foucault, 2016). Na arqueologia, os estudos sobre a paisagem capitalista que se alinham a esse entendimento, em geral, estão enquadrados sob a chamada Arqueologia da Arquitetura (são alguns exemplos: Zarankin, 2002; Zarankin & Niro, 2009; Moreira, 2015; Seabra, 2019, 2020; Klink, 2023).

Figura 5

Mapa por segmento, Integração normalizada métrica de raio n, Belterra

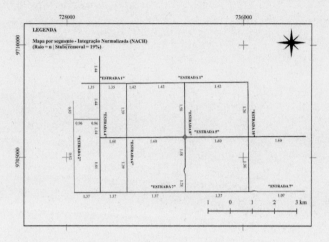

Notas. Fonte: Elaborado pela autora no programa QGis através do "Syntax Space Toolkit" em associação à plataforma DephtMapX.

Figura 6

Mapa por segmento, Escolha normalizada métrica de raio n, Belterra

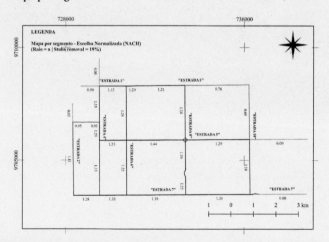

Notas. Fonte: Elaborado pela autora no programa QGis através do "Syntax Space Toolkit" em associação à plataforma DephtMapX.

De acordo com Bermejo Tirado (2009, p. 48), esse método de análise espacial se apresenta como um conjunto de ferramentas que podem contribuir para estudos que tenham como objetivo "interpretar determinados aspectos sociais e ideológicos contidos nos desenhos e na distribuição dos espaços arquitetônicos"[46], evidenciando, através de representações gráficas e valores numéricos, possíveis relações entre as formas percebidas nas construções e as forças sociais que operaram no espaço observado.

Para a sua aplicação, Hillier e Hanson (1984) propuseram a identificação da unidade espacial que será analisada e a identificação dos "limites" que diferenciam os espaços. Esse limite pode ser caracterizado pela descontinuidade que define uma área ou uma região e que está relacionado às possibilidades de mobilidade e deslocamento, ou seja, as vias, e assim, verificar e evidenciar espaços que podem ser considerados segregados ou integrados (Bermejo Tirado, 2009).

Adentrando as análises possíveis na sintaxe espacial, duas medidas principais foram consideradas: o índice de integração normalizada (NAIN) e o índice de escolha normalizada (NACH).

A medida da integração (NAIN) permite observar a lógica por trás da localização de determinadas estruturas em relação aos possíveis encontros sociais. No referido índice, é avaliada a profundidade, ou seja, a distância de uma linha axial em relação às demais linhas existentes no sistema espacial analisado (Hillier et al., 1993).

De acordo com Hillier (2007), a integração é uma medida baseada na centralidade e na proximidade e, através dessa medida, é possível verificar as melhores formas de se movimentar entre um ponto e outro da cidade. Para Holanda (2012), a maior integração repercute em áreas onde é evidenciado a maior probabilidade de encontros, fato que tem relação direta com a acessibilidade e a mobilidade no sistema espacial analisado.

Para a compreensão desse índice, Hillier e Hanson (1984) propuseram que as vias são consideradas mais "rasas" quando estão mais próximas das outras, indicando as áreas integradas do sistema ou, no outro extremo, as vias mais profundas que, por estarem mais distantes, indicam as áreas mais segregadas do espaço observado.

Hillier et al. (2012) detalharam que medidas de integração que apresentam índice superior a 1,67 podem ser consideradas muito integradas,

---

[46] Traduzido do trecho em espanhol: *"interpretar determinados aspectos sociales e ideológicos, contenidos en el diseño y distribución de los espacios arquitectónicos"* (Bermejo Tirado, 2009, p. 48).

enquanto as que possuem um índice menor que 1, podem ser consideradas muito segregadas.

Já no índice de Escolha (NACH), é levada em consideração a possibilidade de atravessamento de uma linha, ou segmento, em específico, a partir de todas as demais linhas e segmentos distribuídos no sistema espacial analisado. Na sintaxe espacial, a medida da escolha evidencia as vias que apresentam maior potencial de tornar os trajetos mais curtos e em consideração a uma menor mudança angular, dentro do sistema espacial analisado (Hillier et al., 2012).

Hillier et al. (2012) detalharam que medidas de escolha que apresentam índice superior a 1,4 podem ser consideradas com alto potencial de escolha, enquanto as que possuem um índice menor que 0,8 podem ser consideradas com baixo potencial de escolha.

Quanto ao índice de integração, o desenho urbano de Belterra (ver Figura 5) evidenciou que a Estrada 5 é aquela que apresentou maior índice de integração no espaço analisado com um índice equivalente a 1,60, valor inferior ao parâmetro definido por Hillier et al. (2012) o que pode indicar que, apesar da Estrada 5 ser a mais integrada do sistema observado, o desenho urbano como um todo apresentou menor potencial de integração. Já as vias menos integradas são as que fazem referência às Estradas 2 e 3, as quais apresentaram índice de integração menor que 1.

Ainda sobre o índice de integração, a Estrada 10 apresentou valor equivalente a 1,36, o que indica que apesar de ela estar localizada no extremo do desenho urbano de Belterra, a via ainda permanece integrada quando observada em relação ao todo do sistema urbano observado.

Em relação ao índice de escolha, no desenho urbano verificado nos mapas por segmentos de Belterra (ver Figura 6) ficou evidenciado que o trecho da Estrada 5 entre a Estrada 6 e a Estrada 8 foi aquele que apresentou maior potencial de escolha, com índice equivalente a 1,44, valor muito próximo ao parâmetro definido por Hillier et al. (2012).

Em contrapartida, os trechos onde foram verificados menor potencial de escolha para atravessamento fazem referência ao trecho da Estrada 2, localizado ao norte da Estrada 3 e próximo ao cemitério, ao trecho da Estrada 1, especialmente o que está localizado a oeste da Estrada 4 e que dava acesso ao escritório da administração e à Vila Americana, e aos trechos da Estrada 5 e 7 que estão localizados a leste da Estrada 10, todos com índice de escolha equivalente a 0.

A Estrada 10, em especial, o trecho localizado no perímetro entre a Estrada 5 e Estrada 7 e onde estava construída parte das casas de palha, apresentou índice de escolha de 1,18. Já o trecho da Estrada 10 entre o perímetro da Estrada 1 e Estrada 5 apresentou índice de escolha de 0,69, ou seja, menor que o parâmetro indicado por Hillier et al. (2012) indicando uma área com baixo potencial de escolha para atravessamentos.

A Estrada 10 como espaço segregado

Para discutir a paisagem da Estrada 10, antes, é preciso estabelecer algumas considerações em relação ao todo do espaço urbano de Belterra.

A maior Estrada, a de número 7, localizada mais ao sul da configuração urbana de Belterra, atravessa toda a extensão da cidade operária, formando um percurso de 10,440 quilômetros. As quadras possuem uma dimensão que varia entre aproximadamente 1,2 quilômetros (Estrada 3 e Estrada 7 no perímetro da Estrada 2 até a Estrada 4) e 2,9 quilômetros, correspondente aos trechos orientados pelo eixo leste/oeste, mais especificamente entre as Estradas 8 e 10.

Das estruturas básicas instaladas para atender ao projeto, é possível observar que a maior parte das estruturas de serviço, comércio e indústria está concentrada na Estrada 1, a oeste da Estrada 6, tensionando nessa área um "centro" que não está articulado com as medidas de integração e escolha já verificadas. Dentre as estruturas básicas, as escolas foram as únicas posicionadas de forma a atender a distribuição da população sobre o espaço urbano de Belterra, o que pode evidenciar, nos termos de Althusser (1971), a importância do aparato escolar para o controle e o disciplinamento da comunidade para a administração da Companhia Ford.

Figura 7

Mapa por segmento, Escolha normalizada métrica de raio n, sobre o Mapa das estruturas e identificação das vias em Belterra

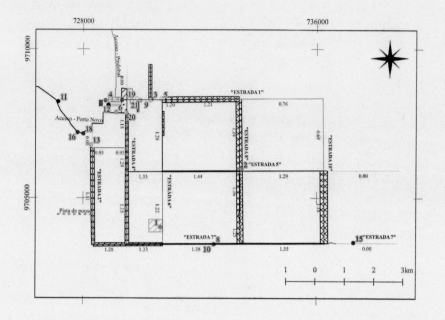

Notas. Fonte: Elaborado pela autora no programa QGis através do "Syntax Space Toolkit" em associação à plataforma DephtMapX.

Esse "centro", que poderia servir como atração para fomentar a movimentação na área que apresenta índices baixos de integração e possibilidade de escolha para deslocamento, na configuração urbana de Belterra parece demarcar uma fronteira entre as moradias direcionadas aos trabalhadores de maior e menor hierarquia na estrutura organizacional da empresa.

Como posto, ao estabelecer um distanciamento desse "centro" posicionado na porção noroeste do desenho urbano de Belterra, as quadras vão sendo ocupadas cada vez menos por estruturas de apoio, serviços e comércio, e mais por residências e, entre elas, os seringais, como é possível verificar na expansão da plantation (1935-1938), já ilustrada previamente na Figura 4.

Essa organização colocou os indivíduos trabalhadores da administração, indústria e comércio nas Vilas Americana, Mensalista, Operária, Timbó e Viveiros 1 e 2 e, os seringueiros, nas moradias alocadas nos limites das quadras entre a Vila Piquiá, a Vila 129 e as Estradas 2, 4, parte da Estrada 7, Estradas 8 e 10, por onde as árvores eram plantadas, colocando o trabalho nos quintais das famílias mais pobres.

As estruturas de lazer mapeadas também estão concentradas entre a Vila Americana e parte da Estrada 1 até a Estrada 6. Contudo, como mostra o processo de defloramento, havia na Estrada 10 um barracão onde foi realizada a festa.

Entrevistas exploratórias realizadas em 2022 com moradores e moradoras de Belterra apontaram que a área de festas denominada Club House, localizada na Vila Americana, não era acessível para todos e todas que vivenciaram o contexto da cidade operária, sendo este considerado um lugar de elite. Sobre o barracão da Estrada 10, foi indicada a existência de um local com essa identificação direcionado à moradia coletiva dos trabalhadores solteiros, mas não foi identificada informação relacionada a um espaço com o mesmo nome que servisse especialmente para a realização de eventos, o que pode indicar que o barracão dos solteiros seria um local onde a comunidade do entorno se reunia.

A descrição do trajeto percorrido por [Tais] e [Eliseu] do barracão de festas da Estrada 10 até o local do defloramento e a casa de [Taís], localizada na mesma estrada, indica que havia uma distância considerável entre o primeiro e o último lugar: primeiro, por impedir que [Taís] o fizesse sozinha; e segundo, que o desvio do caminho deveria ser suficiente para garantir certa discrição ao ato que culminaria no defloramento da menina.

A questão da visibilidade

Os demais lugares citados por duas das testemunhas permitiram uma melhor visualização espacial dos acontecimentos. A primeira, que trabalhava como "fiscal no ponto da Estrada 10", indicou que viu a vítima e o acusado juntos dois dias após a festa realizada no barracão "no meio [...] da quadra que saia da Estrada dez para a Estrada cinco".

Sobre o local indicado pela primeira testemunha, no mapa das estruturas de Belterra (Figura 4), não foi possível identificar o ponto fiscal da Estrada 10. Contudo, consta na Estrada 7, próximo à Estrada 10, uma guarita que pode ter relação com a instalação indicada. Mas a análise espacial da área no entorno da Estrada 10 mostrou que a quadra localizada a leste da Estrada 10 apresentou menor potencial de escolha e integração, fator relevante em relação ao uso da paisagem que pode ter sido considerado para a escolha dos locais onde aconteceram os encontros realizados entre vítima e acusado.

A segunda testemunha declarou ter visto os dois "em uma certa altura da Estrada oito, já próximo a Estrada dez", enquanto voltava para a sua casa, da Estrada 8 para a Estrada 10.

Quanto ao relato da segunda testemunha, as Estradas 5, 7 e boa parte da Estrada 8 apresentaram índices com maior potencial de escolha para deslocamento, o que faz do interior das quadras um atalho para quem se deslocava entre as áreas de trabalho e moradia, ou um refúgio para quem estivesse cometendo atos considerados impróprios.

Nos depoimentos das testemunhas que em algum momento visualizaram os encontros entre vítima e acusado, algo que chama atenção é que ambas ficaram surpresas por terem sido chamadas na delegacia para depor. O que parece ocorrer é que, tanto quem utilizou o meio da quadra como atalho, como quem a utilizou como esconderijo, estava passível de ser visto.

Nesse último sentido, a topografia de Belterra também informa sobre os espaços citados no processo de defloramento. A cidade operária, construída no alto do platô, mantém, desde as estruturas construídas até a plantação, uma horizontalidade neutra. No desenho urbano de Belterra, as construções, das maiores até as menores, não se sobressaem à altura das plantações da seringueira, permitindo um maior potencial de visibilidade e, consequentemente, vigilância. Assim, as árvores da plantação serviriam como uma quebra da visibilidade facilitada pela topografia plana da cidade (ver Figura 8).

Desse modo, a forma panóptica (Foucault, 2016) é verificada no desenho urbano de Belterra, onde pode ter sido empregado um tipo de vigilância que permitiu uma inversão da "função disciplinar" onde tudo pode ser visível, sem necessariamente o sujeito saber se está sendo visto, ou não. Sob essa perspectiva, "a visibilidade é uma armadilha" e passa a ser utilizada como uma ferramenta de poder onde todas e todos, de alguma forma, foram submetidos.

Figura 8

Plantação de seringueiras, com destaque, a topografia plana característica de Belterra (1935)

Notas. Fonte: Arquivo digital - The Henry Ford Archives.

Atravessamentos entre classe e gênero

Mesmo que imersa sob uma perspectiva masculinizada sobre as relações de trabalho, a casa pode ainda ser compreendida como um referencial espacial do trabalho da mulher (Sousa, 2005), e o seu entorno pode ser lido como um espaço passível de ser mobilizado por ela de forma a estabelecer novas relações, formar laços de solidariedade, realizar trabalhos coletivos e negociar estratégias de sobrevivência, na mesma medida em que assumia um lugar de "controle e regulação das condutas e procedimentos" (Matos, 1995, p. 105).

No caso de Belterra, a Vila Americana, posicionada no extremo oeste da Estrada 1, abrigava as estruturas relacionadas às moradias dos administradores do empreendimento em Belterra e das suas famílias. Ao deslocar para leste e para sul, as camadas hierárquicas vão sendo reveladas através de um padrão construtivo das residências que, por sua vez, vai se distanciando espacialmente e materialmente da planta arquitetônica mais completa, com maior metragem e divisão de espaços, e construída com matéria-prima mais durável. As Figuras 9 a 12 exemplificam a transformação das moradias em relação à posição da classe operária na configuração organizacional do projeto[47].

---

[47] Para maiores informações acerca dos diferentes desenhos das moradias construídas em Belterra em relação à hierarquia da classe trabalhadora, consultar FIDESA-IPHAN (2010). Belterra: a colonização norte-americana na amazônia paraense da primeira metade do século xx. Documento n. 1435557, disponível no processo SEI IPHAN n. 01458.002985/2010-82 (acesso público).

Figura 9

Vista de uma das casas localizadas na Vila Americana, Belterra (1938)

Notas. Fonte: Arquivo pessoal de Osvaldo Góes, retirado de Pereira (2012, p. 86).

Figura 10

Vista das casas na Vila Mensalista, Belterra (1939)

Notas. Fonte: Arquivo pessoal de Osvaldo Góes, retirado de Pereira (2012, p. 90).

Figura 11

Vista das casas na Vila Viveiros, Belterra (1939)

Notas. Fonte: Arquivo pessoal de Osvaldo Góes, retirado de Pereira (2012, p. 91).

Figura 12

Vista frontal das casas de palha direcionadas aos trabalhadores de menor hierarquia, Belterra (sem data)

Notas. Fonte: Arquivo digital - The Henry Ford Archives.

A última casa (Figura 12) possui as características das moradias localizadas na Estrada 10 onde as famílias da vítima, acusado e testemunhas residiam.

A irmã mais velha da vítima, assim como sua vizinha, ambas identificadas como "prendas domésticas", tinham nessa tipologia de casa o lócus do seu trabalho, enquanto que a vítima era estudante. Os papéis ocupados pelas mulheres como força de trabalho no contexto das cidades industriais da Ford são pouco referenciados. Em documento da Companhia Ford datado de 1944 (ver Gráfico 1) é demonstrado que a empresa contratava mulheres como parte da força de trabalho desde 1935, correspondente à fase inicial do projeto em Belterra. Contudo o valor das diárias pagas para as mulheres, por todo o período avaliado, foi inferior ao dos homens, chegando a uma diferença de 67% no ano de 1937 (ver Tabela 1).

Gráfico 1

Empregados e empregadas da CFIB entre janeiro de 1935 e julho de 1944

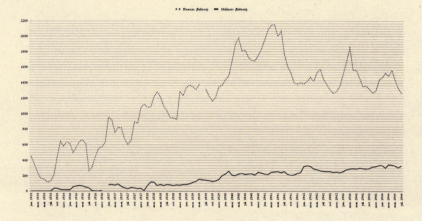

Notas. Curva superior em linha tracejada corresponde aos homens; curva inferior em linha contínua corresponde às mulheres. Fonte: Elaborado por Daniela Ferreira a partir de dados disponibilizados em documento elaborado pela Companhia. (Referência - Acc. 74_6_number_of_employees. The Henry Ford Archives).

Esse dado repercute nas desigualdades e assimetrias na divisão do trabalho entre homens e mulheres que atravessaram, sobretudo, as mulheres posicionadas nas classes sociais mais vulneráveis, como o caso da vítima e sua irmã, declarada "pobre nos termos da lei".

Tabela 1

Diferença entre valor das diárias pagas pela Companhia Ford para mulheres e homens nos anos de 1935, 1937, 1939 e 1943

	Jan. 1935	Dez. 1937	Jan. 1939	Out. 1943
Mulheres	2,00	2,00	4,00	6,00
Homens	4,00	6,00	7,00	9,00
Diferença	50%	67%	43%	33%

Remuneração diária paga em Cr$

Notas. Fonte: Elaborado por Daniela Ferreira a partir de dados disponibilizados em documento elaborado pela Companhia. (Referência - Acc. 74_6_number_of_employees. The Henry Ford Archives).

De acordo com Carrasco (2008), a remuneração mais baixa associada a pessoas do sexo feminino se relaciona a uma ideia de que ela representa uma força de trabalho secundária, onde o homem detém o papel de provedor principal dentro da noção de família nuclear e, para a mulher, a remuneração mais baixa é justificada enquanto uma necessidade menor de subsistência, o que as relega a um lugar de maior vulnerabilidade, pobreza e, com isso, o desenvolvimento de atividades precarizadas em níveis variados de exploração ou, como no caso de defloramento, de estar sujeita à exploração sexual[48].

Nesse sentido, Federici (2017, 2019) defende que não há justificativa que sustente o fato de um mesmo tipo de trabalho, ou o desenvolvimento de atividades comparáveis, ser remunerado de forma diferente entre homens e mulheres. Em especial para as mulheres, a autora afirma que o sexo sempre foi trabalho e que este está imbricado no contrato de casamento junto ao trabalho doméstico.

No depoimento da menina, vítima no processo de defloramento, o ato sexual lido como "consentido", e por isso caracterizado enquanto defloramento, foi "recompensado" com "gratificações" materiais que para ela, naquele contexto, fizeram sentido. O acusado, por sua vez, reconhecidamente "um pouco conquistador com as moças" e que já mantinha um contrato de casamento com outra mulher, selou a violência praticada ao deixar implícito que a honra da menina já havia sido anteriormente quebrada e, por isso, "não lhe devia nada".

A quebra da honra sexual vivenciada pela vítima na Estrada 10 e no seu entorno, é a marca da violência pela qual a menina, pobre e menor de idade, foi submetida sem ter, em contrapartida, uma resposta adequada do Estado que, por sua vez, não deu continuidade a um processo que, pelo texto da lei, apenas implicou em evidenciar que para aquela menina, não mais caberia o papel de "moça", mas sim o de "mulher solteira", ou seja, aquela que, independentemente da idade, "entregou" a sua virgindade fora do contrato de casamento, ou nas palavras de Federici (2019), fora do trabalho sexual validado pelo contrato de casamento e em oposição às funções inerentes ao papel ao qual ela deveria estar apta a representar, o da "mulher-esposa--dona-de-casa-mãe-de-família", resumidamente, "rainha do lar".

---

[48] A exploração sexual de menores de idade é definida por Barnitz (2005) e Faleiros (2004) como um abuso do corpo da criança e adolescentes por conta de uma relação desigual em termos econômicos, cognitivos e psicossociais entre vítima e acusado. Como discursou a deputada federal Erika Kokay no relatório final da CPI – 'Exploração sexual de crianças e adolescentes' no ano de 2012: *"Não existe o termo prostituição infantil, penso eu, porque crianças e adolescentes são explorados sexualmente. Quando falamos de prostituição estamos falando de pessoas adultas que exercem a atividade, capazes"* (Kokay, 2012, p.13).

Considerações

O estudo arqueológico da paisagem de gênero a partir da análise espacial de Belterra, em associação aos depoimentos disponibilizados no processo de defloramento ocorrido no ano de 1945, vêm possibilitando uma melhor compreensão sobre a situação das mulheres no contexto da cidade.

Para este texto em específico, as medidas da sintaxe espacial aliadas ao levantamento documental, em especial mapas e registros fotográficos da época, permitiram uma melhor visualização dos aspectos da paisagem que podem ter sido relevantes para o episódio de violência vivenciado pela menina menor de idade, onde a Estrada 10 e seu entorno, foram lidos como espaços segregados em relação à configuração urbana da cidade operária da Ford.

Considerando que o campo permanece em aberto, pesquisas futuras podem ainda informar sobre a presença de meninas e mulheres em outros espaços da cidade, assim como sobre as transformações vivenciadas por elas nas relações sociais e de trabalho e que superam a dicotomia público e privado visto que "sempre houve[ram] mulheres também na esfera pública, sobretudo na esfera da atividade capitalista remunerada" (Scholz, 2000, p. 11). Como narra Sousa (2005):

> As mulheres do meio popular não viviam apenas no restrito mundo do lar, como muitos queriam. Faziam incursões diversas pelas ruas da cidade, fosse em busca de uma nova morada, de alguém que procuravam caluniar, ou mesmo de uma desafeta caluniadora; passeavam e faziam compras, visitavam amigos e familiares, iam à procura de políticos e compadres, pedir ajuda ou trabalho para o marido ou amásio; levavam filhos, vizinhos e amigos para o hospital ou a delegacia; visitavam as igrejas e a tenda de curandeiros; iam à feira vender e comprar; eram rezadeiras respeitadas, operárias assediadas, donas de casas enclausuradas, espancadas ou difamadas.
>
> [...].
>
> Elas dominavam, de maneira própria, como mulheres num mundo fortemente masculinizado, os códigos que um certo viver na cidade implicavam (Sousa, 2005, p. 71).

Reafirma-se então que a reconstrução desses passados alternativos, a partir da arqueologia histórica, pode contribuir para que seja percebida, na configuração da cidade, de que forma crianças e mulheres ampliaram seus espaços de movimentação e atuação.

Referências

Althusser, L. (1971). Ideology and Ideological State Apparatuses (Notes Towards an Investigation). In: 'Lenin and Philosophy' and Other Essays. *Monthly Review Press*, pp.127-186.

Amorim, A. T. dos S. (1995). *A dominação norte-americana no Tapajós*. Santarém: Editora Tiagão.

Barnitz, L. (2005). Effectively responding to the commercial sexual exploitation of children: a comprehensive approach to prevention, protection, and reintegration services. *Child Welfare*, 80(5), 597-610.

Battle-Baptiste, W. (2010). 'Sweepin' Spirits: Power and Transformation on the Plantation Landscape. In *Archaeology and Preservation of Gendered Landscapes*, Sherene Baugher e Suzanne M. Spencer-Wood (eds.), 81-94. N.p.: Springer New York. DOI: 10.1007/978-1-4419-1501-6_4.

Baugher, S., Spencer-Wood, S. M. (2010). *Archaeology and Preservation of Gendered Landscapes*. Springer. https://doi.org/10.1007/978-1-4419-1501-6.

Beaudry, M. C. (2010). "Stitching Women's Lives: Interpreting the Artifacts of Sewing and Needlework". In Mary C. Beaudry, & James Symonds (Eds.). *Interpreting the Early Modern World: Transatlantic Perspectives* (pp. 143-158). Springer. 10.1007/978-0-387-70759-4_7.

Beaudry, M. C. (2017). Documentary Archaeology: Dialogues and Discourses. In J. Symonds, & Vesa-Pekka Herva (Eds.). *The Oxford Handbook of Historical Archaeology*. Oxford University Press, pp. 1-16. 10.1093/oxfordhb/9780199562350.013.3.

Bermejo Tirado, J. (2009). Leyendo los espacios: una aproximación crítica a la sintaxis espacial como herramienta de análisis arqueológico. *Arqueología de la Arquitectura*, 6, 47-62. https://doi.org/10.3989/arqarqt.2009.09004.

Caulfield, S. (2000). *Em Defesa da Honra – Moralidade, Modernidade e Nação no Rio de Janeiro (1918–1940)*. Editora UNICAMP.

Câmara dos Deputados do Brasil. Redação Final - CPI - Exploração sexual de crianças e adolescentes Evento: Audiência Pública Nº: 0651/12 DATA: 22/05/2012 INÍCIO: 15h08min TÉRMINO: 18h01min DURAÇÃO: 02h52min TEMPO DE GRAVAÇÃO: 02h52min PÁGINAS: 67 QUARTOS: 35. https://www.camara.leg.br/.

Carrasco, C. (2008). La economia feminista: uma apuesta por otra economia. In: Vara, Maria Jesús (ed.). *Estúdios sobre género y economia*. Madrid: Akal.

Companhia Ford Industrial do Brasil. (1935-1938). *Mapa da Concessão Ford no Plateau de Santarem*. Disponível no Acervo digital da American Geographical Society Library.

Companhia Ford Industrial do Brasil. (1935-1944). *Employees and wages paid Fordlandia and Belterra*. Acc. 74_6_number_of_employees. Disponível no acervo do The Henry Ford Archives.

Costa, F. de A. (1981). *Capital Estrangeiro e agricultura na Amazônia: A experiência da Ford Motor Company (1922–1945)*. (Dissertação de Mestrado em Desenvolvimento Agrícola apresentado à Escola Interamericana de Administração Pública da Fundação Getúlio Vargas [Vol. 1 e 2], Rio de Janeiro).

Damasceno Neto, H. M. (2019). *Amazonia, borracha e imigracao - o caso Fordlandia (1925-1945)*. (Mestrado em História Contemporânea, Faculdade de Letras - Universidade do Porto, Porto).

Decreto n. 847. (1890, outubro 11). Promulga o Código Penal dos Estados Unidos do Brazil. Governo Provisório.

Delle, J. A.; Levine, M. A. (2010). "Remembering the Women of Vine Street: Archaeology and Historic Preservation of an Urban Landscape in Lancaster, Pennsylvania." In *Archaeology and Preservation of Gendered Landscapes*, Sherene Baugher e Suzanne M. Spencer-Wood (eds.), 113-138. N.p.: Springer New York. DOI: 10.1007/978-1-4419-1501-6_6.

Einsenstein, Z. R. (1980). *Patriarcado capitalista y feminismo socialista*. Siglo Veintiuno.

Faleiros, V. P. (2004). O fetiche da mercadoria na exploração sexual. In R. M. C. Libório, & S. M. G. Souza (Eds.). *A exploração sexual de crianças e adolescentes no Brasil: Reflexões teóricas, relatos de pesquisa e intervenções psicossociais* (pp. 51-72). Casa do Psicólogo.

Federici, S. (2017). *Calibã e a bruxa. Mulheres, corpo e acumulação primitiva* (Coletivo Sycorax, Trad.). Elefante; Palabra de Clío.

Federici, S. (2019). *O ponto zero da revolução: trabalho doméstico, reprodução e luta feminista* (Coletivo Sycorax, Trad.). Elefante.

Ferreira, D. A.; Allen, S. J. (no prelo). Um olhar arqueológico sobre as paisagens industriais de Fordlândia e Belterra na Amazônia Paraense. *Revista de Arqueologia Pública*, Campinas, SP.

Foucault, M. (2016). *Vigiar e Punir: Nascimento da Prisão* (42ª ed.; 3 reimpressão). Editora Vozes.

Ginzburg, C. (2007). *O fio e os rastros: verdadeiro, falso, fictício* (pp. 249-293). Companhia das Letras.

Ginzburg, C., & Poni, C. (1989). O nome e o como: troca desigual e mercado historiográfico. In Ginzburg, C. *A micro-história e outros ensaios* (pp. 169-178). Difel; Bertrand Brasil.

Grandin, G. (2010). *Fordlândia. Ascensão e queda da cidade esquecida de Henry Ford na selva* (Novaldo Montingelli, Trad.). Rocco.

Hardesty, D. L. (2010). "Gendering Mining Landscapes". In Sherene Baugher, & Suzanne M. Spencer-Wood (Eds.). *Archaeology and Preservation of Gendered Landscapes* (pp. 293-310). Springer. 10.1007/978-1-4419-1501-6_13.

Hillier, B., & Hanson, J. (1984). *The social logic of space*. Cambridge University Press.

Hillier, B., Penn, A., Hanson, J., Grajewski, T., & XU, J. (1993). Natural movement: or, configuration and attraction in urban pedestrian movement. *Environment and Planning B*: Planning and Design, 20(1), 29-66.

Hillier, B. (2007) *Space is the machine: configurational theory of architecture*. UCL.

Hillier, B., Yang, T., & Turner, A. (2012). Normalising least angle choice in Depthmap and how it opens new perspectives on the global and local analysis of city space. J. *Space Syntax*, 3, 155-193.

Holanda, F. R. B. de M. (2012). *Ordem e desordem: arquitetura e vida social*. EdUnB.

Ingold, T. (2012). Trazendo as coisas de volta à vida: emaranhados criativos num mundo de materiais. *Horizontes Antropológicos*, 18 (37), 25–44. https://doi.org/10.1590/S0104-71832012000100002.

Justiça do Estado do Pará (1947). *Autos crime de sedução* (Art. 217). CDHBA – Centro de Documentação Histórica do Baixo Amazonas, da Universidade Federal do

Oeste do Pará, Santarém, Caixa "Estupro (1937-1969) - Criminal - Comarca de Santarém XX" - Pasta 16.

Kergoat, D. (2019). "O trabalho, um conceito central para estudos de gênero?". In *Trabalho, logo existo: perspectivas feministas* (Dora Rocha, Trad.; pp. 287-294). FGV Editora.

Klink, L. V. (2023). *O que a Arquitetura mascara? Uma Arqueologia da compartimentação, da vigilância e dos aspectos de concessão e restrição à circulação no Solar dos Ferreiras, Campanha/MG (século XIX)*. (Dissertação de mestrado, Programa de Pós-Graduação em Antropologia da Faculdade de Filosofia e Ciências Humanas, Universidade Federal de Minas Gerais, Belo Horizonte). http://hdl.handle.net/1843/55042.

Kokay, E. (2012). *CPI – Exploração sexual de crianças e adolescentes*. Câmara dos Deputados. Evento: Audiência Pública, n°: 0651/1; Data: 22/05/2012; Início: 15h08min.; Término: 18h01min.; Duração: 02h52min.; Tempo de gravação: 02h52min.; Páginas: 67; Quartos: 35.

Leone, M. (1984). Interpreting ideology in historical archaeology: using the rules of perspective in the William Paca Garden in Annapolis, Maryland. In D. Miller, & C. Tilley. *Ideology, Power and Prehistory: New Directions in Archaeology* (pp. 25-36). Cambridge University Press. https://doi.org/10.1017/CBO9780511897443.004.

Lerner, G. (2019). *A Criação do Patriarcado: história da opressão das mulheres pelos homens*. Cultrix.

Levi, G. (1992). Sobre a micro-história. In Burke, P. (org.). *A escrita da história*: novas perspectivas. São Paulo: UNESP, p. 133-161.

Levi, G. (2016). 30 anos depois: repensando a Micro-história. In P. Moreira, M. Vendrame, & A. Karsburg (Orgs.). *Ensaios de Micro-história: trajetória e migração* (pp. 18-31). Oikos.

Lima, Z. E. A. (2019). *A patrimonialização de Company Towns: o caso de Fordlândia e Belterra*. (Dissertação de mestrado em Arquitetura e Urbanismo, Programa de Pós-Graduação em Arquitetura e Urbanismo, Instituto de Tecnologia, Universidade Federal do Pará, Belém).

Little, B. J. (1994). "People with history: An update on historical archaeology in the United States". *Journal of Archaeological Method and Theory*, 1, 5-40. https://doi.org/10.1007/BF02229422.

Massey, D. (2000). Um sentido global do lugar (Pedro Maia Soares, Trad.). (Texto original publicado em 1994). In A. A. Arantes. *O espaço da diferença* (Cap. 8; pp. 177-185). Papirus.

Matos, M. I. S. (1995). "Do público para o privado: Redefinindo espaços e atividades femininas (1890-1930)". *Cadernos Pagu*, (4), 97-115. https://periodicos.sbu.unicamp.br/ojs/index.php/cadpagu/article/view/1764.

Metheny, K. (2010). "Engendering the Corporate Landscape: A View from the Miners' Doublehouse". In Sherene Baugher, & Suzanne M. Spencer-Wood (Eds.). *Archaeology and Preservation of Gendered Landscapes* (pp. 313-340). Springer. 10.1007/978-1-4419-1501-6_14.

Moreira, J. M. B. *Arqueologia da Loucura: Narrativas alternativas, cultura material e história do Hospital Colônia de Barbacena*. (Tese de doutorado, Programa de Pós-Graduação em Antropologia da Faculdade de Filosofia e Ciências Humanas, Universidade Federal de Minas Gerais, Belo Horizonte). http://hdl.handle.net/1843/45725.

Pauls, E. P. The Place of Space: Architecture, Landscape, and Social Life. In M. Hall, & S. Silliman (Eds.). *Historical archaeology: Studies in global archaeology*, Oxford: Blackwell Publishing (pp. 65-83).

Pereira, E. M. (2016). *História das instituições escolares da/na companhia Ford Industrial do Brasil na Amazônia brasileira (1927 a 1945)*. 1 recurso online (472 p.) (Tese de doutorado em Educação, Universidade Estadual de Campinas, Faculdade de Educação, Campinas, SP). https://hdl.handle.net/20.500.12733/1629962.

Pereira, J. C. M. (2012). *Os modos de vida em Belterra: um estudo de caso na Amazônia Brasileira*. (Tese apresentada ao Programa de Pós-Graduação em Ciências Sociais, Universidade do Estado do Rio de Janeiro, Rio de Janeiro).

Purser, M. (1991). Towards a Feminist Historical Archaeology of the construction of gender. In D. Walde, & N. Willows (Eds.). *The Archaeology og gender: proceedings of the twenty-second annual Conference of the Archaeological Association of the University of Cogary*. University of Calfgary Archaeological Association.

Rago, L. M. (1985). *Do cabaré ao lar: a utopia da cidade disciplinar - Brasil 1890-1930*. (Coleção Estudos Brasileiros, Vol. 90; 2ª ed.). Paz e Terra.

Rago, L. M. (1990). *Os prazeres da noite: prostituição e códigos da sexualidade feminina em São Paulo (1890-1930)*. (Tese de doutorado apresentada ao Programa de Pós-graduação em História da Universidade Estadual de Campinas). DOI: https://doi.org/10.47749/T/UNICAMP.1990.50386.

Saffioti, H. (1987). *O poder do macho*. Editora Moderna.

Saffioti, H. (2004). *Gênero, patriarcado e violência* (2ª ed.). Fundação Perseu Abramo.

Santos, M. (2008). *A natureza do espaço: Técnica e Tempo. Razão e emoção* (4ª ed.). EdUSP.

Santos Souza, T. M. (2015). "Patriarcado e capitalismo: uma relação simbiótica". *Temporalis*, 15(30), 475-494. https://doi.org/10.22422/2238-1856.2015v15n30p475-494.

Seabra, A. C. S. (2019). *Arquitetura disciplinar na Amazônia: o Educandário Dr. Nogueira de Faria – Ilha de Cotijuba – Belém – Pará*. (Dissertação, Universidade Federal do Pará, Belém).

Seabra, A. C. S. (2020). Arqueologia da Arquitetura em uma Ilha Amazônica: o Educandário Dr. Nogueira de Faria. *Vestígios - Revista Latino-Americana De Arqueologia Histórica*, 14(1), 47-73. https://doi.org/10.31239/vtg.v14i1.14869.

Scholz, R. (2000). *O sexo do capitalismo*: teorias feministas e a metamorfose pós-moderna do patriarcado (Excertos). Disponível em: http://www.obeco-online.org/roswitha_scholz6.htm.

Soihet, R. (1989). *Condição Feminina e Formas de Violência – Mulheres Pobres e Ordem Urbana (1890-1920)*. Editora Forense Universitária.

Sousa, F. G. (2005). "Na casa e... na rua: cartografias das mulheres na cidade (Campina Grande, 1930-1945)". *Cadernos Pagu*, (24), 153-174. https://doi.org/10.1590/S0104-83332005000100008.

Souza, M. A. (2002). Entre práticas e discursos: a construção social do espaço no contexto de Goiás do século XVIII. In Andrés Zarankin, & Maria Senatore (Orgs.). *Arqueologia da sociedade moderna na América do Sul: cultura material, discursos e práticas* (pp. 63-86). Tridente.

Woortmann, E. F. (1992). "Da complementaridade à dependência: espaço, tempo e gênero em comunidades 'pesqueiras' do Nordeste". *Revista brasileira de Ciências Sociais*, 7(18), s.n. https://www.anpocs.com/images/stories/RBCS/18/rbcs18_04.pdf.

Zarankin, A. (2002). *Paredes que Domesticam: arqueologia da arquitetura escolar capitalista: o caso de Buenos Aires*. Universidade de Campinas.

Zarankin, A., & Niro, C. (2009). La materialización del sadismo: Arqueología de la arquitectura de los centros clandestinos de detención de la dictadura militar argentina (1976- 1983). In P. Funari, & A. Zarankin (Eds.). *Arqueología de la represión y resistencia en América Latina (1960-1980)* (pp. 159-182). Encuentro.

Capítulo 5

UMA AUTOETNOGRAFIA MARCADA PELO PROCESSO HISTÓRICO DA LINHAGEM MATRILINEAR KUMARUARA

Luana da Silva Cardoso

(Luana Kumaruara)

Introdução

Aqui vai ser transcrita uma autoetnografia, vou falar da minha origem, dos Kumaruara, para que as/os leitoras/es possam compreender melhor meu lugar de fala. Para isso, é necessário que conheçam quem é o povo Kumaruara, onde está localizado e sua história. Observei que na literatura etnológica pouco ou nada se fala sobre meu povo. Infelizmente, ou felizmente, existem apenas as minhas publicações: acadêmica (Cardoso, 2019a, 2019b) e algumas matérias e colunas jornalísticas em sites, como Racismo Ambiental[49], do Conselho Indigenista Missionário (CIMI)[50], Mídia Ninja[51], Tapajós de Fato[52], entre outros. Passei a escrever denúncias ou informativos sobre os casos que aconteciam no território. Portanto, como Kumaruara e antropóloga, assumo essa responsabilidade. Este capítulo é um resumo do meu trabalho acadêmico de dissertação de mestrado.

Esta pesquisa trata do papel político e de militância de lideranças indígenas femininas que atuam na mobilização, no enfrentamento e na defesa da vida e dos seus territórios indígenas. Descrevo a atuação e articulação das mulheres indígenas do baixo Tapajós, atentando às contradições, aos conflitos sociais e pessoais e às redefinições das relações de poder envoltas nesses

---

[49] Ver em: https://racismoambiental.net.br/2018/01/10/encontro-de-mulheres-indigenas-da-regiao-do-baixo-rio-tapajos-pelos-direitos-pela-cultura-e-pelas-tradicoes/.
[50] Ver em: https://cimi.org.br/2018/09/indigenas-participam-da-assembleia-de-mulheres-na-aldeia-acaizal/.
[51] Ver em: https://midianinja.org/news/encontrao-mulheres-indigenas-do-baixo-tapajos/.
[52] Ver em: https://www.tapajosdefato.com.br/noticia/238/mulheres-indigenas-do-tapajos-seguem-firme-na-luta-.

processos políticos. Esses papéis de liderança são aqui lidos como formas de mediação social decorrentes da construção de autoridade acadêmica e militante dessas mulheres. Refletir sobre esses processos e papéis é refletir sobre as estratégias políticas e parte da minha vivência junto às histórias de vida de tantas mulheres que atuam como lideranças indígenas mulheres no Brasil.

Como abrangência, construo esta análise no contexto do início do processo de organização das mulheres indígenas do baixo Tapajós para ativação do Departamento de Mulheres Indígenas na região do baixo Tapajós, desde 2016. Com várias trocas, contribuições e perspectivas sobre o movimento que veiculamos desde então, refletindo sobre as contraposições e convergências no papel político e/ou da militância das principais lideranças femininas que atuam na mobilização e no enfrentamento à violência, na defesa da vida e dos territórios, incluindo nossos corpos.

Essa organização coaduna, de certa forma, com o conceito de territorialização proposto por João Pacheco de Oliveira (1998):

> O que estou chamando aqui de processo de territorialização é, justamente, o movimento pelo qual um objeto político-administrativo — nas colônias francesas seria a "etnia", na América espanhola as "reducciones" e "resguardos", no Brasil as "comunidades indígenas" — vem a se transformar em uma coletividade organizada, formulando uma identidade própria, instituindo mecanismos de tomada de decisão e de representação, e reestruturando as suas formas culturais (inclusive as que o relacionam com o meio ambiente e com o universo religioso). (Pacheco de Oliveira, 1998, p. 56).

Parto também de uma análise sobre a minha militância de mulher indígena, da minha vivência no território, ou seja, a partir da minha vivência junto à história de vida de outras parentas que são lideranças em organizações indígenas e organizações de mulheres indígenas.

Minha relação enquanto pesquisadora observante-participante-militante é uma tarefa dificílima. Primeiro porque meu campo é diário, é praticamente impossível me desligar das responsabilidades políticas do movimento e incorporar somente a intelectual indígena. Esses dois papéis que eu cumpro são complementares, por isso, é impossível separá-los. É graças a toda essa militância e às experiências junto às lideranças, que me construo como uma intelectual indígena militante, a partir do meu lugar de fala no mundo acadêmico, descolonizando narrativas construídas ao longo de toda a história de colonização. As mulheres indígenas/indígenas mulheres estão no *front* da luta para demarcar nossos territórios e demarcando nosso lugar nas universidades com os nossos corpos.

Às vezes, sou um pouco "direta" para descrever ou relatar o campo, outras vezes quero até falar e discutir determinados assuntos, mas não posso em função do entendimento da delicadeza de determinados temas. Neste artigo, exponho e analiso discursos de lideranças durante reuniões, audiências públicas, assembleias, entrevistas diretas ou abertas, além de conversas e diálogos que mantivemos ao longo dos processos. É importante dizer que este trabalho se constrói desde meu corpo e compartilhamento de vivências, emoções e sentimentos junto a essas pessoas. O trabalho de campo percorre desde meu ingresso na universidade até os dias de hoje.

Na perspectiva de explicitar meu lugar de fala na pesquisa, apresento minha trajetória de vida. Quando me proponho a desenvolver sobre questões de gênero, entendo ser indispensável mostrar minimamente para o/a leitor/a de qual ponto de vista projeto a realidade social que estudei e qual entendimento tenho do meu papel enquanto pesquisadora, antropóloga e indígena mulher, enfim, como Luana Kumaruara[53].

Nesta pesquisa, discorro a partir da perspectiva do trabalho da intelectual indígena e antropóloga Elisa Ramos (2020), conhecida como Elisa Pankararu, que faz um debate de lideranças indígenas mulheres, marcado pela história de organização de mulheres indígenas da Articulação dos Povos e Organizações Indígenas do Nordeste, Minas Gerais e Espírito Santo (APOIME). A parenta Elisa (2020) aponta que nesses espaços acontecem a equidade de gênero, em que as mulheres atuam com o mesmo poder de voz e decisão que os homens, teorizando sobre o feminismo comunitário em sua interface com o feminismo indígena no Brasil, que se embasa na proposta do feminismo comunitário.

A autora afirma que este é um assunto pouco abordado no Brasil, e eu reforço ao dizer que é um assunto delicado a tratar. Porque é um debate que ainda está sendo pouco discutido no próprio movimento de mulheres indígenas. Nós dialogamos mais com o feminismo comunitário, a partir de intelectuais indígenas na América Latina. Outra intelectual indígena, a boliviana Adriana Guzmán, define o feminismo comunitário como um movimento e não como uma teoria. Segundo a autora, o feminismo comunitário não é uma teoria, é uma ação política (Guzmán, 2016).

---

[53] Na língua materna nheengatú, na escrita o "c" é substituído por "k" - kumaru (espécie de árvore) + ara (origem) = kumaruara.

No começo das minhas pesquisas, pensei muito em escrever sobre gênero e feminismo, considerando que são questões que ainda estamos dialogando dentro do movimento nacional de mulheres, e que é desde a ação ou prática política que nos autoidentificamos e nomeamos nossas lutas. Assim, decidi trazer elementos dessa discussão ao longo do texto e outras reflexões. Por exemplo, o conceito de "indígenas mulheres", ouvi falar desse conceito fora das aldeias, dos territórios, e causou um pouco de estranheza também para minhas parentas do baixo Tapajós. Percebi que quem usa mais esse termo, são as parentas que estão mais ligadas à Academia, às universidades, por isso, às vezes vou me referir às duas categorias, "mulheres indígenas/indígenas mulheres", mas na maioria das vezes a categoria será a de mulheres indígenas mesmo, porque foi o que mais ouvi durante essa trajetória temporal de militância junto a elas. A definição de indígenas mulheres é para afirmar que o gênero veio depois, e que temos um pertencimento ancestral, anterior ao sexo (Kayapo, 2020).

Quem é Luana Kumaruara?

Meu nome de batismo é Luana da Silva Cardoso, sou da etnia Kumaruara, venho de linhagem matriarcal Kumaruara, na qual as mulheres se constituem como o esteio da família. Sou filha de Hélia Maria Gama da Silva (mãe), que é filha de Lídia Gama da Silva (avó), que é filha de Sofia Gama da Silva (bisavó), que era filha da Luzia Gama, todas nativas do Tapajós. Essa é a corrente ancestral feminina Kumaruara que corre em minha veia. Enquanto a linhagem patriarcal, os homens estão fora do grupo étnico Kumaruara.

Minha mãe, Hélia Kumaruara, nasceu na aldeia de Solimões às margens do rio Tapajós (Santarém, Pará) no ano de 1963. Aos 14 anos, minha mãe foi morar em Belém. Ela foi entregue para ser criada em casa de outras famílias na cidade. Isso aconteceu com muitas crianças e adolescentes dessa época, devido à ocorrência de uma epidemia de tuberculose nas aldeias, que chegou a dizimar muitas crianças indígenas.

Quando ainda jovem, em Belém, conheceu meu pai, Walkyrio Mattos Cardoso, natural de Salvador-Bahia. Minha mãe e meu pai tiveram três filhas: Elen, a mais velha; eu, sou a segunda filha e Tainan, a caçula. A história familiar do meu pai, até a pandemia, não tinha informação nenhuma, até uma irmã minha (Marise Cardoso) encontrar um artigo meu e entrar em contato comigo por e-mail, desde então estou conhecendo aos poucos minha ancestralidade baiana.

Por volta de 1990, com a separação dos meus pais, minha mãe retornou com a gente para seu lugar de origem, a aldeia Solimões. Meu pai não estava de acordo que nós vivêssemos lá. Então, ele resolveu se mudar para a cidade de Santarém, comprou uma casinha simples de madeira e nos tirou da aldeia para morar com ele na cidade. Ele queria ficar mais próximo das filhas, acredito que ele já sabia que estava doente, com problema cardíaco. Eu e minhas irmãs moramos com ele por aproximadamente um ano até ele ir a óbito. E o pedido dele para minha mãe, era que priorizasse nossos estudos, já estávamos matriculadas e estudando na cidade.

Na aldeia onde morávamos tínhamos muitas dificuldades para o acesso à educação escolar: as crianças sofriam andando cerca de uma hora da aldeia Muruary[54] até a aldeia de Solimões (às margens do rio Tapajós) para terem acesso e chegarem na escola, que funcionava na modalidade seriada com apenas uma professora ensinando crianças de várias séries. Naquela época, a professora era dona Neusa, única pessoa adulta alfabetizada, que atualmente é uma das pajés da aldeia.

Depois do falecimento do meu pai, passamos a morar com minha mãe, que já tinha outro companheiro, com quem casou e teve também três filhos/as: Suelen, Hélida e Wemerson (falecido). A partir de então, minha mãe passou a ter a nossa guarda e passou por muitas dificuldades para nos manter na cidade. Vivíamos assim, "um pé lá, outro cá", entre a aldeia e a cidade. Como na aldeia não tinha escola, permanecíamos mais tempo na cidade, mas no período de férias escolares minha família e eu íamos para Solimões. Naquela época, o Solimões era um aldeamento com poucas famílias. Todas tinham suas colônias onde faziam o plantio do roçado, onde desenvolviam a agricultura familiar.

Nesse período, eu tinha entre 4 e 5 anos de idade. Nosso cantinho é um lugarzinho no meio do mato, chamado Canta Galo (lugar batizado pela minha bisavó Sofia), que fica a uma hora de caminhada, saindo da aldeia de Solimões para aldeia Muruary, localizado no meio da mata com uma área de campo de mata baixa, onde tem o lago do Muruary, que é um braço do lago do Capixauã, foz do rio Tapajós.

A minha bisavó Luzia, mãe da vó Sofia, era Kumaruara com parentesco do povo Tupaiú[55]. Hoje em dia, "tiramos brincadeira" com os parentes

---

[54] Vem do nome do indígena guerreiro, o primeiro que habitou as margens do lago Muruary, antiga ocupação do meu povo e recentemente retomada.

[55] http://novacartografiasocial.com.br/download/04-territorio-terra-dos-encantados-povos-tupaiu-tapajo--e-arara-vermelha-santarem-pa/.

Tupaiú do território dos Encantados[56], que fica para as margens do rio Arapiuns e de fundos com o território Kumaruara. Nós dizemos que quando eles passam para o nosso território, eles são Kumaruara e quando passamos o limite do território deles, somos Tupaiú.

É uma "brincadeira" que temos por conta da nossa relação de parentesco e do elo entre as famílias: minha mãe, por exemplo, tem o sobrenome português "Gama", o mesmo dos parentes Tupaiú, Daciel e Darci, que são bisnetos da vó Gertrudes (irmã da bisavó Sofia Gama), mais conhecida por Gitoca. O pai da minha bisavó, João Gama, companheiro da minha tataravó Luzia, era português. João Gama possuía um alambique, sabia construir canoas e produzia cachaça e outras mercadorias. Conforme o relato da minha avó Lídia Gama, a respeito dos parentes e do trabalho desenvolvidos por eles em tempos antigos:

> Eu nunca abelhudei se eles eram dali mesmo, do Gurupá, de dentro do Arapiuns mesmo. Tem uma turma de Gama aí pro Amazonas. Só que ela [minha bisavó Sofia] disse que esses eram o que tinham fugido da época da Cabanagem, fugiram pra se livrar, mas não disse que o pai dela tinha fugido. Ele [João Gama] sabia fazer batelão, canoa e vendia tudo pra Santarém. O alambique, acho que foi ele quem fez, com certeza. Ele plantava cana-de-açúcar pra fazer cachaça. Quando me entendi ainda vi um cocho[57] assim grande de pau, era aqueles torão de pau, cerravam de um lado e de outro, alimpavam bem, faziam um buraco, metiam uma tampa dos dois lados, e outra em cima pra tampa. (Entrevista com Lídia Gama, na aldeia Solimões, em 2020).

> Pra moer no engenho era muitos homens trabalhavam nesse alambique, uns 7 homens pra moer a cana, quando os homens cansavam, entravam os bois, quando paravam os bois paravam, homens para rolarem o engenho, até terminar, trabalhavam dia e noite.

> Ela [Sofia] dizia que tinha 6 cochos daqueles, onde ficava a bebida para apurar (fermentar) enchiam de garapa. Depositavam a garapa

---

[56] Encantados ou Encantadas: bichos do fundo dos rios, cobras grandes, bichos das matas, como os/as curupiras e tantos outros seres que fazem parte da nossa cosmologia. Há diversos trabalhos acadêmicos sobre esses seres, que não podem ser encarados como uma coisa só e homogênea. No livro *Isso tudo é encantado*, de Florêncio Vaz Filho e Luciana Carvalho ao programa Hora do Xibé, da Rádio Rural de Santarém em 2013.

[57] Cocho: feitos de troncos de madeira, onde fermentavam o líquido que era produzido da cana-de-açúcar para apurar a bebida e transformar em cachaça.

dentro daqueles cochos, passavam 15 a 20 dias ali, quando iam abrir, era tanto do bicho ali dentro. A mamãe disse "cachaça é muito porco". Tiravam de lá pra ferver, tiravam aquele babujo todo pra poder passar pro alambique, depois de tirar todo aquele sujo. Cozinhava com fogo, ainda vi um buracão, o fogo varava por debaixo da terra. Primeiro saía uma cachaça fedorenta, depois o álcool verdadeiro, apurado, depois que vinha a cachaça boa, era dia e noite pra cozinhar. Primeiro ficava uma cachaça baré, fedorenta, depois que aprontava a cachaça. Eram 4 a 6 homens trabalhando pra botar lenha toda hora. (Entrevista com Lídia Gama, na aldeia Solimões, em 2020).

Não ouvi muitas histórias sobre o João Gama, na aldeia, sempre falavam em minha bisavó Sofia. Somente durante meu trabalho de pesquisa, realizado em 2020, é que me interessei em perguntar à minha avó sobre João Gama, e descobri muita coisa que não sabia. Ele tinha um alambique e plantação de cana-de-açúcar. Na sua localidade, chamada Boa Esperança, eles produziam cachaça e vendiam nas comunidades e em Santarém.

Sempre ouvi falar sobre a localidade de Boa Esperança, pois é conhecida pela festa da Santa Luzia, realizada pela minha bisavó Sofia antigamente. De acordo com relatos dos Kumaruara, era "um festão": três dias de festa e vinha gente de todo lugar; era oferecido comida e bebida de graça, a Figura 2 mostra um registro da festa, com minha bisavó e outras parentes.

Figura 1

Eu, menina, com a garotinha no colo; minhas irmãs, meu irmão e primos, 1994

Notas. Foto: Acervo pessoal de minha mãe Hélia Kumaruara.

Figura 2

Minha bisavó Sofia, ela sempre liderou as grandes festas na aldeia de Solimões. Aqui acompanhada do meu avô Cumaru, à direita; meu tio Raimundo, à esquerda, e seus outros sobrinhos, década de 1980

Notas. Foto: Acervo pessoal de Arlete Kumaruara.

Figura 3

Vestígio do cilindro em que moíamos cana, 2020

Notas. Foto: Luana Kumaruara.

Quando eu morei no Cantagalo, durante minha infância, cultivávamos cana-de-açúcar e lembro que tinha um cilindro feito de tronco de árvore, bem no meio do terreiro. Ainda existem vestígios desses objetos (Figura 3). Moíamos cana para tudo, bebíamos a garapa feito suco e para adoçar o café, e plantávamos cana-de-açúcar, café e cacau. Tinha de tudo o que era necessário para nossas vivências: abacateiro, tamarino, laranja, tucumã, açaí, bacaba, cupuaçu, araçá, urucum, limão, manga, limão, limão--galego, vinagre, pimenta dentre outras árvores frutíferas. Também tinham ervas medicinais, como amador, melhoral, vicki, cumaruzinho, folha grossa, crajiru, manjericão, vindicá, "açaizinho", capim-santo. E ainda existia um lindo jardim de flores.

No Cantagalo tudo plantávamos, tudo comíamos. Como morávamos mais dentro do mato do que na beira do rio, comíamos mais alimentos derivados da raiz e caça (cutia, jacaré, veado, guariba, tatu etc.). No roçado, além da mandioca e macaxeira, havia uma diversidade de raízes: batata,

batata-doce, cará-roxo, cará-espinho, manicuera. Trabalhávamos na roça, produzíamos farinha, beiju, tapioca, curueira, tucupi para garantirmos por um bom tempo nosso sustento na cidade. Da minha infância lembro coisas como o sabor do leite de *sucuba*[58] que tomávamos, o café (que nós mesmas plantávamos, colhíamos e moíamos) tirado do cafezal que meu avô plantou no caminho que descia para o igarapé. O café era torrado na vasilha de barro que minha bisavó fazia e socávamos no pilão, adoçado com a garapa da cana-de-açúcar que nos mesmos fazíamos, esse gosto do café nunca mais provei igual.

Hoje, tenho o desafio de criar meus filhos nesses dois mundos. Sou mãe da Yara Kumaruara da Silva Neves (6 anos) e do Kauê Borari Kumaruara (4 anos)[59]. Esforço-me muito para levar eles para a aldeia, conhecer e aprender um pouco da nossa cultura, porque só vivenciando para se sentir parte e pertencente do povo Kumaruara. Isso tem funcionado, pois eles são curiosos e têm muito orgulho de afirmar sua identidade indígena.

A experiência deles é diferente da minha, pois quando fui para cidade, só depois de adulta que dizia que era indígena, não queria ser olhada com estranheza, ou porque não estava preparada para encarar o preconceito da sociedade, instituído por um racismo estrutural (Almeida, 2018) que está na base da formação da nação brasileira. Lembro que pedi para minha mãe não cortar minha franja, não queria mais ser chamada na escola de "cara de índia". Almeida fala de como existe o racismo de forma individual. O racismo estrutural diz respeito aos efeitos causados pelos modos de funcionamento das instituições que concede privilégios a determinados grupos de acordo com a raça. Para o autor, "as instituições são a materialização das determinações formais na vida social" (Almeida, 2018, p. 30).

As mulheres indígenas da região do Tapajós possuem um histórico para a liderança, a partir das várias frentes de linhagem matriarcal que comprovam essa (re)existência. Exemplo disso é a história de Maria Moaçara, citada nos trabalhos de Mark Harris (2015) e Almir Carvalho Júnior (2005)[60]:

---

[58] É uma espécie de árvore da Região Norte do Brasil, árvore silvestre, de líquido branco com propriedades medicinais: cicatrizante e anti-inflamatórias, antitumorais, vermicida e que auxilia no tratamento de gastrite e broncopneumonia.

[59] Sobre essa minha experiência, ver a reflexão que eu faço em Cardoso (2019).

[60] A palavra "Moacara", que padre Bettendorf usa para designar "princesa", na realidade, é um título usado pelas mulheres, "pricipalezas".

Em 1661, uma das lideranças tapajó era uma mulher que havia sido batizada de Maria e recebido o nome moaçara para designar uma alta posição hierárquica. Os índios tapajó costumavam escolher, além de seus líderes comuns, uma mulher como um outro tipo de chefe. O cargo estava ligado à posição de oráculo, isto é, um tipo de profeta que conta o futuro (Bettendorf, 1990: 172). Após sua morte em 1678, não há nenhum outro indicativo que tenha existido alguma mulher ocupando a posição de liderança entre os Tapajó, mas um visitante jesuíta afirmou que uma nação vizinha tinha uma chefe mulher no início do século XVIII. Maria Moaçara chegou e tomou para si a liderança geral da missão, ou era, pelo menos, a figura principal de autoridade com quem Bettendorf e Misch lidavam (Harris, 2015, p. 52).

[...] No mesmo período, já na aldeia dos Tapajós, a principaleza Moacara, índia que liderava sua nação, lhe pede um frasco de aguardente para que pudesse fazer as pazes com diversas nações. Bettendorff dá o frasco sem pestanejar. No texto de Bettendorff, vários desses homens são mencionados. Não somente homens, também uma mulher: Maria Moacara, chamada por Bettendorff de principaleza dos Tapajós. (Carvalho, 2005, p. 177).

Conta ainda Bettendorff que os Tapajó tinham por tradição, juntamente com seu principal, escolher uma mulher "de maior nobreza, a qual consultam em tudo como um oráculo, seguindo-a em o seu parecer". Uma destas mulheres, já anteriormente citada, chamava-se Maria Moaçara – com a ressalva que Moaçara antes de ser um nome era um título que o jesuíta diz significar "fidalga grande". Esta mulher que detinha entre os seus um poder razoável, sendo chamada de princesa, casou-se com um português depois da morte de seu marido. (Carvalho Júnior, 2005, p. 265).

Maria Moaçara foi uma liderança que surgiu no contexto colonial, uma mulher entre mundos, mas diferente das outras por possuir um poder que a fazia especial e detentora de certos benefícios que não eram comuns entre as outras mulheres. A índia que fugiu para que não lhe batizassem o filho era uma dessas cristãs (Carvalho Júnior, 2005, p. 267).

Uma questão importante de destacar na organização social Kumaruara é a característica da sua linhagem matrilinear, como tento esquematizar nos diagramas de parentesco matriarcal a seguir (Figuras 4 e 5). Os destaques pintados em cinza representam esse aspecto. A aldeia Solimões é marcada fortemente por uma organização matriarcal e matrilinear, seguindo uma linhagem Kumaruara pelo sexo feminino. Por exemplo, minha filha já está na quinta geração da minha bisavó, que já se afirmava indígena, e os homens desde a geração da minha bisavó não eram daqui, sempre foram homens fora do grupo. João Gama, meu tataravô, era descendente de português. Minha bisavó Sofia nunca gostou de falar quem eram os pais dos filhos que ela teve. Atualmente, em conversas com minha mãe e minhas tias, entendemos esse silêncio como uma questão de violência que as mulheres sofreram e sofrem com a colonização. É provável que esses filhos sejam fruto de estupros, que é o caso do pai da minha avó Lídia e das irmãs dela, elas não sabem quem ele é.

Figura 4

Diagrama de parentesco dos meus antepassados, citados no histórico da linhagem matrilinear Kumaruara

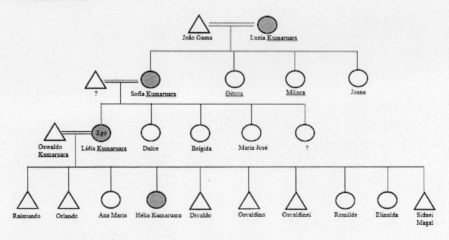

Notas. Elaborado pela autora, 2020.

Figura 5

Diagrama de parentesco da minha família

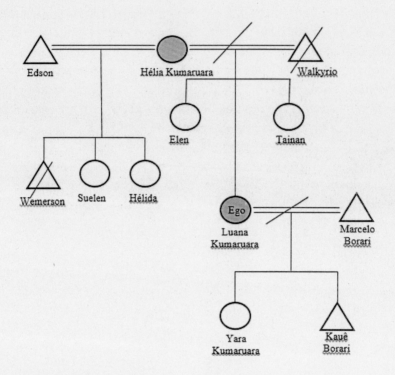

Notas. Elaborado pela autora, 2020.

    Depois vem o casamento da minha avó com meu avô (negro, descendente de escravizados). Meu avô não sabia dizer muito sobre suas origens, ele também pouco gostava de falar, mas comentava que separavam suas famílias. Eles eram comprados e nunca mais tinham notícias dos parentes. O'Dwyer e Silva (2020) analisaram essa questão da escravidão no contexto regional do baixo Amazonas e demonstraram, a partir da literatura de viajantes, como a relação entre indígenas e negros constituiu-se como uma experiência colonial compartilhada.

    Em seguida, vem a minha mãe, que teve dois casamentos, o primeiro com um baiano e o segundo com um maranhense, e eu, que tive dois filhos com um indígena pertencente ao povo Borari, de Alter do Chão. Essa é uma configuração muito própria que observei entre nosso povo: as mulheres não costumam se desligar do grupo, são os homens que passam a ter uma relação de parentesco com as Kumaruara. E fiz também essa comparação com as parentas Borari, de Alter do Chão, pelo mesmo motivo, denominam-se de uma linhagem matriarcal, em que o sexo feminino prevalece e se destaca.

Figura 6

Minha mãe, junto com suas irmãs e a vovó, 2018

Figura 7

Eu, junto com minha mãe, tias, irmãs e sobrinhas, foto tirada depois do ritual de encerramento do Encontro de Mulheres na aldeia Solimões em 2018

Notas. Foto: Acervo pessoal da autora.

Notas. Foto: Vanessa Barros, 2018.

É interessante o cenário de hoje, onde observo as mulheres indígenas relacionando-se mais com parentes (indígenas). Eu tive filhos com um Borari, minha irmã (Tainan) com um Kumaruara, assim vemos um crescente de relacionamentos conjugais de outras parentas, o grande encontro entre etnias na universidade, também está proporcionando muitos casamentos interétnicos ou de indígenas com quilombolas. Vou falar um pouco da minha experiência, quando tentava me relacionar com homens não indígenas: quando não era discriminada pela mãe deles, eles não me levavam para conhecer a família, isso me intrigava, pois havia resistência em me assumir publicamente e eu me sentia desvalorizada.

Depois que entrei na universidade, tornei-me liderança e comecei a viajar e transitar por lugares e espaços públicos, veio o assédio sexual. Eu sabia que era por ser jovem, bonita e uma mulher indígena, era a forma que me olhavam e me tratavam, sei que era a vontade de se "deitar com uma índia", as mulheres indígenas e negras são atravessadas pela violência sexual histórica no Brasil. E essa sexualização e objetificação do corpo da mulher indígena, é bem explícita nos primeiros relatos de viajantes quando começa a invasão portuguesa, como descreveu Pero Vaz de Caminha[61]:

> Eram pardos, todos nus, sem coisa alguma que lhes cobrisse suas vergonhas. Nas mãos traziam arcos com suas setas. Vinham todos os rijos sobre o batel; e Nicolau Coelho lhes fez sinal que pousassem os arcos. E eles os pousaram. [...] Ali andavam entre eles três ou quatro moças, bem moças e bem gentis, com cabelos muito pretos, compridos pelas espáduas, e suas vergonhas tão altas, tão cerradinhas e tão limpas das cabeleiras que, de as muito bem olharmos, não tínhamos nenhuma vergonha. [...] E uma daquelas moças era toda tingida, de baixo acima daquela tintura; e certo era tão bem-feita e tão redonda, e sua vergonha (que ela não tinha) tão graciosa, que a muitas mulheres da nossa terra, vendo-lhe tais feições, fizera vergonha, por não terem a sua como ela. (Caminha, 2003, p. 5).

Essa discussão também é debatida no trabalho de Anne Mcclintock (2010) sobre as relações entre gênero, raça e classe nas colônias britânicas, e como as questões de gênero também influenciam o nacionalismo nessas áreas colonizadas. Estas três categorias: gênero, raça e classe, estão interligadas, uma não existe sem a outra. Além disso, as relações estabelecidas em territórios colonizados têm como principal base a imposição de políticas da violência. As situações pelas quais eu passei indicam que muitas características do passado colonial estão presentes até hoje.

Em vários momentos tive que me posicionar e intervir, pedindo respeito. Eu ainda falava: "isso é assédio", e na maioria dos ambientes em que eu transitava, estava ali como única mulher. O espaço mais difícil de interagir e sobreviver foi o Conselho Distrital de Saúde Indígena (CONDISI), no qual, dentre os 34 conselheiros de saúde indígena, havia apenas três mulheres indígenas. Lá sofri abuso sexual, fui molestada por um parente. Falei para o coordenador do Distrito Sanitário Especial Indígena (DSEI) o que tinha acontecido e de nada adiantou. Entendiam que eu teria provocado a situação e foi um dos motivos que levaram a me afastar da composição do CONDISI por um tempo, mas fui para as bases reivindicar a paridade de gênero no CLSI (Conselho Local de Saúde Indígena), e hoje temos 12 mulheres compondo o CONDISI.

---

[61] Ver em: http://objdigital.bn.br/Acervo_Digital/Livros_eletronicos/carta.pdf.

Eu tinha acabado de sair de um processo por essas situações de denúncias, além de eu não ter condições financeiras para pagar um processo, estava sem psicológico para travar mais essa batalha com o patriarcado, mas são experiências que vivi na pele e penso em buscar formas para que outras parentas não tenham que passar pelas mesmas situações. A busca de tentar garantir a paridade de gênero hoje em qualquer composição dentro do movimento indígena, acredito que já seja um bom início. E os conselhos de saúde locais da região do baixo Tapajós são o que mais têm representatividade de mulheres indígenas.

Em 2018, os conflitos intensificaram-se no baixo Tapajós. Fui ficando cada vez mais visada por estar sempre presente nas intervenções e eventos, como audiências públicas, manifestos, assembleias etc. Paralelamente a isso, havia as demandas junto ao Estado por políticas públicas.

Foi um ano difícil, principalmente quando o cenário da conjuntura política começou a mudar e sentimos logo o impacto. Ano de eleições e logo depois das eleições presidenciais, tivemos um embate com sojeiros[62], na TI Munduruku do Planalto. Durante a visita dos membros da Comissão Interamericana de Direitos Humanos (CIDH), fui agredida por um sojeiro, que quebrou meu celular quando eu fazia o registro dele, junto com Edward Luz, tentando impedir que a reunião acontecesse. Fiz boletim de ocorrência, mas nada foi apurado.

Acredito que de todos os momentos que vivenciei na minha militância, esse foi o mais difícil, pois eu fui agredida fisicamente. Percebi que precisava me formar na graduação e sair de Santarém, esperar a poeira baixar, porque se eu continuasse lá, eu iria atuar fortemente junto ao movimento indígena e sentia que corria perigo. Conheci Katiane Silva, minha orientadora, que falou sobre o processo seletivo do Programa de Pós-graduação em Antropologia da Universidade Federal do Pará (PPGA/UFPA), a nível de mestrado, que tinha política de ações afirmativas para indígenas e quilombolas. Pensei: "Essa é minha chance de dar um tempo daqui". Fechei-me para tudo, foquei em terminar a escrita do TCC e concluir o curso de Antropologia na Universidade Federal do Oeste do Pará (UFOPA). Em fevereiro de 2019, defendi o TCC, dias depois recebi o resultado que tinha passado no mestrado em Antropologia no PPGA/UFPA. Hoje, minha militância vem assim, não só no enfrentamento de corpo, mas também, como muitas lideranças falam, "com a caneta e o papel". É a forma que resolvi me armar.

---

[62] A categoria sojeiro é como as pessoas se referem aos empresários produtores de soja na região.

O corpo demarcando o território

Sou antropóloga e em 2019 graduei-me na UFOPA. Desde que escolhi fazer Antropologia, já pensava em estudar a história dos povos indígenas, nossa história. Durante a graduação, os projetos de pesquisas e de extensão dos quais participei foram voltados para populações tradicionais na Amazônia, sobretudo o povo Kumaruara, ao qual pertenço. Sou liderança, represento meu povo Kumaruara no conselho territorial do Conselho Indígena Tapajós Arapiuns (CITA) e sou membra no Conselho Distrital de Saúde Indígena (CONDISI) do Distrito Sanitário de Saúde Indígena Guamá-Tocantins (DSEI GUATOC). Ou seja, sou indígena, mulher, mãe, liderança e estudante. Sou um exemplo dos diversos papéis sociais que exercemos e tentamos conciliar em nosso percurso acadêmico (Cardoso, 2019a, 2019b)[63].

Em 2012, prestei o Processo Seletivo Especial Indígena e consegui realizar meu sonho de estudar Antropologia na UFOPA. No primeiro ano de curso, conheci muitos/as parentes/as, passei a frequentar o turno da noite, pois ainda mantinha um vínculo empregatício. Era difícil estudar algumas disciplinas no período integral. Durante um ano não fui contemplada com bolsa estudantil. Passei um ano sem bolsa, com o desafio de conciliar os estudos, o trabalho, os afazeres domésticos e familiares. Em meio a tantas dificuldades, fui começando a me integrar junto ao movimento indígena. Sempre falo que a "universidade me descobriu".

Logo que ingressei na universidade, percebi que há reserva de vagas para indígenas, mas não havia garantias de permanência desses estudantes na cidade. Eu não era única que não recebia bolsa. Além disso, o pagamento dos/as bolsistas sempre atrasava. Assim, eu vivenciava as dificuldades de muitos/as parentes, uns chegaram a morar comigo e outros/as desistiram. É muito triste ver os/as parentes/as desistindo de realizar o sonho, que é estudar e não ter esse direito, por um processo naturalizado de exclusão social.

Em 2013, dois parentes, o João Tapajós (estudante do curso de Antropologia) e o Poró Borari (estudante do curso de Pedagogia), tiveram a oportunidade de participar do I Encontro Nacional de Estudantes Indígenas (ENEI), realizado na Universidade Federal de São Carlos (UFSCar). Ao retornarem, eles compartilharam suas vivências no evento, relatando as experiências de organização de parentes de outras regiões e, assim, tivemos a iniciativa de criar o Diretório Acadêmico Indígena (DAIN) no âmbito da UFOPA.

---

[63] Artigo mais detalhado falando sobre essa trajetória está disponível em: https://www.tellus.ucdb.br/tellus/article/view/634/536.

A partir daí, começamos a nos organizar como estudantes indígenas dentro e fora da universidade: saíamos pelas ruas protestando contra o descaso com os indígenas e reivindicando assistência da universidade, isso ocorreu durante uma programação da Semana dos Povos Indígenas no intitulado "Dia do Índio", em 19 de abril de 2013.

Após o ato, ainda sofremos racismo em redes sociais, com comentários ofensivos e preconceituosos sobre a nossa presença e reivindicação. Situações corriqueiras que enfrentamos quando revolvemos protestar e reivindicar nossos direitos, como o parente João Tapajós começa descrevendo em seu trabalho: "Hum! Tu é índio, é?! Tu nem anda mais nu!". "Esses falsos índios, com pena de galinha na cabeça, pintados com carvão!". "Isso lá é índio!? Já estuda e tem celular!". "Índio agora não é mais besta"[64] (Pereira, 2017, p. 15).

Assim, comecei a militar no movimento indígena, junto a outros/as jovens lideranças indígenas que, independentemente da idade, lutavam com bravura e sabiam porque estavam ali. Meu ativismo indígena começou no Grupo de Consciência Indígena (GCI). O GCI vem atuando desde 1997, em Santarém, no Pará, com o objetivo de levar informações às pessoas para se identificarem como indígenas na região do baixo Tapajós, a partir da valorização da história, cultura e identidade desses povos na região.

Figura 8

Na Pró-Reitoria com os ex-pró-reitores da UFOPA

Figura 9

Os estudantes indígenas protestando pelas ruas de Santarém, no 19 de abril de 2013, caminhando do Campus Amazônia para o Campus Tapajós da UFOPA, reivindicando bolsa permanência

Notas. Foto: Luana Kumaruara, 2013.

Notas. Foto: Luana Kumaruara, 2013.

---

[64] Foram falas racistas, proferidas em mídia jornalística que depois ameaçamos processar. João Tapajós foi o primeiro indígena a se formar em Antropologia pela UFOPA. Usou esse pronunciamento em seu Trabalho de Conclusão de Curso (Pereira, 2017).

Os membros do GCI eram militantes ligados à Igreja Católica, professores e estudantes universitários que faziam visitas às comunidades e aldeias com rituais e reuniões sobre a consciência e a identidade indígenas, realizando as Semanas dos Povos Indígenas, cursos sobre direitos e políticas indígenas/indigenista e intercâmbio com parentes de outras regiões para revitalizar as línguas maternas que estavam vivas, mas não registradas. O trabalho de Bruna Vaz (2021), também indígena e antropóloga, faz um contexto histórico dessa organização social do movimento indígena, utilizando como fonte relatos pela voz da Emanuela, indígena Kumaruara, e uma das agentes pioneiras do Grupo de Consciência Indígena.

> A região do baixo rio Tapajós experimenta um novo momento político e social desde o final do século XX. A partir da década de 1990 parte das comunidades rurais, denominadas pela literatura de "caboclas", passou a reivindicar sua identidade indígena, assumindo-se como sujeitos pertencentes a grupos étnicos específicos, buscando, assim, a garantia de seus direitos, principalmente, o direito à Terra Indígena (IORIS, 2014; VAZ FILHO, 2010). Este processo em curso, denominado nas Ciências Sociais de emergência étnica ou etnogênese (BARTOLOMÉ, 2006; BELTRÃO, 2015), envolve a tomada de consciência ou a assunção de suas identidades historicamente negadas. (Vaz, 2021, p. 90).

O primeiro povoado a se reconhecer como indígena foi a aldeia de Takuara, em 1998. Com isso, o GCI intensificou seu trabalho no interior, obtendo bons resultados. Em 2000, já existiam 11 aldeias indígenas no baixo Tapajós, e hoje existem mais de 70 aldeias registradas na Fundação Nacional do Índio (Funai). A partir da atuação intensificada pelo GCI, as lideranças do baixo Tapajós decidiram criar uma representação jurídica, originando o Conselho Indígena dos Rios Tapajós e Arapiuns (CITA)[65], que sempre contou com o apoio do GCI. Sobre essa questão, vale transcrever um texto citado por Vaz Filho (2010):

> E eis que, a partir de 1998, veio a auto identificação indígena dos moradores das comunidades do baixo Tapajós, o que implicou um novo discurso sobre sua cultura e sua identidade étnica. Os nativos passaram a usar expressões como "assumir-se índio". A expressão "assumir-se como índio" foi muito usada na última década no baixo

---

[65] Organização indígena que foi detalhada no Capítulo 2 da dissertação de mestrado.

Tapajós tem um primeiro sentido de declaração pública de uma identidade que, segundo os nativos, já preexistia. Expressões como "eu sou índio assumido" e "eles não são assumidos" pressupõem que todos os moradores das comunidades ribeirinhas já fossem indígenas que a partir de um determinado momento alguns reconhecem isso publicamente e outros, não. (Vaz Filho, 2010, p. 125).

O CITA e o GCI passaram a ter uma sede compartilhada em Santarém desde 2001, localizada no Centro Indígena Maíra, onde também funcionava a Biblioteca Indígena do GCI. Há três anos, o CITA construiu sua sede no bairro do Juá, onde concentra grande número de indígenas vindos dos rios Tapajós, Arapiuns e Maró. Nessa grande "maloca", nos reunimos para nossas atividades de formação, organização, animação político-cultural e espiritualidade. O GCI também já tem um terreno no bairro do Juá e com o projeto de construção para uma sede para reunião e acolhimento de parentes.

Há publicações a respeito desse trabalho e da importância da atuação do GCI em nossas bases durante todos esses anos. O CITA é, atualmente, a nossa instituição representativa mais importante, porque nos representa juridicamente no combate à atual conjuntura política que não é favorável aos povos indígenas. Nesse contexto, as mulheres estão assumindo cada vez mais esses espaços políticos de representação, e, infelizmente, é mais escasso encontrar referências falando do papel político do CITA.

Um desses poucos trabalhos traz um organograma e o papel dos agentes que compõem a coordenação do CITA, fazendo a articulação junto ao movimento indígena a nível nacional, do professor e amigo Marcos Vinícius Lima, que trabalhou muitos anos na região pelo projeto da Nova Cartografia Social na Amazônia (PNCS)[66]:

> O movimento indígena da RBTA configura-se como organização de um conjunto de movimentos indígenas locais que se articulam através do CITA. Apesar de o CITA ser uma entidade política e jurídica maior no movimento indígena da RBTA, ela divide a sua coordenação executiva com o conselho de lideranças, e que tem suas decisões legitimadas, quando necessário. A estrutura hierárquica do CITA, além de comportar o Conselho Executivo, Conselho Fiscal e o Conselho de Lideranças, também possui secretarias específicas que recebem demandas de grupos indígenas específicos, a exemplo dos

---

[66] Fascículo da NCSA: https://www.ppgcspa.uema.br/wp-content/uploads/2021/04/01-resistencia-mobilizacao-indigenas-baixo-tapajos.pdf.

jovens e das mulheres representando interesses e necessidades dessas coletividades indígenas, que também objetivam criar uma nova forma ou políticas de interação e relacionamento com a sociedade envolvente, ou seja, buscam a transformação da sociedade ou a proteção de determinadas conquistas. O CITA, ao tornar-se reconhecido nacionalmente como uma entidade de referência política para a RBTA, foi convidado a participar e executar consultas aos seus povos indígenas e colher proposições locais para a realização da Conferência Regional de Políticas Públicas Indigenistas, o que lhes colocou em contato direto com lideranças das cinco maiores organizações indígenas do país (Figura 11), ligadas à sua entidade de representação nacional, a Articulação dos Povos Indígenas do Brasil (APIB) (Lima, 2018, p. 9).

Entre a universidade e os espaços políticos

Em 2013, fiz o meu primeiro manifesto dentro da universidade durante o Seminário de discussão do Processo Seletivo Especial Indígena (PSEI), pelo qual adentrei na instituição. Na ocasião, apresentei uma carta de repúdio contra as violações dos direitos indígenas garantidos em programas do Ministério da Educação (MEC). Depois disso, as bolsas passaram a ser pagas no dia certo, o número de bolsas foi ampliado e passei a receber uma bolsa que me garantiu possibilidade de estudar. O curso de Antropologia ocorria em tempo integral, assim eu teria que escolher entre estudar e trabalhar. Sem emprego e sem bolsa iria desistir de estudar porque precisava sobreviver. Por isso afirmo, aqui, a importância das políticas de ações afirmativas, das cotas e da bolsa permanência para indígenas e quilombolas. Elas fazem toda diferença em nossas vidas, são oportunidades únicas. Sobre a importância da presença indígena na universidade e os desafios que nós enfrentamos, a tese do parente Edimar Kaingang (Fernandes, 2018) analisa a superação de relações assimétricas e coloniais produzidas durante séculos e do protagonismo indígena para superação desses desafios.

Desde então fui me destacando dentro do movimento indígena, sempre sendo convidada para espaços de debates e palestras. Mas nem sempre foi assim, eu era muito tímida e não gostava de falar em público. Em 2014, perante assembleia do CITA, fui indicada por minhas lideranças Kumaruara para fazer parte da executiva como secretária. Assumi o posto de jovem liderança indígena e ao mesmo tempo o posto de mãe, pois estava grávida da minha primeira filha, Yara.

Figura 10

Posse da executiva do CITA gestão 2014-2016

Notas. Foto: Acervo da autora, 2014.

Em 2015, organizamos o movimento "Me Coloniza #SQN"[67], que se caracterizou por diversas manifestações realizadas por estudantes do curso de Antropologia e Arqueologia da UFOPA, sobretudo estudantes indígenas, que começaram seus cursos no início de ano letivo de 2015. Houve a manifestação anticolonização, que aconteceu em 11 de maio de 2015[68], na qual estudantes Munduruku leram uma carta[69] de protesto durante a palestra "Quem são os muitos Munduruku?", realizada pelo antropólogo Daniel Belik[70].

Após a palestra, os estudantes Munduruku leram a carta que denunciava a ausência de autorização da etnia para o palestrante realizar pesquisas junto ao seu povo e cobravam do grupo Anarq, constituído por alguns professores do Programa de Antropologia e Arqueologia (PAA/UFOPA), que o convidara, as providências devidas, já que consideram um erro grave o acobertamento de pesquisas sem a devida autorização.

---

[67] Significa "só que não", *hashtag* é o símbolo inserido anteriormente a um termo associado a assuntos ou discussões que se deseja indexar em redes sociais.

[68] Divulgação do evento no site: http://www2.ufopa.edu.br/ufopa/noticias/2015/maio/anarq-ufopa-promove-evento-com-o-pesquisador-daniel-belik.

[69] A carta está disponível na íntegra no site: https://acervo.racismoambiental.net.br/2015/05/12/quem-sao-os-muitos-daniel-bellik/.

[70] A resposta do antropólogo à carta dos Munduruku está disponível no site: https://acervo.racismoambiental.net.br/2015/05/18/carta-ao-povo-munduruku-direito-de-resposta-concedido-a-daniel-belik/.

Já havia manifestação de indígenas do baixo Tapajós, incomodados com certas posturas de professores ou pelo não posicionamentos dos antropólogos, como frente à Ação Civil Pública 2010.39.02.000249-0 e a posição proferida pelo juiz Airton Portela[71], que negava a existência do povo Borari e Arapiun da TI Maró, situada na Gleba Nova Olinda, inclusive as etnias de estudantes que cursavam Antropologia e Arqueologia na UFOPA. Para Vaz Filho (2016), "De fato, o que aconteceu foi algo que vem se estabelecendo no cenário da academia. Um antropólogo tendo que se deparar com seus 'sujeitos de pesquisa' que, neste caso, se mostraram revoltados e afirmando que ele não era bem-vindo entre eles, sendo intimado a interromper o seu estudo".

Tudo isso culminou no surgimento do movimento "Me Coloniza! #SQN"[72], no qual estudantes indígenas e não indígenas exigiam uma postura ética de seus professores, tanto nas relações interpessoais quanto nas questões acadêmicas e científicas. Nosso grito de basta ao colonialismo, representado nas atitudes discriminatórias e arrogantes de alguns professores, vem acompanhado da proposta de construção de um novo momento dentro do PAA, com a ampla participação dos discentes.

Exigíamos um programa baseado na ética e no respeito a todos, mais inclusivo com indígenas e quilombolas, com uma pedagogia libertária e radicalidade democrática. Gritávamos: "Aos 'novos' bandeirantes da Antropologia e Arqueologia, NÃO PASSARÃO! É um grito de protesto a toda forma de colonização, em especial a do pensamento, que persiste de forma vil no meio acadêmico".

E assim, fui deixando meu legado na UFOPA, destacando-me junto ao movimento indígena e movimentos sociais. As responsabilidades foram aumentando, tanto na quantidade de coisas para resolver, como na dimensão espacial. Fazer diálogos entres as bases (a nível de aldeias e territórios), universidade (que englobava a nível de município e Distrito Federal em Brasília), essa ponte que ao mesmo tempo me fez ir conhecendo as mulheres, aproximando-me e fortalecendo-me com a garra de cada parenta com quem me relacionava. É na universidade que ouço falar pela primeira vez dos debates sobre "gênero e sexualidade", o que me proporcionou observar e identificar as questões do machismo que não eram discutidas dentro do movimento indígena, ao menos na nossa região, o baixo Tapajós. E "com jeitinho", comecei a propor mesas de debates sobre/com mulheres indígenas dentro da universidade.

---

[71] Disponível em: http://www.prpa.mpf.mp.br/news/2015/arquivos/Sentenca_TI_Maro.pdf.

[72] O manifesto "Carta dos alunos do PAA/UFOPA e do DAIN", na íntegra, foi publicado e disponibilizado na rádio Yandê: https://radioyande.com/default.php?pagina=blog.php&site_id=975&pagina_id=21862&tipo=post&post_id=312.

Figura 11

Estudante com a camisa de manifesto do "Me coloniza #SQN"

Notas. Foto: Facebok Mecoloniza #SQN.

O professor Florêncio Vaz, indígena e antropólogo, que na época era diretor de Ações Afirmativas na UFOPA, fez a publicação de um artigo em um evento da Associação Brasileira de Antropologia (ABA), em 2016, que gerou desconforto em outros professores, mas eu gostei muito. Trago alguns trechos do artigo que me chamaram atenção:

> Trazendo mais para o nosso campo disciplinar, perguntamos como os professores nos cursos de antropologia estão convivendo com estes indígenas já não objetos de pesquisa, mas estudantes cada vez mais donos de si e levantando questões antes não colocadas em sala de aula? Certamente que há uma grande diferença de uma aula de etnologia indígena quando os nativos estão presentes objetivados apenas no texto, para uma aula onde estão, como sujeitos, sentados à frente do professor(a) e discutindo criticamente sobre o que se diz ou se pensa sobre eles. (Vaz Filho, 2016, pp. 2-3).

E esta cena está ficando mais comum nos cursos da área das ciências humanas, para ficar somente no nosso campo. E o que pode acontecer quando estudantes indígenas se levantam e questionam as próprias práticas e certas concepções dos seus professores antropólogos? O que pode acontecer quando estes indígenas cobram outras relações e uma reestruturação da própria Universidade? Isso já está acontecendo. Aqui, vamos falar de forma introdutória sobre este processo. Mas, o debate só está iniciando. (Vaz Filho, 2016, p. 3).

Aconteceu, então, que os estudantes indígenas enfrentaram seus professores, irrompendo em reuniões de colegiado, e obrigando-os a lhes escutar. Os professores, ainda tentando manter sua autoridade e argumentação, foram obrigados a escutar a palavra firme dos estudantes indígenas: "Não! Agora vocês vão ter que nos escutar! Vocês estão na nossa casa, e precisam nos respeitar. Nós já estávamos aqui antes de vocês chegarem". Até a Reitora e o Procurador da Universidade foram a uma das tensas reuniões entre estudantes e professores e tiveram também que escutar os desabafos e reivindicações dos indígenas por mais respeito. (Vaz Filho, 2016, p. 9).

Infelizmente, o racismo ainda não é algo superado dentro das universidades e espaços públicos, vejo como uma doença na mente de pessoas. Em 2019, durante a realização de uma "Semana dos Povos Indígenas", os parentes resolveram ocupar a reitoria da UFOPA. Foram momentos de tensão, nos quais os estudantes que são lideranças frente ao movimento indígena, como Wiliam Borari (que era o coordenador do DAIN e então aluno de Gestão Pública), Auricélia Arapiun (vice-coordenadora do CITA e estudante de Direito) e Alessandra Munduruku (liderança no médio Tapajós e estudante de Direito), foram denunciadas na Polícia Federal, quebrando o diálogo com os indígenas e criminalizando as lideranças, isso criou uma situação delicada que compromete a vida desses estudantes, tendo que responder processo, enquadrados em vários crimes, e correndo risco de serem expulsos da universidade.

Para mim esse é mais um tipo de racismo estrutural, o racismo institucional[73], porque vários PAD's (Processos Administrativos) dentro da UFOPA de denúncia de estudantes indígenas e quilombolas não tramitam, óbvio que é uma questão de desigualdade de raça.

---

[73] Racismo institucional é qualquer sistema de desigualdade que se baseia em raça e que pode ocorrer em instituições, como órgãos públicos governamentais, corporações empresariais privadas e universidades (públicas ou particulares).

[...] são as formas de violência física e simbólicas pelas quais são submetidos que caracterizam o racismo institucionalizado na região do Tapajós, situação está que se encontra supra estruturada nas práticas dos agentes econômicos que tentam, estrategicamente, deslocar o foco causal dessas conflitividades (Almeida, 2018).

O povo Kumaruara, nossas lutas, permanências e vivências no território

Um dia, um pajé sonhou que estava em meio uma tempestade, quando ele viu que um raio caiu sobre uma árvore de cumaru. Deu um estrondo e partiu no meio, daí surgiu o povo Cumarus. No dia seguinte depois do sonho, o pajé coletou as sementes e resolveu fazer remédio caseiro dos frutos daquela árvore para combater a doença, e foi assim que o povo Cumarus conseguem resistir às doenças tropicais e biológicas. Assim como tem relatos que os Cumarus estavam sendo extintos e se disseminaram por meio das sementes do Cumaru que os morcegos despejavam pela mata. (Relato dos anciões durante em assembleia do povo Kumaruara, 15 de novembro de 2018).

Esse histórico tive o prazer de fazer com os velhos que já morreram (América e João), junto com a pajé Susete que está viva. Eles me contaram um pouco da origem do povo Kumaruara, eu perguntei pra ele: Por que o nome Kumaruara? Eles me responderam que Kumaruara vem da origem da árvore de Cumaru, que significa **"Povo Forte"**, quer dizer "Povo Resistente". Nós sempre existimos da sobrevivência da árvore do Cumaru, tudo dela se aproveita, serve pra tudo. (Declarações de Silvia, professora de Notório Saber, 15 de novembro de 2018).

Acima, têm-se algumas narrativas sobre a história da origem do povo Kumaruara, que estão ligadas à presença e às características da árvore do cumaru na região. Existiam muitas árvores de cumaru[74] na região e, conforme o tempo da lua, a árvore é mais frutífera e os morcegos carregavam o

---

[74] Nome científico: *Dipteryx odorata*. Nome popular: Cumaru; Cumaru-ferro; cumarurana; cumaru-verdadeiro; cumaru-amarelo; cumaru-de-folha-grande; muimapagé; champagne; cumaru-do-amazonas; cumaruzeiro; cumbaru; cumaru-de-cheiro. Ciclo de vida: longo. Disponível em: https://www.embrapa.br/agrossilvipastoril/sitio-tecnologico/trilha-ecologica/especies/cumaru.

pequeno ouriço com o fruto dentro, e jogavam perto das casas, e amanheciam nos terreiros. Houve um período em que os indígenas não sabiam curar as doenças que surgiam e isso tirou muitas vidas indígenas. Não existiam vacinas para a erradicação das epidemias e muitas vidas indígenas foram perdidas, morriam homens, mulheres e crianças.

Os nossos curandeiros e curandeiras, conhecidos como Sacacas[75], não sabiam o que fazer para encontrar a cura para todos. É interessante observar a relação do povo Kumaruara com a árvore de cumaru e com o morcego: a árvore é sagrada, porque ela é a cura, tudo o que se tira dela tem esse poder: o fruto, a casca do caule, a folha. Além disso, o cumaru é uma árvore conhecida por ser muito resistente. O significado do nome Kumaruara vem dessa árvore. O povo Kumaruara tem o grafismo corporal do morcego, representando justamente essa importância que ele tem para a mata, de reflorestar.

Sabemos que os indígenas que habitavam a margem esquerda do Tapajós, que liga a comunidade/aldeia de Vila Franca até a aldeia Brinco das Moças, aldeia mais isolada nas matas dentro do território Tupinambá, eram os indígenas pertencentes ao povo Cumaru. Wilde Dias da Fonseca descreve parte de escritos de colonizadores que se comunicavam por carta de Mendonça Furtado em 1758 dirigida à Corte Real em Portugal, que dizia: "O General Governador empreendeu viagem ao rio Tapajós, onde instalou as Vilas de Alter do Chão (Aldeia dos Borari), Boim (Aldeia dos Tupinambás), e Vila Franca (Aldeia dos Arapiuns e Cumarús) e o 'lugar' Pinhel (Aldeia de Matapuz)" (Fonseca, 2007, p. 27). Curt Nimuendajú (1953) também reconhece a presença desses indígenas na missão Cumaru, no rio Arapiuns, que, mais tarde, tornou-se Vila Franca.

Para compreender as lutas e o cenário atual, é preciso observar o histórico da região. Um evento que ficou marcado na memória dos Kumaruara e de outros indígenas da região foi o movimento conhecido como Cabanagem. Como foi possível observar no trecho da entrevista apresentada na introdução deste texto, minha avó Lídia relata que parte da família Gama "tinham fugido da época da Cabanagem, fugiram pra se livrar". Realmente, esse acontecimento ganha relevância nas narrativas da constituição da identidade indígena do baixo Tapajós na atualidade, a Guerra da Cabanagem (1835-1840).

---

[75] Termo específico usado para liderança espiritual na região do baixo Tapajós, pessoa que nasce com dom de cura que faz intermediação do mundo humano e espiritual.

A união de rebeldes com representantes das camadas desfavorecidas da população, incluindo indígenas e negros, promoveu uma revolta na província do Grão-Pará. Inicialmente foi tomada a capital, Belém, mas em pouco tempo os confrontos se espalharam pelo interior. O baixo Tapajós foi um dos principais locais de enfrentamento e resistência pela população local nesse período. No entanto:

> [...] militarmente, os *tapuios* foram vencidos, e uma cruel repressão se abateu sobre os revoltosos. As vilas e pequenos lugarejos, por eles habitados, às margens dos rios, como o Tapajós, ficaram vazios. Seus habitantes ou foram mortos ou tiveram que fugir para a mata ou lugares mais seguros (VAZ, 1997a; 1997b). Calcula-se o total dos mortos em 40 mil, quase a metade da população da Província à época (SODRÉ, 1978), calculada em 100 mil habitantes (OLIVEIRA, 1983). Era a continuação do processo de depopulação e deculturação. Não é difícil concluir que entre os mortos pela repressão, estavam as mais importantes lideranças dos tapuios. Sem elas, as famílias ficaram mais dispersas e os povoados, empobrecidos. Muitas das atuais comunidades do Tapajós surgiram nesse momento, com a fuga dos nativos das vilas para áreas menos habitadas (IORIS, 2005; VAZ, 1997a; 1997b). Com a derrota e consequente volta triunfal dos portugueses ao poder, um profundo sentimento de frustração e baixa autoestima pode ter se apoderado dos nativos (Vaz Filho, 2010, p. 68).

Não tenho a intenção de explorar as contradições e disputas simbólicas e narrativas que circundam os discursos acadêmicos e de lideranças sobre a Guerra da Cabanagem. Trata-se de um campo de disputas sobre o que produz a respeito do outro e das regiões marcadas por históricos de colonização que, de certo modo, lembra o debate da escritora nigeriana Chimamanda Adichie a respeito do perigo da história única (Adichie, 2009)[76]. Assim como a autora afirma que a história única rouba a dignidade das pessoas, por outro lado, em muitas histórias, a diversidade das histórias pode ser utilizada para humanizar as pessoas e reparar a dignidade que foi quebrada, principalmente em contextos de colonização.

---

[76] Disponível também no link: htps://www.ted.com/talks/chimamanda_ngozi_adichie_the_danger_of_a_single_story/transcript?language=pt.

Ao ler os trabalhos acadêmicos já elaborados sobre os/as indígenas do baixo Tapajós, a repetição do tema da Guerra da Cabanagem me chamou a atenção. Afinal, a despeito de a guerra ter ocorrido há quase 200 anos, é presente em relatos atuais, tanto de lideranças indígenas quanto de professores/as da UFOPA.

Essa temática é tão forte que, anualmente, é organizado um encontro sobre a Cabanagem na comunidade de Cuipiranga, no rio Tapajós, em frente à cidade de Santarém, em que casos da guerra são contados em meio às ruínas dos tempos dos cabanos. Moradores/as da região sustentam que a areia vermelho-escura em frente à Cuipiranga ficou com essa cor por causa do sangue dos cabanos ali derramado (Vaz Filho, 2010, p. 109). Na ocasião desse encontro, o período da Cabanagem é relembrado com sentimento de orgulho por moradores/as de Cuipiranga, indígenas, estudantes, intelectuais.

As pessoas exaltam o espírito guerreiro e combativo dos antepassados a favor da liberdade e em defesa do território. Agentes em luta expressam a ideia de que são herdeiros/as dos/as cabanos/as e são sujeitos sociais que dão continuidade à luta de seus/suas antepassados/as. Esse processo de ressignificação da Guerra da Cabanagem, de acordo com Vaz Filho (2010), aflora nos anos 1990. Momento em que moradores/as das comunidades do baixo rio Tapajós, do rio Arapiuns e rio Maró reúnem-se para defender o território por eles/as habitado, que estava ameaçado pela invasão da atividade madeireira, coordenada por grandes empresas. Nesse processo, as pessoas eram incitadas a falar sobre as histórias dos antepassados. Os habitantes mais antigos das localidades afirmam, de acordo com Vaz Filho (2010), que os/as fundadores/as das suas comunidades foram os/as cabanos/as:

> Desde minha pesquisa de mestrado, realizada em três comunidades da Flona e uma da Resex (VAZ, 1997b), tenho encontrado muitas referências à Cabanagem por parte dos moradores mais velhos. Esta guerra apresenta-se como o acontecimento mais importante do passado dessa população, como o fato fundante das próprias comunidades, já que a maioria afirma que os primeiros moradores chegaram, ali, fugindo da Cabanagem (VAZ, 1997b) (Vaz Filho, 2010, p. 439).

Tal como descrito, o processo de reafirmação étnica dos povos do baixo Tapajós no final do século XX destacou as narrativas dos anciões e anciãs sobre a fundação das localidades e elas remetem ao período da Guerra da Cabanagem. Há muito tempo vem se formando diversos povoados nessa região, desde antes da Cabanagem (Harris, 2017). Nas histórias que os mais velhos contam, esse foi um período de guerra, no qual os governantes capturavam os/as indígenas e cometiam as maiores atrocidades, e isso fez com que muitas famílias fugissem para o meio da mata, onde foram formando famílias e depois de muitos anos começam a descer para morar às margens dos rios.

Uma das situações que mais dizimava os povos indígenas eram as epidemias, que obrigavam parte da população, como jovens e crianças, a migrarem das aldeias para a cidade. Esta foi uma maneira encontrada pelos indígenas para salvar vidas: eles "davam" seus filhos para morar em casa de outras famílias. Casos de epidemias são frequentemente relatados pelos anciãos e literatura sobre a região. Bates (1979) descreve uma epidemia que dizimou muitos indígenas no rio Tapajós:

> O rio Tapajós tinha estado livre de epidemias durante alguns anos, embora primitivamente fosse um rio muito insalubre. Parecia, entretanto, que um novo período de doenças estava começando; com efeito, o ano seguinte ao da minha visita (1853) foi um dos mais trágicos para os habitantes daquela região. Espalhou-se ali uma epidemia que atacou pessoas de todas as raças. As notícias que recebíamos em Santarém eram desoladoras; os meus amigos do Cupari, especialmente, foram duramente atingidos por ela, entre eles João Aracu e toda a sua família, exceção feita de sua mulher. Meu bom amigo Antônio Malagueta morreu, bem como um grande número de habitantes da aldeia dos Mundurucus. (Bates, 1979, p. 186).

Essas doenças trazidas pelos não indígenas causavam um sofrimento profundo e os momentos das epidemias ainda estão marcados nas lembranças dos anciãos. Eram doenças novas, desconhecidas pelos sacacas e pajés, os curandeiros. Conforme apontei no meu trabalho de conclusão de curso de graduação, os sacacas: "[...] têm o dom de nascença para descobrir a cura para tratar pessoas; descobrem as práticas de cura por intermédio de sonhos; fazem tratamento com defumação ou com banhos de cheiro feito com plantas; curam doença do corpo e do espírito; benze e reza" (Cardoso, 2019b, p. 25).

O povo Kumaruara: presença, resistência e redes de relação no Baixo Tapajós

Iniciei o trabalho de campo no território Kumaruara, localizado no rio Tapajós, a cinco horas de viagem de barco do município paraense de Santarém, com a distância (nas coordenadas S 02° 37' 20.0" e W 55° 10' 21.3") de Santarém até o lago do Capixauã (Projeto Saúde e Alegria, 2014).

Esse território faz parte do complexo de divisão geográfica baixo rio Tapajós, caracterizado por regiões de rios onde se tem somente acesso às aldeias por meio fluvial, a saber: o rio Tapajós, que abrange os municípios de Aveiro, Belterra e Santarém e ainda é sobreposta pela Resex Tapajós-Arapiuns; pelo rio Arapiuns, seguindo até o alto rio Maró (sobreposto pela Gleba Nova Olinda), e regiões de terra firme que ligam Eixo Forte Alter do Chão, que fica às margens do rio Tapajós; e o Planalto Santareno, que deságua no lago do Maicá, que também é sobreposto pela Gleba do Ituqui.

Figura 12

Grafismo do povo Kumaruara

Figura 13

Árvore de Cumarú

Notas. Fonte: *Catálogo de Grafismos Indígenas da Região Oeste do Pará* (2016).

Notas. Foto: Arnaldo Kumaruara.

Ao todo, nessa região, no censo do CITA há uma população de mais de 10 mil indígenas, dentre ela 14 etnias (Arapium, Apiaká, Arara Vermelha, Borari, Jaraqui, Kumaruara, Maytapu, Munduruku, Munduruku Cara Preta, Sateré Mawé, Tapajó, Tapuia, Tupayú e Tupinambá), divididas em 15 territórios, de acordo com o censo do CITA.

Existem outras comunidades no entorno do território que não se declaram Kumaruara, sendo parentes próximos (irmão, irmã, tio, tia, primo, prima, ou seja, parentes consanguíneos, bem como por afinidade), embora os indígenas estejam inseridos no censo das aldeias reconhecidas pelo CITA e pela Funai.

Alguns territórios indígenas estão sobrepostos pela unidade de conservação federal Resex Tapajós-Arapiuns, onde moram indígenas e não indígenas. A Resex é administrada pelo Instituto Chico Mendes de Conservação da Biodiversidade (ICMBio). Atualmente, a Resex Tapajós-Arapiuns conta com 38 aldeias e sete terras indígenas reivindicadas. É o território com o maior número de aldeias compartilhadas, pois oito povos estão na região: Arapium, Arara Vermelha, Tapajó, Tupaiú, Kumaruara, Tupinambá, Maytapú e Munduruku Cara-Preta.

A história da mobilização para a criação da Resex foi registrada em vários trabalhos como de Vaz Filho (2010) e Ioris (2014). Destaco o trabalho escrito por Antônio de Oliveira (2023), conhecido como "Seu Mucura", hoje com 83 anos, morador de Santarém. Seu Mucura trabalhou por um longo tempo na frente de criação da Resex, na fundação da Associação da Resex chamada Tapajoara, por isso, trago na íntegra relatos de suas memórias:

> O pensamento da criação da Reserva extrativista Tapajós-Arapiuns iniciou nos anos de 1995 a 1996 quando Florêncio Vaz, sociólogo, conhecido por Frei Florêncio retornou do Rio de Janeiro, recém-formado em sociologia. Florêncio nasceu na comunidade de Pinhel, à margem esquerda do rio Tapajós, município de Aveiro, Pará, filho de Florêncio e Eunice Vaz (Oliveira, 2023, p. 40).

> Em 1996, Florêncio viajou para o Rio de Janeiro a fim de defender sua tese que tratava das etnias indígenas existentes no Tapajós e Arapiuns, e no final do ano de 1997 retornando do Rio de Janeiro passou por Brasília-DF até a sede do IBAMA/CNPT [...]. O Dr. Rafael disse para o Florêncio que podia se criar uma Reserva Extrativista dentro da área pretendida e que Santarém, no CNPT/IBAMA, já tinha autorização para criar RESEX'S – Reservas Extrativistas, [...]. Foram realizados encontros, assembleias e seminários que tinham como objetivo esclarecer e discutir a criação e a aprovação da RESEX Tapajós-Arapiuns (TAPAJOARA). (Oliveira, 2023, p. 42).

No dia 06 (seis) de novembro de 1998 foi criada a Resex Tapajós/Arapiuns, RESEX TAPAJOARA por Decreto Federal[77]. (Oliveira, 2023, p. 44).

São seis aldeias pertencentes à etnia Kumaruara: aldeias Araçazal, Mapirizinho, Muruary, Solimões, Vista Alegre do Capixauã e Suruacá, autodeclarados e inseridos no censo demográfico da Funai, por inserção do Conselho Indígena Tapajós Arapiuns (CITA), mas ainda há um número expressivo de parentes que moram em comunidades não reconhecidas indígenas, como comunidade de Carão, Pedra Branca, Americano e outras.

O povo Kumaruara possui diferentes formas de organização social e política, demonstrando ampla participação dentro e fora do território em entidades representativas, como o Conselho Indígena Tapajós Arapiuns, Tapajoara[78], o Sindicato dos Trabalhadores e Trabalhadoras Rurais (STTR), a Z20 (Colônia de Pescadores) e o Conselho Nacional dos Seringueiros (CNS). Outros grupos mais internos nas aldeias são o conselho territorial, times de futebol feminino e masculino, grupos de jovens, conselho de lideranças, conselho escolar e grupo de mulheres indígenas.

A organização social dos Kumaruara constitui-se da seguinte forma: cacique/a, segundo/a cacique, tuxaua, pajé, parteira, coordenador da Igreja Católica, secretária, tesoureira, presidente do clube de futebol, delegada sindical, conselheiro/a de liderança, coordenador/a conselho escolar, diretor/a escolar.

---

[77] Art. 1º - Fica criada, nos Municípios de Santarém e Aveiro, no Estado do Pará, a Resex Tapajos-Arapiuns, com área aproximada de 647.610ha. Partindo do 01, de coordenadas geográficas 55°20'43" e Wgr e 03°23'30". A Resex Tapajós-Arapiuns possui com 62 comunidades, mais de 3.500 famílias e uma população de 18.000 mil habitantes (Brasil, 1998, p. 211).

[78] Organização das Associações e Moradores da Reserva Extrativista Tapajós-Arapiuns. Vou falar mais à frente sobre a gestão na RESEX.

Figura 14

Aldeias do Território Kumaruara

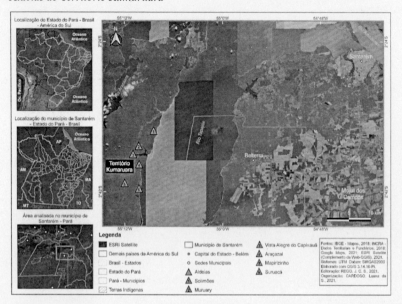

Notas. Elaboração: Luana Cardoso e J. Rego, 2021.

Figura 15

Mapa mental do território Kumaruara

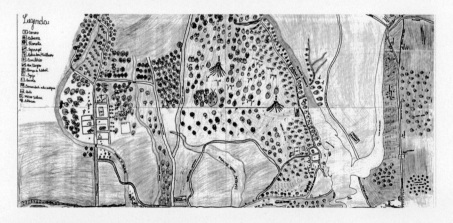

Notas. Mapa desenhado pelos moradores do território Kumaruara durante oficina de autodemarcação. Fonte: da autora, 2024.

Memorial de um lugar sagrado e do tronco Kumaruara

As sábias Kumaruara da área do Muruary, Lídia Gama (minha avó), Susete Matos (primeira pajé da aldeia Solimões e parteira) e Neusa Costa (segunda pajé da aldeia Solimões), todas vivas e com mais de 80 anos, relatam um pouco sobre as primeiras famílias que ali moravam, hoje residem na aldeia Solimões.

Elas contam que os senhores Rosindo, Antônio, Acendino e João Santana, moraram nesse lugar, deles foram formando outras famílias. Em alguns casos, como neste que estou apresentando, os povos indígenas são nômades, não por uma característica essencialista, mas vários fatores nos levam a isso: por muitas vezes terem sido ameaçados por outros grupos indígenas ou não indígenas. No caso dos Kumaruara, sempre estivemos mudando de lugares, deslocando-nos. E, assim, foram chegando outras famílias, como a do senhor Zeca, João Sousa, Raimunda Katuaba. Conforme relatos e memórias dos anciões, há pessoas que vieram de outros lugares, como Faro, Lago Grande, do Quilombo de Murumuru, no Planalto Santareno, dentre outras comunidades e localidades do baixo Amazonas e Tapajós.

O senhor Rosindo resolveu sair de junto desses parentes e fixou nova moradia à beira do campo, junto ao lago do Muruary, e lá viveu com sua esposa, uma senhora conhecida por "Mondoca", e com seus filhos. Hoje já falecido, mas seu filho Alarico ficou nesse lugar plantando, colhendo, cuidando e casou-se com dona Ester. O senhor Alarico adoeceu, está cego e aos cuidados de sua filha no município de Belterra. (Entrevista com Lídia Gama, na aldeia Solimões, em 2022).

Por volta dos anos 1960, mais uma família veio fazer parte desse local: Dona Sofia Gama, que deixa a sua moradia do vilarejo de Boa Esperança, lugar este que fica aos extremos da mata do rio Tapajós com a região do rio Arapiuns, distante aproximadamente umas quatro horas andando a pé, para chegar à margem do rio Tapajós. Os antigos moradores da região contam que Boa Esperança foi um local de refúgio para os sobreviventes da Cabanagem.

Sofia fixa sua moradia junto a esses parentes no Muruary, e o seu espaço conhecido e registrado no Instituto Nacional de Colonização e Reforma Agrária (INCRA) como "colônia" e foi batizado de Cantagalo. Com ela veio sua filha, Lídia Gama, já casada com o senhor Osvaldo Sousa. Osvaldo foi extrativista e soldado da borracha, era morador nativo na comunidade/aldeia Solimões.

Então os filhos dessas famílias nasceram e cresceram nessa região do Muruary e viviam nessa relação dinâmica entre os dois territórios do Solimões e do Muruary. É comum nessa região as pessoas terem casa na vila e outra na colônia, onde fazem roças, plantam, criam os animais, pois o barracão da escola e a igreja ficavam na vila de Solimões. A pajé Neusa, que na época era a professora, conta que todas as manhãs descia com as crianças para a escola, visto que em Muruary tinha mais famílias do que em Solimões. As dificuldades de deslocamento eram muitas, pois se trata de uma distância de uma hora de caminhada.

Dessas "famílias raízes" foram surgindo outras famílias. Por volta dos anos 1980, a região do Muruary era habitada por 10 famílias. Mais tarde, um fenômeno inesperado da natureza aconteceu: o igarapé utilizado pelas famílias para suprir suas necessidades secou, a nascente sofreu um grande impacto ambiental devido uma forte queimada de fogo na RESEX. Diante desse cenário, as famílias tiveram que se deslocar para outros lugares deixando suas casas: algumas baixaram para Solimões, onde fixaram moradia; outros atravessaram o rio, fixando residência em Alter do Chão; já outras famílias foram se aventurar nas cidades de Santarém e Manaus. Lídia, América, João, Susete, juntamente com seus filhos, netos e bisnetos se estabeleceram em Solimões.

Ao longo dos anos, apesar da morte das matriarcas e dos patriarcas dessas famílias, seus filhos, netos, bisnetos e tataranetos nunca abandonaram Muruary, sempre estivemos presentes nesse lugar, limpando, cuidando das plantações, fazendo roça, plantando produtos e cultivando nesse lugar sagrado, ou seja, fazendo usufruto da terra e mantendo nossos momentos de manifestação espiritual de conexão com a Mãe-Terra, nosso ritual sagrado.

Figura 16

Minha bisavó Sofia e meus irmãos

Notas. Foto: Luana Kumaruara, 2018.

Figura 17

Pajé Leusa dando benção com banho de cheiro

Notas. Foto: Luana Kumaruara, 2018.

Nas fotos apresentadas temos Sofia Kumaruara (falecida) com seus bisnetos. Ela era uma grande mestra dos saberes indígenas e trazia consigo conhecimentos de vivências milenares de seu povo. Ela repassou-nos esses conhecimentos com grande respeito e sabedoria e por toda sua vida foi guardiã dos mistérios dos encantes que detêm a floresta, o rio, o lago e o igarapé, que só ela sabia decifrá-los. Na outra foto, dona Neusa Kumaruara, pajé, parteira e a nossa anciã viva para contar a história desse lugar, preparando o ritual com banho de cheiro.

Há tempos que nós, filhos e filhas do Muruary, já conversávamos em oficializar esse lugar como nossa aldeia, isso há uns quatro ou cinco anos. Mesmo em tempos sombrios da pandemia da Covid-19, esse momento nos reconectou. Fez com que retornássemos com nossas famílias para esse lugar, e nos juntamos em 2021, depois de muitas situações de negação de direitos, ataques à nossa identidade e, sobretudo, o interesse madeireiro em nossa terra. Buscamos forças ancestrais e resolvemos oficializar a retomada desse lugar sagrado, morada dos nossos ancestrais, no desejo de protegê-la. Nossa história está viva nas plantas, em nós e presente em nossos artefatos tirados na terra preta.

E é seguindo os ensinamentos dos nossos antepassados que nós, povo Kumaruara da aldeia Muruary, vamos continuar vivenciando essa história, dando mais visibilidade a nossa cultura e a nossa própria existência/resistência. No dia 8 de dezembro de 2021, em Assembleia Geral do Conselho Indígena Tapajós Arapiuns, foi aclamada e reconhecida a aldeia Muruary, onde minha mãe Hélia Kumaruara, que é professora e mestra em Educação, foi consagrada cacica.

Sobre as implicações da palavra guerreira, durante o tempo que vivi em Belém, participei de várias mesas de debate sobre mulheres. Em uma delas estive com a parenta Eliane dos Santos Rodrigues (Putira Sacuena), do povo Baré, ela é biomédica e doutora em Antropologia pelo PPGA/UFPA. Putira tornou-se liderança, uma referência dentro e fora da universidade em Belém. Ela trouxe para o debate a seguinte questão: "Eu queria não mais ser chamada de Guerreira, porque é como se eu tivesse que ser forte o tempo todo e viver num embate para sobreviver". Suas falas me chamaram atenção, porque presenciei por muitas vezes lideranças homens e mulheres que estavam no seu limite, mas não queriam demonstrar "fraqueza", para não esmorecer todo o resto do coletivo. Por isso, eu sei qual o real sentido e peso da palavra guerreira.

No baixo Tapajós temos a tradução de guerreir/a em Nheengatu: Surara, que é o grito de guerra dos povos indígenas do baixo Tapajós. Eu, na minha caminhada e vivência, costumo reforçar que somos mais que SURARA, somos KIRIMBAWA, porque além de ser fortes, precisamos de coragem (e isso não nos falta) para permanecer na luta.

As mulheres indígenas por suas formas de organização têm sido aguerridas e bastante politizadas nas formas de reivindicar seu espaço no movimento quanto na afirmação do seu papel como liderança dentro e fora das aldeias. O reflexo dessa posição política feminina resulta na amplitude dos debates que vão além da questão da terra, mas do território que abarca necessidades centrais, como a educação, saúde, meio ambiente e a empregabilidade por meio de projetos sociais e econômicos que valorizam a cultura e a identidade indígena nas aldeias, sobretudo, em seus territórios.

Os povos indígenas e povos tradicionais têm sido os principais responsáveis pela manutenção das áreas de floresta ao longo de centenas de anos, como apontado por Schaan e Alves (2015). Por esse motivo, essas áreas são fruto da cobiça, tanto dos interesses do grande capital internacional como dos grandes projetos do governo brasileiro, e os povos indígenas são os mais ameaçados por diversas atividades que degradam seus territórios.

Referências

Adichie, Chimamanda Ngozi. (2009). The danger of a single story. *TED*. https://www.ted.com/talks/chimamanda_adichie_the_danger_of_a_single_story.

Almeida, Silvio. *Racismo estrutural*. Belo Horizonte: Letramento, 2018.

Bates, Henry Walter. (1979). *Um naturalista no rio Amazonas*. Ed. da Universidade de São Paulo.

Beltrão, Jane Felipe. (2015). *Povos indígenas nos rios Tapajós e Arapiuns*. Supercores.

Caminha, Pero Vaz de. (2003). *Carta de Pero Vaz de Caminha* a El-Rei D. Manuel sobre o Acha- mento do Brasil: Texto integral. Martin Claret.

Cardoso, Luana da Silva. (2019a). Memorial de uma liderança indígena: a construção política da trajetória... driblando as armadilhas da colonização. *Revista Tellus*, 19(39), 293-307.

Cardoso, Luana da Silva. (2019b). *Tecendo conhecimentos entre mulheres Kumaruara: política e cura indígena.* (Trabalho de Conclusão de Curso, Graduação em Antropologia, Universidade Federal do Oeste do Pará, Santarém).

Cardoso, Luana da Silva. (2022). *Kirimbawa*: forte e valente -Articulação de mulheres indígenas do baixo Tapajós. (Dissertação de Mestrado, Programa de Pós-Graduação em Antropologia, Universidade Federal do Pará, Belém).

Carvalho Júnior, Almir Diniz de. (2005). Índios cristãos: a conversão dos gentios na Amazônia portuguesa (1653-1769). [s.n.].

Cavalcante, Luciana. (2016). Leal. *Catálogo de Grafismos Indígenas da Região Oeste do Pará.* UFOPA.

Comissão Nacional da Verdade. (2014). *Violações de direitos humanos dos povos indígenas: relatório* (Vol. 2; pp. 203-262). Texto 5.

Fernandes, Edimar Antonio. (2018). *Políticas afirmativas para povos indígenas sob o olhar dos protagonistas.* UFPA.

Fonseca, Wilde Dias da. (2007) *Santarém*: Momentos históricos. Editora ICBS: Santarém.

Guzmán, Adriana. (2016). Un feminismo útil para la lucha de los pueblos. *La Época.* https://www.la-epoca.com.bo/2015/08/31/un-feminismo-util-para-la-lucha-de-los-pueblos/.

Harris, Mark. (2015). Sistemas regionais, relações interétnicas e movimentos territoriais – os Tapajó e além na história ameríndia. *Revista de Antropologia,* 58(1).

Harris, Mark. (2017). *Rebelião na Amazônia: Cabanagem, raça e cultura popular no Norte do Brasil, 1798-1840.* Editora Unicamp.

Ioris, Edviges Marta. (2014). *Uma floresta de disputas: conflitos sobre espaços, recursos e identidades sociais na Amazônia.* Editora da UFSC.

Kayapó, Aline Ngrenhtabare Lopes. (2020). Mulheres indígenas - indígenas mulheres: Corpos-territórios devastados interditados. *Revista do Arquivo Público do Estado do Espírito Santo.*

Lima, Marcos Vinícius da Costa. (2018). *Mecanismos de dominação e resistência no campo do indigenismo: A luta do movimento indígena pelos territórios étnicos na região do baixo Tapajós.* (Tese de doutorado, Programa de Pós-Graduação em Geografia, Universidade Federal Fluminense, Rio de Janeiro).

Mcclintock, Anne. (2010). *Couro imperial: raça, gênero e sexualidade no embate colonial.* Editora Unicamp.

Ménendez, Miguel Angel (1992). A presença do branco na mitologia Kawahiwa: história e identidade de um povo Tupi. *Revista de Antropologia,* 30(32), 331-353.

Minayo, Maria Cecília de Souza. (2004). *O desafio do conhecimento: pesquisa qualitativa em saúde* (8ª ed.). Hucitec.

Nimuendaju, Curt. (1953). Os Tapajó. *Revista de Antropologia,* 1(1). http://www.etnolinguistica.org/biblio:nimuendaju-1953-tapajo.

Oliveira, Antônio de. (2012) "Conhecer a vida e viver a vida". Resex Tapajós-Arapiuns. Santarém-Pará, maio de 2023.

O'Dwyer, Eliane Cantarino, & Silva, Katiane. (2020). Anthropological practices, inter-group conflicts and shared colonial experiences in a regional context of the Lower Amazon. *Vibrant* 17. http://www.vibrant.org.br/lastest-issue-v-17-2020/.

Pacheco de Oliveira, João. (1998). *Ensaio em antropologia histórica.* Editora UFRJ.

Pacheco de Oliveira, João. (2016). *O nascimento do Brasil e outros ensaios: "pacificação", regime tutelar e formação de alteridades.* Contra Capa.

Pereira, João Antonio Tapajós. (2017). *A Escola Indígena da aldeia Arimum: Um recorte etnográfico sobre a construção da escola indígena Arapiun (Santarém/PA).* (Trabalho de Conclusão de Curso, Universidade Federal do Oeste do Pará, Graduação em Antroplogia, Santarém, Pará).

Projeto Saúde e Alegria. (2014). *Prazer em conhecer Capixauã – Reserva Extrativista Tapajós / Arapiuns (RESEX).* Centro de Estudos Avançados de Promoção Social e Ambiental.

Ramos, Elisa Urbano. (2019). *Mulheres lideranças indígenas em Pernambuco: espaço de poder onde acontece a equidade de gênero.* UFPE.

Schaan, Denise Pahl, & Alves, Daiana Travassos. (2015). *Um porto, muitas histórias: arqueologia em Santarém.* Gráfica Supercores.

Vaz, Bruna. (2021). *Emanuela Sousa e o Movimento Indígena no Baixo Tapajós* (Dissertação de mestrado em Antropologia na Universidade Federal do Pará, Belém, Pará).

Vaz Filho, Florêncio Almeida. (2010). Povos indígenas e etnogêneses na Amazônia. In: Luciano, Gersem; Oliveira, Jô & Hoffmann, Maria. *Olhares Indígenas Contemporâneos - Povos Indígenas e Etnogêneses na Amazônia* (pp. 104-159). Brasília, Centro Indígena de Estudos e Pesquisas.

Vaz Filho, Florêncio Almeida. (2016). A rebelião indígena na UFOPA e forçada interculturalidade. Anais da 30ª Reunião da ABA, João Pessoa, Paraíba.

Capítulo 6

ARQUEOLOGIA QUILOMBOLA: UM ESTUDO DE CASO NA COMUNIDADE DE MURUMURUTUBA, SANTARÉM (PA)

Elaine dos Santos Pinto
Rafaela dos Santos Pinto
Tarcísio Pinto Vandekoken
José Humberto Santos da Cruz
Anne Rapp Py-Daniel

Introdução

A arqueologia, como disciplina, é embasada em classificações de material, períodos, sítios arqueológicos, etc. O sistema de classificar, seja ele por técnica, estilo ou proximidade temporal, é uma ferramenta importante que nos auxilia a lidar com grandes quantidades de dados. Entretanto essa mesma ferramenta que foi revolucionária do século XIX, por vezes se tornou uma amarra, especificamente na região Amazônica, onde dois grandes momentos de ocupação foram definidos e usados como verdades absolutas, onde era subentendido que haveria pouca interface entre eles. O primeiro conhecido como "arqueologia amazônica", "arqueologia pré-colonial" ou "história indígena de longa duração", como propõe Eduardo Góes Neves (2022) — no termo proposto recentemente por Neves se entende que há continuidade populacional e cultural indígena após o contato com os europeus —, e, o segundo, como "arqueologia histórica" ou "arqueologia histórica amazônida" (Costa, 2017). Entretanto nosso argumento vai no sentido que esses períodos precisam ser revistos (Papaconstantinou, 2006), o impacto da invasão europeia é inquestionável, existem inúmeros relatos, artigos e livros produzidos tanto pela história quanto pela arqueologia que atestam isso, mas essa divisão, que deveria se traduzir em questões metodológicas, cronológicas e organizacionais, acabou levando a uma visão equivocada de que teria ocorrido o fim das sociedades indígenas em um determinado momento, ou, que as mesmas teriam passado por uma transformação tão absoluta que não seria possível estabelecer pontes históricas após a invasão europeia.

Quase toda a produção acadêmica voltada para a arqueologia na região foi ao longo de mais de 100 anos voltada para o período anterior ao contato com os europeus, a produção de textos sobre as ocupações dos últimos 500 anos é mínima e só ganha mais força a partir dos anos 2000 (Costa, 2017). Há pouco tempo, a arqueologia produzida em contexto amazônico impulsionada por interesses múltiplos, tanto acadêmicos quanto sociais, está começando a se voltar para períodos cronológicos mais recentes e, assim, entendendo melhor a continuidade cultural e social das populações indígenas após a invasão europeia, assim como considerando os novos processos de ocupação que decorreram do contato com europeus, africanos e, eventualmente, asiáticos. Entretanto, como aponta Costa (2017, p. 155), a arqueologia voltada para esses períodos recentes esteve, na Amazônia, focada majoritariamente em vestígios arquitetônicos e governamentais, ocupações tidas como "clássicas" desse período, mas que na verdade são principalmente vestígios de europeus e seus descendentes.

O estudo de caso que será abordado aqui é o de ocupações que decorrem da presença de mulheres negras e homens negros na região, quase todos trazidos à força, mas que apesar das condições absolutamente nefastas, encontraram, ao longo dos séculos, formas de resistir e criaram maneiras de viver contra as inúmeras agressões e adversidades em áreas rurais, conhecidas como quilombos. As primeiras pessoas africanas escravizadas foram trazidas ainda no século XVI por holandeses (Costa, 2018, p. 69), mas é principalmente a partir dos decretos Pombalinos, no meio do século XVIII, que criam a Companhia Geral do Grão-Pará e Maranhão, que o comércio de vidas humanas africanas irá se intensificar na região. Vale ressaltar que também há relatos de indígenas escravizados desde o início do século XVI e que, apesar da interdição a partir da era Pombalina, essa situação não mudará formalmente até o final do século XIX.

De fato, em todo o Brasil, estudos sobre comunidades quilombolas ainda são pouco desenvolvidos nos meios acadêmicos, sobretudo na arqueologia, contudo, já podemos contar com os trabalhos de Patrícia Marinho de

Carvalho (2018), Fábio Guaraldo (2012), Pedro Paulo Funari (1996), Irislane Moraes (2012), Scott Allen (2008), Lemos (2014), etc.

Nos últimos anos, pesquisas começaram a ser desenvolvidas nos quilombos do município de Santarém (PA), por pessoas de dentro e de fora dos quilombos. Assim, a abordagem e a região escolhida para apresentação neste capítulo refletem esse processo em andamento na região do Paranã do Maicá/Rio Ituqui, município de Santarém[79], onde se concentram a maior parte dos quilombos do município (Rapp Py-Daniel et al., 2023). O trabalho de conclusão de curso (TCC) "Arqueologia Quilombola: os processos de ocupação em Murumurutuba" (E. Pinto, 2023), construído em parceria com o TCC "Estudar a história de um quilombo é uma forma de resistir: estudo de caso Murumurutuba-PA" (R. Pinto, 2023) e com o projeto "Memórias de vidas que brotam da terra: permanências e resistências nos quilombos do Paranã do Maicá sob o olhar da arqueologia e da história[80]" (Rapp Py-Daniel et al., 2021), deram origem a este capítulo. A colaboração entre vários projetos tem permitido que várias propostas metodológicas sejam testadas e utilizadas de maneira complementar e que, aos poucos, começássemos a ter informações mais robustas sobre uma comunidade quilombola, Murumurutuba, e, de maneira associada, sobre os quilombos em geral no Planalto Santareno.

O quilombo de Murumurutuba está situado no município de Santarém, no estado do Pará, ele é um dos 12 quilombos[81] já reconhecidos pela Fundação Cultural Palmares (ver Figura 1) e se encontra no processo de titulação a nível federal. O território do quilombo está distribuído entre áreas de várzea, igapó e serra e atualmente 104 famílias vivem ali, com um total de 285 pessoas entre 0 e 94 anos.

---

[79] A possibilidade de desenvolver projetos e formar pessoas na região se deve à presença da Universidade Federal do Oeste do Pará que conta com um curso de Bacharelado em Arqueologia.

[80] Projeto com financiamento do CNPq, Nº Processo: 408930/2021-7 Chamada CNPq/MCTI/FNDCT Nº 18/2021 e formulado a partir das demandas de discentes e lideranças quilombolas.

[81] Este número deve mudar em breve, pois outras comunidades também estão pleiteando o reconhecimento pela Fundação Cultural Palmares.

Figura 1

Localização das 12 comunidades quilombolas reconhecidas no Município de Santarém

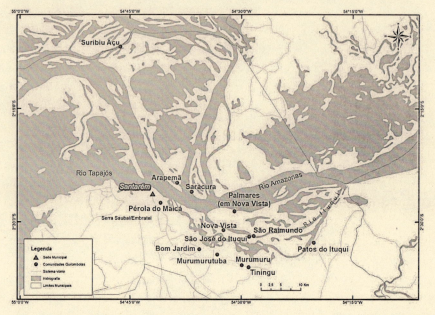

Notas. Autor: Ney Rafael Gomes Monteiro, 2023.

Diferentemente da proposta de Costa (2017), que é voltada para uma abordagem mais antropológica, extremamente válida, a pesquisa ora mencionada é realizada por discentes e egressos quilombolas, que são os primeiros três autores do artigo, eles escolheram como base para pesquisa a própria comunidade, o quilombo de Murumurutuba. Ou seja, é uma arqueologia mais intimista, relacionada à vida dos autores, mas também por isso, significativa para a história da comunidade e dos próprios autores. Os TCCs concluídos até agora trazem uma reflexão e discussão sobre a possibilidade de realizar arqueologia em quilombos por quilombolas, e, como o território como um todo pode trazer abundantes informações e contribuições para a compreensão do que é o processo histórico vivido no presente. Logo, um tema central da pesquisa é a diáspora africana. O tempo em que os africanos foram trazidos à força, roubados do continente africano, deu início a séculos de escravização numa escala nunca antes vista, mas também fez emergir formas de resistência, que foram, em parte, expressas através das fugas. De acordo com o historiador Eurípedes Funes, "O processo de fuga, individual ou coletivo, geralmente ocorria em épocas de festas e mais especificamente, no caso da Amazônia, no período de cheias: dezembro a maio" (Funes, 1995, p. 7). Como resultado, as pessoas autolibertas ocupavam seus espaços, onde se estabeleciam em lugares estratégicos e formavam seus mocambos[82]. Locais estratégicos eram aqueles acima das áreas de serra e mata alta, onde tinham acesso e controle visual ao movimento que ocorria na área perto do rio. Para o pesquisador Cândido Cunha, que fez sua monografia na área do Direito, intitulada "O cativeiro da terra na libertação dos escravos: uma análise da legislação escravista na formação do Brasil (1500-1891)":

> Das fugas de escravos, individuais, em grupos ou em massa, espontâneas ou estimuladas, improvisadas ou organizadas, surgiam os quilombos, forma de luta e organização social de negros formadas em contradição e oposição à sociedade colonial, à medida que se constituíam espaços livre do controle das autoridades e dos senhores da Colônia. (Cunha, 2020, p. 46).

Essa resistência deu origem à formação de vários quilombos e à luta pela garantia do território e pela sobrevivência, entretanto, boa parte dessa história continua não escrita e mal conhecida fora dos quilombos. Um exemplo contundente de como se tentou apagar a história quilombola no Brasil é o fato de o Instituto Brasileiro de Geografia e Estatística (IBGE) só ter realizado o primeiro censo populacional quilombola em 2022, com os resultados sendo divulgados em 2023[83].

Assim, seguindo as várias transformações em andamento no Brasil desde o início do Movimento Negro, a Constituição Federal de 1988 e as leis de inclusão (10.639/2003 e 11.645/2008), a arqueologia vem, aos poucos, trabalhando no sentido de entender e abarcar populações que não estavam presentes no período dito *pré-colonial* e que praticamente não foram mencionadas na arqueologia conhecida como *histórica* (Costa, 2017). A partir dessas observações, dois grandes eixos foram definidos para os nossos estudos, considerando a necessidade de compartilhar experiências regionais. O primeiro eixo é uma reflexão sobre o que é a condução de pesquisa dentro de um território quilombola, a partir de uma perspectiva quilombola e colaborativa; o segundo, é uma discussão sobre as abordagens metodológicas e a necessidade de adequação e flexibilidade para lidar com dados oriundos de diversas fontes.

---

[82] Mocambo é o nome dado aos espaços de resistência criados por pessoas que fugiam das opressões das fazendas escravocratas na Amazônia.

[83] Ver em: https://agenciabrasil.ebc.com.br/direitos-humanos/noticia/2023-07/ibge-dados-sobre-quilombolas-no-censo-2022-sao-reparacao-historica.

Em função desses eixos, nossos objetivos do capítulo são:

1. Explicar a metodologia utilizada até o presente na comunidade de Murumurutuba;

2. Apresentar um dos locais que a comunidade de Murumurutuba identifica como estando relacionados às ocupações quilombolas antigas.

3. Demonstrar quais vestígios foram utilizados no estabelecimento de uma cronologia relativa dos locais de ocupação identificados.

4. Expressar a importância da história oral nos contextos de povos tradicionais.

5. Expor a importância de mapear locais de memória dos comunitários.

Este trabalho se justifica por vários motivos, sendo o principal deles o fato de que a pesquisa foi realizada, em grande parte, por quilombolas, que têm o compromisso de buscar a história de seus antepassados, uma história diferente do que a ciência branca contou. Após mais de 150 anos de arqueologia, a Amazônia finalmente tem quilombolas como protagonistas e relatores das próprias histórias e lutas. Outro ponto importante é que as histórias orais presentes na memória dos mais antigos, as informações paisagísticas, e os registros materiais que estão inseridos no contexto arqueológico, juntos, formam evidências da história da comunidade, como remanescente de quilombo.

A estrutura que propomos para o artigo foi pensada a partir do público-alvo deste livro, estudantes de graduação e de pós-graduação, assim, iniciaremos pela apresentação da metodologia com as nossas reflexões sobre cada ponto, seguida dos resultados e das considerações finais.

Trabalhando no quilombo: abordagens

Desenvolver uma pesquisa em território quilombola é um desafio, envolve uma logística específica, autorização de acesso ao local (mesmo para integrantes da comunidade) e estruturação de parcerias que vão sendo conquistadas ao longo do tempo. Entretanto, quando falamos em desafio, isso não quer dizer algo ruim ou negativo, ao contrário, isso significa que o/a pesquisador/a que deseja trabalhar em área quilombola precisa estar ciente que uma pesquisa implica respeito e retornos para a comunidade, que a comunidade precisa entender e estar de acordo com o projeto, que ela tem o direito de pedir explicações, relatórios, etc., uma vez que o projeto for concluído, ou seja, o desafio é fazer com que a pessoa que faz a pesquisa aprenda a de fato se comunicar com os seus interlocutores.

A metodologia que vem sendo testada e empregada está dividida em várias partes, que refletem o percurso feito, que não foi fechado desde o início, ao contrário, a abordagem foi estruturada a partir de projetos de arqueologia, mas dialogada com as demandas apresentadas. Apesar da apresentação por tópico, cada elemento interage com o outro.

O levantamento bibliográfico

Quanto ao processo metodológico, a primeira etapa foi conhecer trabalhos em áreas com contextos parecidos, para assim, de certa forma, comparar e entender semelhanças e diferenças. Mas, certo é que não importa quão longe seja cada quilombo, os aspectos de resistência e as formas de sobreviver, plantar, cultivar e colher são parecidas, assim como as lutas pela garantia do direito ao território não divergem. Pois, quando se fala em comunidades quilombolas, não tem como se referir a um contexto isolado, e sim a um todo, que envolve lutas contínuas por melhorias, por políticas públicas, acesso ao ensino superior, reconhecimento pelo seu próprio país[84].

Essa etapa foi essencial para entender como se deu o processo de formação de outros quilombos, entendendo como as políticas internas se articulam na busca de melhorias para os quilombolas e relacionando esses contextos com a realidade de Murumurutuba. Uma das principais referências sobre pesquisas feitas em quilombos paraenses, foi o historiador Eurípedes Funes, seus estudos foram direcionados aos quilombos do alto Trombetas e Baixo Amazonas. Funes (1995) viu a realidade das comunidades quilombolas, entrevistou os mais antigos, dentre eles os avôs das autoras Rafaela e Elaine. Suas pesquisas serviram e servem como ferramenta para agilizar o processo de titulação dos territórios. Apesar de Funes citar todos os quilombos do Baixo Amazonas reconhecidos naquele momento, foi observado que as falas sobre Murumurutuba eram limitadas para traduzir o processo histórico completo do quilombo. Isso despertou o interesse em buscar mais informações em outras fontes como no Relatório Técnico de Identificação e Delimitação (RTID),

---

[84] Recomendamos os sites da Coordenação Nacional de Articulação das Comunidades Negras Rurais Quilombolas (CONAQ): https://conaq.org.br/nossa-historia/, e Malungo: https://malungu.org/ para mais informações sobre as lutas quilombolas no país e especificamente no estado do Pará.

feito por Eliane Cantarino O'Dwyer e Mariana Soares (O'Dwyer & Soares, 2011). Esses dois documentos eram praticamente os únicos que mencionavam a história do quilombo de Murumurutuba até o artigo "Arqueologia quilombola em Murumurutuba: Um novo olhar a partir dos protagonistas da história" (Pinto et al., no prelo) e os TCCS mencionados anteriormente (R. Pinto, 2023; E. Pinto, 2023), fora eles tivemos acesso a relatórios feitos para o Ministério Público (Rapp Py-Daniel & Bispo, 2017a) e para o Instituto do Patrimônio Histórico e Artístico Nacional (Rapp Py-Daniel & Bispo, 2017b) feitos pela última autora e um livro que contava a história da Fazenda Taperinha (Papavero & Overal, 2011), mas não dos quilombos. Outro livro particularmente importante para se entender os quilombos no estado do Pará foi *Negros do Trombetas: guardiães de matas e rios* de Rosa Acevedo e Edna Castro (1998). Trabalhos como os de Diogo Costa (2017), mencionados no início do capítulo, são importantes para contextualizar a política governamental dos últimos 500 anos e os de Fábio Guaraldo (2012) e Patrícia Carvalho (2018) foram importantes para se conhecer a realidade quilombola de outras regiões. Pesquisas nos arquivos de Santarém estão em andamento neste momento e devem auxiliar muito no processo de entender as ocupações dos últimos 150 anos.

Entrevistando: a oralidade em ação

A partir de dados extremamente esparsos na bibliografia e tendo como referência as experiências dos/as autores/as, foi estruturada uma série de entrevistas com o objetivo de complementar as informações conhecidas. É importante ressaltar que os/as autores/as do capítulo se encontravam em situações muito distintas de conhecimento sobre a região, enquanto os três primeiros autores são da comunidade de Murumurutuba e escutaram histórias sobre ela durante toda a vida, o quarto autor é do Quilombo do Pérola do Maicá, quilombo urbano em Santarém, a cerca de 33,9 quilômetros do Quilombo de Murumurutuba. A trajetória familiar e acadêmica desse discente é fortemente entrelaçada com a sua comunidade, em virtude da sua inserção desde muito novo na luta pelos direitos e políticas públicas das comunidades quilombolas da região, mas que, até o início do projeto, também não estava familiarizado com o Quilombo de Murumurutuba. A última autora conhecia a região de maneira mais superficial, tendo mais experiência no âmbito da arqueologia *stricto sensu*. Essa situação, apesar de desafiadora, foi extremamente estimulante, pois exigiu que cada um/a tivesse que compartilhar o que já considerava como "dado". Essa situação ficou particularmente evidente no momento das entrevistas, pois a última autora precisou de muito mais tempo para conseguir assimilar o nome de pessoas e lugares e entender a dinâmica da comunidade, contudo, visto a experiência na disciplina, isso a permitiu identificar nas falas elementos que pudessem estar materializados na paisagem.

As entrevistas foram realizadas com conhecedores sobre a formação e o desenvolvimento da comunidade: o professor Mário Bentes, presidente do quilombo e professor de longa data na comunidade; o pai das autoras, Rafaela e Elaine, Antonio Pinto; Maria Lúcia Nogueira, indígena e moradora da aldeia Munduruku São Francisco da Cavada que nasceu em Murumurutuba; Raimunda Pereira, pioneira do movimento quilombola na região; e a mãe de Rafaela e Elaine, Ruth Helena dos Santos. Apesar de termos objetivos muito explícitos com as nossas entrevistas, sempre pensando nos processos de formação da comunidade, as entrevistas realizaram-se em formato de conversa e foram abertas, as poucas perguntas que foram feitas serviram como guias para deixar os entrevistados à vontade, todas foram direcionadas à realidade de cada pessoa e buscam abarcar diferentes momentos da ocupação do quilombo, assim algumas questões estão voltadas às atividades (ex. extração de seringa) enquanto outras se relacionam aos moradores mais antigos. Os exemplos a seguir dão uma ideia da abrangência das perguntas e de como elas foram formuladas a partir da história de vida de cada interlocutor. A maior parte das entrevistas realizadas foi gravada e transcrita, contudo, algumas foram sistematizadas através das memórias dos entrevistadores e das anotações feitas pelas entrevistadoras. Essa diferença das abordagens atende às demandas dos próprios entrevistados, seguindo suas dinâmicas de conversa e seus desejos de terem as entrevistas gravadas ou não. O respeito às pessoas envolvidas é uma constante, pois, apesar de termos passado pelo Comitê de Ética em Pesquisa da UFOPA, sabemos que isso não é uma garantia de respeito às pessoas e aos seus conhecimentos. Entendemos que o "ter respeito" passa tanto pela nossa abordagem, quanto pela nossa postura individual e nossa capacidade de nos adaptar às pessoas e aos contextos, trabalhos similares em outras partes da Amazônia foram utilizados como referências (M. A. da Silva, 2022).

Nas entrevistas, é importante notar que as perguntas foram pensadas como um estímulo para que os entrevistados acessassem suas próprias memórias que muitas vezes estavam guardadas somente para eles e elas.

O conhecimento prévio dos primeiros autores sobre parte da vida dos/as entrevistados/as foi um elemento essencial. As entrevistas nos permitiram conhecer as histórias através da memória, além de evidenciar o protagonismo das mulheres. A importância de se trabalhar com as histórias guardadas dentro das comunidades vem sendo discutida há anos dentro da História, havendo inclusive manuais estruturados, como o trabalho de Verena Alberti (2018) e outros, contudo, dentro da arqueologia a oralidade vem aparecendo de maneira mais informativa para construção de analogias ou indicação de sítios antigos, como aponta Fabíola Andréa Silva (2009).

Um dos primeiros entrevistados foi o Sr. Antonio Pinto, 62 anos, contudo, a interação com ele foi contínua, o Sr. Antonio foi e é colaborador de todo o processo de pesquisa. Durante boa parte de sua vida, o Sr. Antonio contou as histórias dos antigos aos seus familiares, de como era nos tempos passados, como ele ajudava o pai no sustento da família indo para o roçado. Sendo ele um grande conhecedor da comunidade e das áreas de terra preta e roçados utilizados, as orientações dele foram essenciais para nos direcionar aos lugares sagrados e antigos. Das perguntas feitas temos: *Como era o caminho de acesso ao roçado? Quais lembranças dos tempos de infância em relação ao sítio Moura*[85] *o senhor tem? O senhor sabe quais eram os antigos caminhos na comunidade? Por que não se utilizam mais os antigos caminhos?*

Ao entrevistar a Sra. Maria Lúcia, cada pergunta foi um indicador positivo para acessar sua memória. Convidamos ela para compartilhar suas vivências conosco ao longo de uma visita ao local conhecido como Sítio Moura, onde ela passou a infância com seus pais. Esse local de Terra Preta é tido como um dos primeiros a ter sido ocupado por uma quilombola e era de onde a antiga festa de São Sebastião (festa de Santo importante para a comunidade no passado) se iniciava. Algumas das perguntas prontas foram: *Que lembranças de sua infância a senhora tem do sítio? O atual sítio Moura pertencia a sua família? A sua mãe se aposentou como "soldado da borracha", ela tirava o leite da seringa em suas próprias terras ou de outras pessoas? Qual a relação entre a comunidade de Murumurutuba e a Aldeia São Francisco da Cavada (ao lado)?*

O professor Mário Bentes, 51 anos, é professor e intelectual quilombola, ele informou-nos sobre as histórias de Murumurutuba, a educação

---

[85] Como veremos, o sítio Moura é um local importante para a memória regional, pois ali há relatos de moradores muito antigos.

quilombola e a trajetória de sua família, o professor Mário é irmão do Sr. Álvaro, antigo ocupante e morador da área de terra preta do Moura (dentro da área conhecida como Sítio Moura mencionada anteriormente), e genro de uma antiga moradora do quilombo, conhecida como Dona Paula, tida como uma das mais antigas a ocupar a região. Algumas perguntas que fizemos foram: *Como era o acesso para chegar até o local? Quais eram os caminhos que percorriam? Nas colheitas, como e onde armazenavam os alimentos? Quem era D. Paula?*

A Sra. Raimunda Pereira, 68 anos, é uma das fundadoras do movimento quilombola na região. Ela contou sobre sua trajetória como mulher negra quilombola, da sua relação de parentesco com os primeiros moradores do quilombo e a formação das "vilas" que estruturam a comunidade. Informou sobre a origem do movimento quilombola na região de Santarém e do início do mesmo em Murumurutuba, contou sobre os locais sagrados como os igarapés e as plantas usadas para tratamento. Algumas perguntas foram: *Qual a história da sua família? Como surgiu o movimento quilombola? Onde a senhora pegava água antigamente?*

Por fim, a Sra. Ruth Helena, 53 anos, muito contribuiu conosco. Filha de um dos antigos curadores mais famosos da comunidade e da região, ela falou da impressionante circulação de pessoas entre as comunidades; sobre as idas e vindas para tratamento ou para festas entre os quilombos; da relação do quilombo de Murumurutuba com os quilombos na região do rio Ituqui (Figura 1). Dentre as perguntas que fizemos foram: *Quais histórias a senhora lembra dos encantados? Conhecia os moradores mais antigos? Quais plantas tinham no quintal? Quem se tratava com o seu pai?*

A busca, a identificação e o registro dos locais mencionados e reconhecidos pela comunidade

A busca por espaços do século XX e XXI em uso ou desuso na comunidade, envolveu tentar identificar e reconhecer as antigas habitações, árvores, caminhos antigos, etc., que também eram elementos que ajudavam os entrevistados a contar as histórias e que, por sua vez, ajudaram-nos a entender a dinâmica da comunidade.

O levantamento paisagístico da comunidade nos informou como as pessoas estão modificando o local ao longo dos anos, sendo as plantas indicadores fortíssimos de ocupações quilombolas em várias regiões. De acordo com Patrícia Marinho de Carvalho:

A apropriação que se faz de uma determinada árvore ou planta, seja como marcador territorial seja por seu aspecto mágico-religioso, ou ainda, por qualquer de suas características que despertem vínculos mnemônicos é sem dúvida uma ferramenta sensível a ser percebida pelo arqueólogo na investigação de qualquer sítio arqueológico, e sobretudo, sítios em contextos afrodiaspóricos, quando já se sabe da possibilidade dessas populações afrodescendentes manterem relações com a paisagem que remete a sua ancestralidade. (Carvalho, 2018, p. 53).

A comunidade de Murumurutuba possui uma organização própria, ela é dividida por grupos familiares em áreas delimitadas e chamadas de "Vila". Essas vilas se constituíram a partir de fundadores iniciais e se desenvolveram de acordo com o ritmo de crescimento de cada família. Para entender essa dinâmica ocupacional, que está associada à construção de casas, ao plantio de árvores frutíferas ou plantas medicinais, à abertura de caminhos para acessar água, etc., foi importante trabalhar não só com a memória dos entrevistados, mas também com as experiências de vida dos três primeiros autores, materializando esse conhecimento em mapas de memória. A abordagem para elaboração dos mapas de memória das vilas é próxima do que vem sendo proposto na cartografia social, onde a visão do comunitário sobre o seu espaço é extremamente importante (Acselrad, 2019), no nosso caso, mais importante do que a precisão cartográfica.

Usando Imagens de Satélite (*Google Earth*)

Inicialmente tínhamos como uma das metas do trabalho a realização de mapas cartográficos situando cada um dos elementos encontrados, contudo, após avaliar a experiência de todos os envolvidos e a necessidade de ferramentas disponíveis gratuitamente que fossem simples e que fornecessem resultados rapidamente, foi escolhido trabalhar com imagens de satélite disponibilizadas pela Plataforma Google Earth. O resultado mostrou-se satisfatório (ver a Figura 2).

A proposta de usar imagens de localização tem duas funções: nos direcionar a entender e visualizar os registros, como caminhos antigos, as árvores, antigas habitações, as tradagens e as vilas da comunidade; assim como propor interpretações sobre as mudanças e a dinâmica de ocupação do quilombo.

Figura 2

Exemplo de imagem produzida com apoio da Plataforma Google Earth

Notas. Imagem produzida pelos autores a partir das imagens de satélite do Google Earth.

Resultados Principais e Considerações

Não temos espaço para elencar todos os resultados obtidos, por isso fizemos uma seleção para exemplificar a abordagem proposta associada à nossa reflexão sobre as escolhas realizadas.

De acordo com o historiador Eurípedes Funes (1995):

> O estudo de uma comunidade negra remanescente de quilombo, através das lembranças dos netos e bisnetos de quilombolas, possibilita uma incursão em suas raízes históricas, tornando mais vivo um passado que sempre esteve presente em suas memórias, revelando que as sociedades formadas pelos negros fugidos da escravidão não têm que necessariamente desaparecer com a extinção de seus respectivos mocambos. Há toda uma historicidade a ser conhecida (Funes, 1995, p. 16).

Realizar esta pesquisa na comunidade dos três primeiros autores foi uma forma de manter viva a memória daqueles que os antecederam e daqueles que hoje ainda estão conosco. É uma forma de registrar as histórias e vivências dos quilombolas, de suas raízes e de seu território. Para a autora Elaine, esta pesquisa é uma forma de fortalecer a identidade enquanto quilombola e trazer à memória os relatos passados através da oralidade dos antigos. Logo, cabe à atual geração não deixar as lutas e vivências serem esquecidas. Como afirmou o historiador quilombola Antônio Bispo dos Santos, "A visibilidade da luta quilombola na esfera pública brasileira é relativamente recente, tendo crescido de fato após a constituição de 1988" (Santos, 2015, p. 13), por isso temos como dever tornar visível as nossas histórias, e esta pesquisa é uma ferramenta para realização dessa visibilidade.

Os locais que os moradores identificam como sendo os mais antigos de uma comunidade são de várias naturezas, podem ser uma antiga habitação, uma árvore velha, caminhos abandonados, todos esses espaços falam sobre como, no passado, as atividades eram realizadas dentro do território, evidências essas presentes nos registros paisagísticos. O arqueólogo Fabio Guaraldo, ao falar do quilombo de Mandira, mostra como a questão territorial é um "elo" que une os quilombos, tornando os quilombolas pertencentes aos seus lugares: "Na luta pelo reconhecimento histórico do direito de uso de toda a extensão de seu território, os mandira permanecem recriando as formas de territorialidade herdadas pelos seus antepassados" (Guaraldo, 2012, p. 82) e:

> Os mandira nunca deixaram de transitar por seu território. Mesmo sendo proibidos de utilizar os recursos de suas terras e ocupar livremente seu território, eles permanecem transitando pelos caminhos antigos e acessando os portos e canais. Apesar disso, a intensidade com que os lugares antigos são acessados mudou (Guaraldo, 2012, p. 134).

O percorrimento da comunidade de Murumurutuba se deu sempre acompanhado com pessoas que conheciam bem o local, a presença do autor Tarcísio foi particularmente importante nesse momento, pois ao mesmo tempo que é estudante de arqueologia, ele também trabalhou muito com o avô na comunidade e conhece os espaços que os mais velhos indicavam.

Através dos relatos dos moradores, identificamos um espaço, o sítio arqueológico Terra Preta (TP) do Moura, onde fizemos um levantamento de superfície e subsuperfície que pôde ir além da área de Terra Preta em si. O material coletado foi curado no Laboratório de Arqueologia Curt Nimuendajú da UFOPA, seguindo as metodologias tradicionais de limpeza, identificação e guarda. Os materiais encontrados nas tradagens foram cerâmicas e líticos. Em superfície foram achados: um afiador lítico, cerâmicas, restos de malhadeiras de diferentes materiais, restos de um forno de ferro de torrar farinha, garrafas PETs de caçadores, garrafas de vidro antigas, assim como estacas caídas que remetem a casas, cercas e caminhos antigos. O sítio Moura se mostrou ser um sítio multicomponencial, ou seja, os materiais arqueológicos remetendo a pelo menos dois momentos de ocupação, o mais antigo relacionado à presença de cerâmica tapajônica e o segundo aos moradores quilombolas. Os materiais recentes encontrados na superfície não foram coletados, apenas os georreferenciamos e os fotografamos.

Figuras 3 e 4

Materiais encontrados em torno da casa do Sr. Álvaro Bentes (conhecido localmente como "Preto")

Notas. Foto de Anne Rapp Py-Daniel. 2022.

Foram, em grande parte, as entrevistas que guiaram esses percorrimentos. Desde as primeiras caminhadas, percebemos que as árvores e algumas plantas (Figura 5) eram essenciais para indicar antigas ocupações, atividades, caminhos, etc., e eram mencionadas como elementos de referência. Como exemplos temos árvores frutíferas, como mangueiras e cupuaçuzeiros indicando, frequentemente, antigas residências; as seringueiras marcadas pelas atividades realizadas e os caminhos escolhidos no século XX para acessar roçados ou o rio. Essas constatações estão sendo feitas em outros quilombos da região e de fora (Rapp Py-Daniel et al., 2023; Carvalho, 2018).

Figura 5

Árvores identificadas como pontos de memória e referências para as comunidades quilombolas de Santarém

Notas. Imagem retirada do artigo de Rapp Py-Daniel et al. (2023), aqui podemos observar algumas árvores que servem como marcos para as memórias e histórias das comunidades quilombolas. Comunidades: 1 e 2 - Arapemã, 3 - Sacacura, 4 - Murumurutuba, 5 - antiga comunidade de Palmares, 6 - antiga comunidade de São Jose, 7 - Território Maria Valentina e 8 - Tiningú.

Fonte: Anne Rapp Py-Daniel e Cinthia dos Santos Moreira (fotos de 2017 e 2018).

Como exemplo do que observou Carvalho sobre as plantas e que mencionamos no tópico anterior, a mangueira foi uma árvore particularmente importante para as nossas atividades. Carvalho, ao escrever sua tese de doutorado no quilombo de Boqueirão, Região do Rio Guaporé, menciona a mangueira como indicador territorial.

> A mangueira é uma árvore exótica, de origem asiática que se adaptou muito bem no Brasil, sendo abundante nos quintais de várias regiões do Brasil [...] Nos sítios estudados na comunidade do Boqueirão, as mangueiras se concentram em dois pontos dos quintais. Na frente é comum encontrar uma mangueira solitária e no fundo do quintal várias outras mangueiras plantadas na frente da casa também por finalidade proteger os moradores da casa contra energias negativas (Carvalho, 2018, pp. 260-261).

Sendo a mangueira um indicador cronológico, um indicador religioso e de moradias, é comum ver essa ligação entre as pessoas e as plantas, a Sra. Ruth, por exemplo, usou o banho de asseio da folha da mangueira, quando ela estava de resguardo. O tronco da mangueira depois de morta serviu como adubo para outras plantas.

Ao questionar sobre a localização de residências e atividades, fomos identificando os caminhos antigos e entendendo o uso ou abandono dos mesmos. Por exemplo, antes da chegada do Microssistema de Abastecimento de Água na comunidade, obra realizada pela prefeitura, cada Vila Familiar tinha seu próprio poço, seus próprios caminhos para acessar esses locais e relatam entidades espirituais responsáveis pelos espaços e pelo bom uso dos mesmos pelos moradores. Por exemplo, a fonte de água mais próxima da Vila Pinto tem como guardiã a "Sapa", enquanto que a Vila Pereira tem, atualmente, o "Barbudo", que exigiu que o poço não fosse mais utilizado (Figura 6). A presença dessas entidades em determinados espaços pode e deve ser lida como um elemento crucial para entender a dinâmica de ocupação e uso do espaço.

Figura 6

Fonte de água abandonada a pedido da Entidade Barbudo

Notas. Mesmo sendo próxima às residências, teve que ser abandonada. Foto de Rodrigo Moraes (foto de 2022).

  Murumurutuba passou por várias transformações ao longo do tempo, o local das residências foi sendo alterado de acordo com as necessidades do momento ou por eventos específicos como a facilidade de acesso à água, inundações da primeira via de acesso, proximidade de membros da mesma família, etc. As razões que levaram a essas modificações descritas nos relatos são dificilmente identificadas através da materialidade, sem as falas dos moradores, na maior parte das vezes, não saberíamos os porquês dessas mudanças, ainda mais que espaços considerados como "desativados", ainda são acessados, em menor frequência para outras atividades, por exemplo, os caminhos antigos usados para buscar água que hoje servem como trilhas para os caçadores.

  A água foi identificada como o fator mais importante da dinâmica das ocupações quilombolas, por exemplo, de acordo com o professor Mario Bentes, Dona Paula, ao envelhecer, foi, de certa forma, forçada a abandonar sua casa por falta de poços de água na área de serra. Dona Nenén, mãe da Sra. Maria Lúcia, também vendeu sua propriedade após certo tempo, pois o poço que utilizava para pegar água estava longe de sua casa. Em ambos os casos, apesar de D. Paula e de D. Neném terem morado extremamente próximas da área de Terra Preta (Figuras 3 e 4) que usavam para plantio, a falta de água no local para o uso cotidiano fez com que essas ocupantes deixassem o local de moradia.

Esta pesquisa esteve e está comprometida em descrever e apresentar o que nos foi relatado, tanto por questões acadêmicas, quanto para a comunidade. Como um dos principais resultados que temos é a solicitação das lideranças comunitárias para que participemos de processos relacionados ao processo de titulação do quilombo. Sendo que os TCCs das autoras Rafaela e Elaine foram anexados junto ao RTID da comunidade. E as mesmas foram mobilizadas a fazer um levantamento histórico da comunidade de João Pereira (JP), que está em processo de reconhecimento, pedido esse feito pelas Organizações Quilombolas de Santarém (FOQS).

Em novembro de 2022, Tarcísio e Elaine, a pedido do presidente da FOQS Mário Pantoja e o presidente da comunidade, professor Mário Bentes, participaram do estudo de delimitação do território que o INCRA está conduzindo para definir os limites territoriais entre a Aldeia São Francisco da Cavada e Murumurutuba. Esses reconhecimentos nos motivam enquanto pesquisadores, e mostram como nossas pesquisas servem como ferramentas para nossos territórios, além de trazerem dados para a arqueologia como disciplina e justiça para milhares de afrodescendentes, frequentemente esquecidos pela narrativa nacional e hegemônica. Logo, fazer esta pesquisa é uma forma de aquilombar e ocupar espaços no meio científico, na arqueologia, na universidade e na sociedade.

No decorrer desta pesquisa, vimos como a arqueologia dialoga com o contexto da história de vida num quilombo, através das evidências que estão presentes no território. Essa interação não se limita somente ao material, mas também a uma série de elementos que só nos são acessíveis através das memórias dos moradores.

Logo, buscamos produzir uma arqueologia comprometida em contar a história da comunidade, pelas perspectivas quilombolas e com a interação com os conhecedores locais e, como cita a arqueóloga Alice Soares, "Partindo de uma arqueologia que escava memórias, sendo uma ação política no presente" (Soares, 2022, p. 13). Ou seja, é acessar a memória não somente de uma pessoa, mas de uma geração anterior, é escavar histórias que muitas vezes estão esquecidas, daí a importância de realizar essa arqueologia quilombola e registrar o que até então estava somente na oralidade.

Referências

Acevedo, Rosa, & Castro, Edna. (1988). *Negros do Trombetas: guardiães de matas e rios*. Cejup/UFPA-NAEA.

Acselrad, Henri (2019). Sobre os usos sociais da Cartografia. *Instituto de Pesquisa e Planejamento Urbano e Regional*. Rio de Janeiro: Universidade Federal do Rio de Janeiro. http://conflitosambientaismg. lcc. ufmg. br/geral/anexos/txt_analitico/ACSELRAD_Henri_-_Sobre_os_usos_sociais_da_cartografia. pdf ACSELRAD, Henri.

Alberti, Verena. (2018). *Manual de história oral*. Editora FGV.

Allen, Scott Joseph (2008). Arqueologia na região serrana quilombola, Alagoas-2008-2009. *Vestígios-Revista Latino-Americana de Arqueologia Histórica*, 2(1), 99-101.

Carvalho, Patrícia Marinho de. (2018). *Visibilidade do negro: arqueologia do abandono na comunidade quilombola do Boqueirão-Vila Bela/MT*. (Tese de doutorado, Museu de Arqueologia e Etnologia, Universidade de São Paulo, São Paulo).

Costa, Diogo Menezes. (2017). Arqueologia Histórica Amazônida: entre sínteses e perspectivas. *Revista de Arqueologia*, 30(1), 154-174.

Costa, Diogo Menezes (2018). Eco-historical archaeology in the Brazilian Amazon: Material, natural and cultural western transformations. *Historical Archaeology and Environment*, 65-86.

Cunha, Cândido Neto da. (2020). *O cativeiro da terra na "libertação" dos escravos: Uma legislação agrária e escravista na formação do Brasil (1500-1891)*. (Monografia, Programa de Ciências Jurídicas, Universidade Federal do Oeste do Pará, Santarém, Pará).

Funari, Pedro Paulo A. (1996) A "República de Palmares" e a arqueologia da Serra da Barriga. *Revista Usp*, 28, 6-13.

Funes, Eurípedes. (1995) *Nasci nas matas nunca tive senhor- histórias e memórias dos mocambos do baixo Amazonas*. (Tese de doutorado, Universidade federal do Ceará, Fortaleza, CE).

Guaraldo, Fabio Almeida. (2012). *Arqueologia da resistência e Etnoarqueologia no território Mandira-Município de cananéia/SP*. (Dissertação de mestrado, Museu de Arqueologia e Etnologia, Universidade de São Paulo, São Paulo).

Lemos, Caroline Murta. (2014). *Se me der licença, eu entro; se não der, eu vou embora: Patrimônio e Identidade na comunidade quilombola Chacrinha dos Pretos (Belo Vale/ MG)*. (Dissertação de mestrado, Faculdade de Filosofia e Ciências Humanas, Universidade Federal de Minas Gerais, Belo Horizonte).

Moraes, Irislane Pereira del. (2012). *Do tempo dos Pretos d'antes aos Povos do Aproaga: patrimônio arqueológico e territorialidade quilombola no vale do rio Capim (PA)*. (Dissertação de mestrado, Programa de Pós-Graduação em Antropologia, Universidade Federal do Pará, Belém, Pará).

Neves, Eduardo Góes. (2022). *Sob os tempos do equinócio: oito mil anos de história na Amazônia Central*. Ubu Editora.

O'Dwyer, Eliane Cantarino, & Soares, Mariana Pettersen. (2011). *Relatório Antropológico de identificação da comunidade remanescente de quilombo Murumurutuba*. Relatório entregue ao INCRA. Não publicado.

Papaconstantinou, Demetra. (2006). Archaeological context as a unifying process: an introduction. D. Papaconstantinou (ed.), *Deconstructing Context. A critical approach to archaeological practice*, 1-21.

Papavero, Nelson, & Overal, William L. (2011). *Taperinha: histórico das pesquisas de história natural realizadas em uma fazenda da região de Santarém, no Pará, nos séculos XIX e XX*. Museu Paraense Emilio Goeldi.

Pinto, Elaine dos Santos. (2023). *Arqueologia quilombola: Os processos de ocupação em Murumurutuba*. (Monografia, bacharelado em Arqueologia, Universidade Federal do Oeste do Pará, Santarém, Pará).

Pinto, Rafaela dos Santos. (2023). *Estudar a história de um quilombo é uma forma de resistir: Estudo de caso de Murumurutuba-PA*. (Monografia, bacharelado em Arqueologia, Universidade Federal do Oeste do Pará, Santarém, Pará).

Pinto, Rafaela dos Santos, Pinto, Elaine dos Santos & Vandekoken, Tarcísio Pinto. (no prelo). Arqueologia quilombola em Murumurutuba: Um novo olhar a partir dos protagonistas da história. *Revista de Arqueologia Brasileira*.

Rapp Py-Daniel, Anne, & Bispo, Cínthia dos Santos Moreira. (2017a). *Diagnóstico do Patrimônio Histórico, Cultural e Paisagístico de Fazenda Taperinha*. Relatório encaminhado ao Ministério Púbico Federal. Não publicado.

Rapp Py-Daniel, Anne, & Bispo, Cínthia dos Santos Moreira. (2017b). *Interseções de conhecimentos etnográficos e arqueológicos em contextos do Baixo Amazonas: o caso do território do Aiaiá em Santarém, Pará*. Relatório encaminhado ao Instituto do Patrimônio Histórico e Artístico Nacional. Não publicado.

Rapp Py-Daniel, Pinto, R. dos S., Pinto, E. dos S., Vandekoken, T. P., Prestes Carneiro, G., Barboza, M. S. L., Shock, M. P., Carvalho, P. M. de, Neves, E. G., (2021). *Memórias de vidas que brotam da terra: permanências e resistências nos quilombos do Paranã do Maicá sob o olhar da arqueologia e da história*. Projeto original encaminhado ao CNPQ. Não publicado.

Rapp Py-Daniel, A., O´Dwyer, E. C., Moraes, C. de P., Moreira, C. dos S., Pinto, R. dos S., & Pinto, E. dos S. (2023) Dinâmicas de ocupação da região do Rio Ituqui/Paranã do Maicá, Santarém/PA: 8000 anos até o presente. *Revista de Arqueologia Pública*, Campinas, 18(0), e023007. DOI: 10.20396/rap.v18i00.8673267. https://periodicos.sbu.unicamp.br/ojs/index.php/rap/article/view/8673267.

Santos, Antônio Bispo dos. (2015, junho). *Colonização, Quilombos: modos e significados*. Instituto Nacional de Ciência e Tecnologia de Inclusão no Ensino Superior e na Pesquisa - INCTI.

Silva, Fabíola Andréa. (2009). Etnoarqueologia: uma perspectiva arqueológica para o estudo da cultura material. *Métis: história & cultura*, 8(16), 121-139.

Silva, Maurício André da. (2022). *Abordagens educacionais para uma arqueologia parente com comunidades tradicionais da RDS Amanã e da FLONA Tefé, Amazonas*. (Tese de doutorado em Arqueologia, Museu de Arqueologia e Etnologia, Universidade de São Paulo, São Paulo). 10.11606/T.71.2022.tde-17022023-153451.

Soares, Alice Matos. (2022). *Experiências Afrodiaspóricas na Arqueologia: Relatos, sensações e emoções em um Brasil do século XXI*. (Monografia, bacharelado em Arqueologia, Universidade Federal do Oeste do Pará, Santarém, Pará).

Capítulo 7

DIÁLOGOS ENTRE BELÉM E SANTARÉM: ARQUEOLOGIA HISTÓRICA NA AMAZÔNIA BRASILEIRA

Diogo Meneses Costa
Tiago Silva Alves Muniz

Introdução: Arqueologia Histórica e sua prática de pesquisa n a Amazônia

A Arqueologia Histórica é uma parte da Arqueologia que estuda os vestígios materiais das sociedades modernas (de 1453 a 1789), contemporâneas (1790 até 1950), e pós-modernas (1951 até hoje). E o sítio arqueológico histórico é qualquer indício da ação humana, de um desses tempos, em um determinado espaço — a exemplo de uma cidade inteira como Belém e Santarém. Além disso, a Arqueologia histórica também se preocupa em contextualizar e interpretar esses vestígios em relação ao seu período histórico, levando em consideração aspectos sociais, políticos, econômicos e culturais que influenciaram a produção desses objetos e edificações. É um estudo interdisciplinar que utiliza métodos e técnicas da História, Antropologia, Sociologia, Geografia, Arquitetura, entre outras áreas, para compreender a materialidade e a cultura material das sociedades passadas. Dessa forma, a Arqueologia histórica contribui para a reconstrução da história social e cultural dessas sociedades e para a valorização do patrimônio histórico e cultural do nosso país e agora também na Amazônia brasileira.

Porém, por que diferenciar uma arqueologia pré de uma arqueologia pós-colonial na Amazônia brasileira? A diferenciação entre uma arqueologia pré e uma arqueologia pós-colonial na Amazônia brasileira é importante para reconhecer as mudanças significativas que ocorreram na região antes e depois da chegada dos colonizadores europeus. A arqueologia pré-colonial refere-se ao estudo das sociedades indígenas e suas culturas que existiam na Amazônia antes da colonização europeia. Essa abordagem visa compreender as dinâmicas sociais, econômicas, religiosas e tecnológicas dessas sociedades originárias, bem como sua interação com o ambiente natural. Já a arqueologia pós-colonial concentra-se nas mudanças decorrentes da chegada dos colonizadores europeus, explorando os impactos sociais, culturais e ambientais resultantes do contato entre as sociedades indígenas e os colonizadores. Isso envolve o estudo das práticas coloniais, como a exploração e implantação de recursos naturais diferenciados, a imposição de sistemas políticos e econômicos divergentes dos das sociedades originárias, as transformações na cultura material e as dinâmicas de resistência e adaptação das comunidades indígenas.

Entretanto o grande diferencial da pesquisa arqueológica do período histórico ou de um passado recente na Amazônia brasileira é, sem dúvida, a migração forçada de sociedades africanas inteiras para o continente americano. Portanto, a diáspora forçada de sociedades africanas através do comércio de escravos é um fator crucial na pesquisa arqueológica do período histórico e do passado recente na Amazônia brasileira. Durante o período colonial e pós-colonial, a Amazônia foi uma região onde ocorreu o tráfico transatlântico de escravos, resultando em uma significativa presença africana na região[86]. A pesquisa arqueológica nessa área busca compreender as experiências e as formas de resistência das comunidades africanas e afrodescendentes que foram trazidas à força para a Amazônia. Essa abordagem arqueológica pode revelar informações sobre os locais de moradia, trabalho e de práticas culturais dessas comunidades, bem como os objetos e materiais utilizados por elas. Além disso, a arqueologia também desempenha um papel importante na busca por evidências e na preservação da memória dessas comunidades, muitas vezes marginalizadas ou esquecidas na narrativa histórica tradicional.

---

[86] A arqueologia da diáspora africana na Amazônia é uma área de estudo que se concentra na investigação arqueológica das evidências materiais e culturais deixadas pelas populações africanas e afrodescendentes na região amazônica. Ela busca compreender a presença, a história e as experiências dos africanos escravizados e seus descendentes na Amazônia ao longo do tempo. A arqueologia da diáspora africana na Amazônia busca reconstruir as vivências dessas comunidades, explorando aspectos como as práticas culturais, as formas de resistência, os padrões de assentamento, as tecnologias utilizadas, e a partir daí também a religiosidade e a organização social. Os pesquisadores dessa área utilizam uma variedade de métodos, incluindo escavações arqueológicas, análise de artefatos, estudos de paisagem e abordagens interdisciplinares que envolvem a colaboração com comunidades quilombolas e afrodescendentes locais. Essa abordagem arqueológica procura ir além das narrativas históricas tradicionais, que muitas vezes marginalizaram ou omitiram a presença e a contribuição dos africanos e seus descendentes. Ela busca trazer à tona as vozes e as histórias dessas comunidades, ajudando a construir uma compreensão mais completa e inclusiva do passado amazônico e do legado da diáspora africana na região (COSTA, 2016a, 2016b).

A pesquisa arqueológica pode contribuir para a valorização e o reconhecimento da diversidade cultural e étnica da Amazônia brasileira, ampliando nossa compreensão do passado e seu impacto no presente.

Dessa forma, diferenciar para efeito de pesquisa uma arqueologia pré de uma arqueologia pós-colonial na Amazônia brasileira permite uma compreensão mais completa e contextualizada da história e das culturas durante esses períodos da região, levando em consideração tanto as sociedades indígenas ancestrais quanto a diáspora forçada das sociedades africanas e os impactos do processo de colonização. Assim, realizar uma pesquisa de arqueologia histórica na Amazonia brasileira não é só revelar a herança material europeia no norte do Brasil, mas sim estudar do ponto de vista material uma nova formação social que ocorre especificamente no continente americano após a ocupação estrangeira de um novo mundo. Entre todos os diversos espaços físicos para a investigação material e científica desta nova formação social, podemos atualmente sintetizar em quatro tipos:

1. Sítios arqueológicos: são áreas onde vestígios materiais de atividades humanas passadas estão preservados. Os sítios arqueológicos na Amazônia podem incluir antigas aldeias indígenas, assentamentos coloniais, áreas de exploração de recursos naturais, ou até mesmo cidades atuais inteiras.

2. Museus e instituições de pesquisa: são as instituições dedicadas à pesquisa arqueológica e antropológica que abrigam coleções de artefatos e materiais culturais provenientes da Amazônia. Esses espaços proporcionam a oportunidade de estudo e análise desses materiais.

3. Comunidades locais: as próprias comunidades locais da Amazônia são espaços fundamentais para a investigação material e científica. O diálogo e a colaboração com os membros dessas comunidades podem fornecer informações valiosas sobre suas histórias, tradições e práticas culturais.

4. Paisagem natural: a paisagem da Amazônia também pode ser um espaço de investigação. Por meio de estudos de campo e pesquisas científicas, é possível compreender a relação entre as atividades humanas e o ambiente natural ao longo do tempo.

É importante ressaltar que a pesquisa material e científica na Amazônia deve ser conduzida sempre de maneira ética e sustentável, levando em consideração a preservação do patrimônio cultural e ambiental, bem como o respeito às comunidades locais e aos seus conhecimentos tradicionais. É essencial manter uma abordagem flexível, sensível e adaptativa, buscando sempre o respeito, a colaboração e a inclusão das comunidades envolvidas. Portanto, ao realizar pesquisas arqueológicas históricas em quilombos e aldeias atuais, é essencial adotar as melhores práticas para garantir uma abordagem ética, inclusiva e respeitosa. Aqui estão algumas diretrizes importantes a serem seguidas:

1. Envolvimento com as comunidades: estabeleça uma parceria e um diálogo contínuo com as comunidades quilombolas e indígenas envolvidas. Consulte e envolva os membros dessas comunidades desde o início do projeto, respeitando seus conhecimentos tradicionais e perspectivas de mundo.

2. Consentimento informado e autorização: obtenha o consentimento informado das comunidades e indivíduos envolvidos, explicando claramente os objetivos da pesquisa, os métodos empregados e os possíveis resultados. Certifique-se de obter autorizações formais e estabelecer acordos de colaboração, conforme necessário.

3. Participação comunitária: promova a participação ativa das comunidades nas atividades de pesquisa arqueológica. Isso pode incluir o envolvimento dos membros da comunidade em escavações, análise de artefatos, tomadas de decisão e na interpretação dos resultados.

4. Preservação da identidade cultural: respeite e valorize a identidade cultural das comunidades. Reconheça a importância dos sítios arqueológicos e dos materiais culturais para a memória coletiva e a história das comunidades, evitando qualquer apropriação indevida ou exploração insensível.

5. Sensibilidade cultural: esteja ciente das práticas culturais, crenças e sensibilidades das comunidades envolvidas. Adote uma abordagem sensível à diversidade cultural e evite causar ofensas ou danos através de suas ações ou interpretações.

6. Divulgação e compartilhamento de resultados: compartilhe os resultados da pesquisa de maneira acessível e relevante para as comunidades envolvidas. Trabalhe em conjunto para desenvolver produtos e materiais educativos que beneficiem as comunidades, além de contribuir para a divulgação científica mais ampla.

7. Responsabilidade ambiental: tome medidas para minimizar qualquer impacto negativo ao meio ambiente durante as escavações ou outras atividades de pesquisa. Adote práticas sustentáveis e respeite os recursos naturais da região.

Portanto, pesquisar em arqueologia histórica na Amazônia brasileira é muito mais do que investigar o passado recente de uma antiga ocupação pós-europeia. Mas também estudar as narrativas subalternas e memória coletiva de sociedades tradicionais. A pesquisa arqueológica histórica na Amazônia brasileira também busca resgatar e valorizar as histórias subordinadas e o conhecimento coletivo de grupos marginalizados, como indígenas, quilombolas e outras comunidades tradicionais. Ela oferece uma oportunidade de dar voz a essas comunidades, contribuindo para uma história mais inclusiva e abrangente da região. Isto reforça a história e a resistência das comunidades indígenas, quilombolas e tradicionais. Por exemplo, a Amazônia é lar de diversas comunidades quilombolas, descendentes de africanos escravizados que fugiram e se estabeleceram na região. A pesquisa arqueológica histórica pode contribuir para reconstruir suas histórias, suas práticas culturais e suas estratégias de resistência contra a escravidão e a opressão.

De outro lado, conhecer sobre diversidade cultural prévia à colonização europeia também é essencial, pois a Amazônia também abriga uma rica diversidade cultural anterior à chegada dos europeus. Diversos povos indígenas habitavam a região, cada um com suas próprias tradições, tecnologias e formas de organização social. A pesquisa em arqueologia histórica permite entender e valorizar essa diversidade, reconhecendo a complexidade das sociedades indígenas pré-coloniais e o impacto causado pela colonização em seus espaços de vivência e trânsito. A Amazônia não era isolada antes da colonização europeia. Havia interações culturais, econômicas e sociais entre os povos amazônicos e outras regiões, como os Andes e o litoral. A pesquisa arqueológica histórica pode revelar como essas redes de trocas, as influências culturais e as dinâmicas de contato foram alteradas, mantidas ou mesmo extintas após a chegada dos europeus.

Este entendimento de enfrentamento entre um passado profundo versus um passado recente no estudo arqueológico amazônico não corrobora com a realidade, seja localmente e muito menos globalmente. Ampliar o nosso olhar para "além das datas" é também incluir outras realidades, ou mesmo perspectivas ameríndias e afroindígenas ao nosso fazer científico. Dessa forma, explorar as questões envolvendo mudanças ambientais e sustentabilidade na pesquisa arqueológica é um viés sim. A Amazônia é um ambiente complexo e diverso em termos ecológicos passados e atuais. A pesquisa arqueológica histórica pode fornecer insights sobre as formas como as sociedades passadas interagiram com o ambiente, incluindo práticas de manejo do seu lixo, uso dos recursos naturais e estratégias de subsistência. Essas informações podem ser valiosas para a compreensão da sustentabilidade e da conservação ambiental atual na região. Em suma, a pesquisa em arqueologia histórica na Amazônia brasileira é enriquecedora por revelar a diversidade cultural prévia e pós a colonização, as interações pré-e-pós-coloniais, as histórias e resistências das comunidades quilombolas e indígenas, as relações com o meio ambiente e a valorização de narrativas subalternas. Isso amplia nossa compreensão da história regional e contribui para uma abordagem mais inclusiva e abrangente da Amazônia em tempos recentes.

Belém Arqueológica: um estudo de caso urbano no estuário Guajarino

Belém do Pará é uma cidade com mais de 400 anos de fundação, localizada na região norte do Brasil e considerada a "Porta da Amazônia". Sua localização estratégica, situada às margens da Baía do Guajará e do rio Guamá, tornou-a um importante centro comercial e cultural na região. Belém possui um patrimônio histórico e cultural singular, com 23 patrimônios materiais tombados pelo Instituto do Patrimônio Histórico Artístico e Cultural (IPHAN) que marcam a cidade como um todo. Esse patrimônio inclui igrejas, praças, edifícios históricos, museus e coleções que são símbolos da história e da cultura da cidade. Esses patrimônios são importantes não só para a preservação da memória da cidade, mas também para a prática da arqueologia urbana na Amazônia brasileira, que é um campo de estudo em constante desenvolvimento. Em resumo, Belém do Pará é um laboratório vivo para a prática da arqueologia urbana, oferecendo uma rica oportunidade para a exploração da história e da cultura da região.

Com base na lista dos bens patrimoniais tombados do Arquivo Noronha Santos do IPHAN na cidade, podemos observar a grande quantidade de monumentos e espaços públicos que são considerados importantes para a história e a cultura locais. Além das quatro igrejas e dois palacetes, há outros 15 monumentos que foram preservados e protegidos devido à sua importância histórica e arquitetônica. Entre esses bens, destacam-se três conjuntos arquitetônicos urbanos, que incluem várias edificações e estruturas importantes; um sítio arqueológico que contém as ruínas de um antigo assentamento colonial, uma coleção arqueológica e etnográfica que abrange tanto vestígios de antigas civilizações pré-coloniais e pós-coloniais, quanto material para o estudo das tradições e costumes das populações amazônicas; e um parque zoológico e botânico que possui uma grande variedade de espécies da flora e fauna locais.

Os bens de cunho religioso também são bastante significativos na lista, com nove patrimônios tombados, incluindo cinco igrejas, uma capela, um convento, um cemitério e um colégio. Esses monumentos são importantes não apenas pelo seu valor histórico, mas também pela sua relevância cultural e religiosa para a comunidade local. Além disso, a lista também inclui nove bens de caráter público, que abrangem dois palacetes, um palácio, um parque, uma coleção, um teatro, duas avenidas e uma travessa. Esses espaços são importantes para a cidade e seus habitantes, pois representam aspectos significativos da história, da cultura e do desenvolvimento urbano da região. Por fim, a lista apresenta três bens de aspecto privado, incluindo um mercado, um solar e um engenho. Considerados importantes para a história e a cultura local e, por isso, foram tombados e preservados pelo IPHAN. Em resumo, a lista dos bens patrimoniais tombados do Arquivo Noronha Santos do IPHAN na cidade representa uma rica e diversa herança cultural e histórica que deve ser protegida e valorizada para as gerações futuras.

O projeto "Arqueologia Urbana Luso brasileira: Belém, a primeira cidade portuguesa na Amazônia"[87] é uma iniciativa que tem como objetivo investigar o passado histórico e arqueológico de Belém, cidade que foi a primeira fundada pelos portugueses na Amazônia[88]. Desde 2013, o projeto vem realizando escavações e pesquisas em diferentes locais da cidade,

---

[87] Coordenado pelo professor doutor Diogo M. Costa no Programa de Pós-Graduação em Antropologia (PPGA) e no Programa de Pós-Graduação em Ciências do Patrimônio Cultural (PPGPATRI), ambos da Universidade Federal do Pará (UFPA), com financiamento da CAPES e CNPq.

[88] No período colonial, as cidades só podiam ser fundadas por ordem real e tinham função estratégica, qualquer outro assentamento urbano fundado por colonos eram vilas e tinham caráter colonizador (COSTA, 2014).

com o intuito de revelar o rico patrimônio arqueológico-histórico que se encontra ali. Até o momento, já foram escavados quatro sítios arqueológicos históricos distintos na malha urbana de Belém, cada um com características e importâncias diferentes.

O primeiro deles é o Engenho do Murutucu, localizado na estrada da CEASA, no bairro Curió-Utinga. Esse engenho remonta ao século XVII e tem grande importância para a história da produção açucareira e tráfico de escravos na região. Outro sítio arqueológico importante é o Casarão da Ladeira do Castelo, localizado ao lado do forte do Castelo no bairro Cidade Velha. Esse casarão é uma construção histórica do século XVIII e é considerado um dos mais importantes exemplares da arquitetura colonial na região. A Igreja e Convento dos Mercedários, no centro comercial de Belém, também foram pesquisados e revelaram importantes informações sobre a história religiosa da cidade. Essa igreja e convento datam do século XVIII e são considerados um dos principais patrimônios históricos da cidade. Por fim, o Cemitério da Soledade, localizado no bairro Batista Campos, também foi investigado e revelou importantes informações sobre a história dos enterros e da religiosidade na cidade. Esse cemitério foi inaugurado no século XIX e é considerado um dos mais importantes patrimônios históricos de Belém.

Com essas explorações científicas, o projeto "Arqueologia Urbana Luso brasileira: Belém, a primeira cidade portuguesa na Amazônia" tem contribuído para o conhecimento e a valorização da história e do patrimônio arqueológico de Belém, permitindo que as gerações atuais e futuras possam compreender e apreciar a rica herança cultural e histórica dessa cidade única e diferenciada. As pesquisas sobre o patrimônio arqueológico-histórico de Belém foram conduzidas por meio de dois programas de pós-graduação da Universidade Federal do Pará (UFPA): o Programa de Pós-Graduação em Antropologia (PPGA) e o Programa de Pós-Graduação em Ciências do Patrimônio Cultural (PPGPatri). Ambos os programas possuem uma abordagem interdisciplinar e buscam investigar as diversas dimensões do patrimônio cultural e histórico. Além disso, as pesquisas foram realizadas com a participação ativa de discentes e docentes do Grupo de Pesquisa em Arqueologia Histórica Amazônida (GAhIA); que é um grupo de pesquisa da UFPA com foco na arqueologia histórica e que tem contribuído significativamente para o avanço do conhecimento sobre a história e o patrimônio cultural da região amazônica.

Essa participação conjunta de diferentes programas de pós-graduação e de um grupo de pesquisa tem possibilitado uma abordagem multidisciplinar e enriquecedora para as pesquisas sobre o patrimônio urbano de Belém. Os discentes e docentes envolvidos têm contribuído com diferentes áreas de conhecimento, como arqueologia, antropologia, história, entre outras, permitindo uma compreensão mais ampla e integrada do patrimônio cultural e histórico da cidade. Além disso, a participação de discentes nesses projetos permite que eles tenham uma formação mais completa e integrada, colocando em prática os conhecimentos adquiridos em sala de aula e participando diretamente de pesquisas que têm impacto direto na valorização e preservação do patrimônio cultural e histórico da região. Dessa forma, a união entre diferentes áreas de conhecimento e a participação ativa de estudantes e professores têm contribuído significativamente para o avanço do conhecimento sobre o patrimônio de Belém e sua importância para a história e a cultura da região amazônica.

A coleta material do cotidiano vivido pelos habitantes de Belém do Pará tem revelado informações inéditas sobre o passado da capital paraense na Amazônia. Através da análise dos vestígios arqueológicos encontrados nos sítios escavados, é possível reconstituir aspectos do cotidiano e da cultura material dos diferentes grupos que habitaram a região. Entre os materiais encontrados, destacam-se os instrumentos e ferramentas de trabalho em ferro, que fornecem informações valiosas sobre as atividades econômicas desenvolvidas na região e a tecnologia empregada na produção desses artefatos. Além disso, os fragmentos de louças utilizados em jogos de chá e jantares, bem como os pedaços de garrafas e frascos em vidro para bebidas e panaceias, permitem traçar um panorama das práticas alimentares e medicinais das populações que habitaram a cidade ao longo dos séculos.

Os restos alimentares, como ossos faunísticos e conchas, também são importantes indicadores das práticas alimentares e da dieta dos habitantes de Belém ao longo do tempo. A análise desses materiais permite não apenas identificar as espécies de animais e até plantas consumidas, mas também entender as estratégias de subsistência e os padrões de consumo alimentar dos diferentes grupos que habitaram a região ao longo do tempo. Em suma, a coleta material do cotidiano vivido pelos diversos habitantes de Belém tem permitido a reconstrução de aspectos importantes da história e cultura material da cidade, contribuindo para a valorização e preservação do patrimônio cultural e histórico da região amazônica.

Além dos materiais encontrados, as pesquisas também se concentraram em estudar os espaços de moradia e trabalho dos habitantes de Belém. Por meio do estudo das estruturas edificadas, tanto sob quanto sobre o solo, é possível obter informações valiosas sobre como essas construções foram erguidas, como foram utilizadas e como foram abandonadas. A análise dessas estruturas permite não apenas entender as técnicas e materiais empregados na construção, mas também traçar um panorama das formas de ocupação e organização do espaço urbano ao longo do tempo. Através da interpretação das marcas deixadas pelas atividades humanas, é possível identificar os usos originais desses espaços, bem como as transformações ocorridas ao longo do tempo e os diferentes modos de ocupação e exploração do território urbano.

Dessa forma, o estudo das estruturas edificadas contribui para a compreensão da história urbana de Belém e para a preservação do patrimônio cultural e histórico da região amazônica. Ao entender como essas construções foram erguidas, utilizadas e abandonadas, é possível valorizar e proteger o legado deixado pelos habitantes que ajudaram a construir a cidade ao longo dos séculos. Portanto a arqueologia é uma forma de contar histórias e no caso do período histórico na Amazônia, de revelar cotidianos após a chegada dos europeus e seu contato com indígenas originários e depois africanos trazidos a esse ambiente tão singular.

Santarém Arqueológica: da composição da sociedade santarena ao passado recente

A região de Santarém no Baixo Amazonas pode ser entendida como um local de múltiplos interesses internacionais desde o estabelecimento do domínio colonial ao presente. O primeiro europeu a navegar pelo rio Amazonas, percorrendo o trajeto desde o Peru até sua foz, foi o espanhol Francisco de Orellana, entre os anos de 1541-1542. Nas décadas seguintes, franceses, ingleses e holandeses também buscaram explorar a região amazônica. Enquanto os franceses permaneceram no rio Tocantins, os ingleses e holandeses navegaram pelo rio Amazonas e alcançaram o rio Xingu. Já os holandeses estabeleceram feitorias e fortalezas na região. Acredita-se que os ingleses tenham chegado ao rio Tapajós, mas há poucas referências sobre isso[89].

---

[89] Na primeira década do século XVII, especula-se que navegadores ingleses tenham atingido o Rio Tapajós, o que poderia ser corroborado pelo conhecimento de ingleses sobre a navegação no Tapajós nos anos seguintes (Williamson, 1923, p. 54).

A presença europeia na costa norte e na Amazônia desempenhou um papel central nos esforços portugueses para conquistar a região. A ocupação portuguesa da Amazônia e as estratégias adotadas pela Coroa desempenharam um papel significativo no controle, incentivo e organização do povoamento, da economia, do comércio e da força de trabalho. Ainda que, efetivamente, tenha sido somente a partir de 1750, com as políticas pombalinas, que Portugal começou a se preocupar com a ocupação e exploração da Amazônia, houve adensamentos populacionais que contribuíram para a urbanização da região. A partir de Belém, que se tornou um importante núcleo urbano de expansão, a exploração do rio Amazonas avançou para o oeste, expandindo a fronteira em direção a Santarém. Dessa forma, a construção de núcleos urbanos, como cidades, vilas e aldeias, foi um componente essencial nos projetos coloniais europeus desde o século XV, visando conquista, exploração territorial e comércio.

O objetivo da atuação de missionários jesuítas no Tapajós obviamente não era apenas a conversão espiritual dos indígenas, mas atuar na expansão territorial de Portugal a fim de encontrar os limites dos distritos espanhóis no vale amazônico assegurando a Amazônia Portuguesa. Com a expulsão dos holandeses e ingleses da região, uma extensa rede de fortificações foi construída ao longo desde o litoral em direção ao norte, a fim de estabelecer uma fronteira com os vizinhos franceses e, a oeste, com os territórios espanhóis. Essas fortificações foram erguidas ao longo de todo século XVII na Amazônia.

A principal motivação para ocupação portuguesa no Baixo Amazonas residia na necessidade de obter força de trabalho indígena para suprir tal demanda. De tal maneira, Santarém tornou-se um ponto de partida para adentrar o interior em busca de recursos entre as populações indígenas. A presença da Igreja Católica no Tapajós também deixou uma marca significativa na região, com os padres jesuítas sendo responsáveis pelos primeiros assentamentos europeus. Os primeiros padres a chegar na Amazônia foram os franciscanos da Província de Santo Antônio. No entanto, a Companhia de Jesus, representada pelos padres jesuítas, estabeleceu-se no Brasil e teve uma atuação destacada tanto no Maranhão quanto no Grão-Pará a partir de 1653.

Em 1750, as políticas pombalinas tiveram um grande impacto na Amazônia, destacando-se o combate à autonomia das ordens religiosas, especialmente dos jesuítas. Isso incluiu a restrição das atividades econômicas dos missionários, que controlavam a coleta de drogas do sertão — entre as principais drogas estão a resina de copaíba, a baunilha, o anil, a salsaparrilha, o cacau, o puxeri, o pau-cravo e posteriormente a borracha — e os aldeamentos, elementos vitais da economia regional. Em 1755, Pombal criou a Companhia de Comércio do Grão-Pará e do Maranhão, que tinha como objetivo vender pessoas africanas escravizadas nas duas capitanias. Em 1757, a promulgação da Lei do Diretório dos Índios proibiu o uso da língua geral (*nheengatu*) e buscou tornar os indígenas cristãos, ensinando-lhes o idioma português, dando-lhes sobrenomes portugueses, impondo um estilo de vida semelhante ao dos brancos, incentivando o trabalho para adquirir roupas e incentivando o cultivo de terras por meio da introdução de brancos em suas terras.

Após o final do Diretório dos Índios, o Grão-Pará passou a se dividir em duas principais estruturas produtivas. A primeira estava baseada no campesinato-caboclo, que mantinha uma estreita relação com os regatões e seus aviadores, responsáveis pela exportação de produtos extrativistas. A segunda estrutura era composta pelos colonos escravistas, que dominavam a exportação principalmente de produtos agropecuários. Nesse contexto, durante o período colonial, a vila de Santarém não apresentava características distintas dos outros centros urbanos da região. Estava intimamente relacionada às outras vilas fundadas por Mendonça Furtado em 1758 e, ao longo do tempo, Santarém tornou-se um importante entreposto comercial, destacando-se na região.

Já no século XIX, diversos viajantes, cronistas e naturalistas que visitaram a região de Santarém deixaram registros que retratam a realidade local (Henry Bates, Alfred Russel Wallace, Johann von Spix, Carl von Martius, Hercule Florence, Henry Coudreau, James Wells Champney, Barbosa Rodrigues, entre outros) — documentos os quais fornecem à Arqueologia Histórica fontes sobre a dinâmica social à época[90]. Com efeito, destaca-se o relato de Spix e von Martius que afirmaram no início do século XIX que Santarém era considerada a vila mais importante de todo o Amazonas, e sua localização prometia um rápido crescimento e prosperidade, à medida que a região fosse sendo povoada. Ao mesmo tempo que Santarém se consolidava como um importante entreposto comercial, sertanistas começaram a explorar uma rota comercial alternativa, a viagem de Cuiabá ao Tapajós. No entanto, a viagem foi difícil e as dificuldades de navegação, juntamente com as cachoeiras, desanimaram os sertanistas que também destacaram Santarém como a "maior vila do sertão, considerada a capital".

De tal maneira podemos brevemente contextualizar os processos de formação da sociedade santarena. Com olhar voltado para a cultura material, destacam-se os trabalhos realizados sobre a influência do "contato" nas faianças

---

[90] Notadamente se destacam os relatos de tais naturalistas, viajantes e cronistas em que situam a presença de africanos escravizados em Santarém (Muniz, 2019a).

e cerâmicas encontradas no Sítio Aldeia, em Santarém, realizados por Denise Maria Cavalcante Gomes e Luís Claudio Pereira Symanski e, posteriormente, Tiago Silva Alves Muniz[91]. Esses vestígios arqueológicos revelaram a etnogênese entre europeus, indígenas aldeados e, em menor escala, pessoas pretas escravizadas. Tais interações resultaram em dois processos simultâneos: a formação de identidades étnicas distintas e o apagamento indígena.

No centro de Santarém, localiza-se o Sítio Aldeia, que é caracterizado por abranger diferentes períodos, incluindo o pré-colonial e o histórico, com uma extensa área de terra preta antropogênica e uma estratigrafia complexa. No Sítio Aldeia podem ser averiguadas três ocupações distintas, datadas por Carbono 14, como: 1) pré-colonial, associada à cerâmica Pocó; 2) pré-colonial, associada à cerâmica Santarém; e 3) histórica, correspondente aos séculos XVIII e XIX d.C. A análise desse material histórico materializou identidades na Amazônia Colonial, especialmente durante o período de aldeamento multiétnico entre os séculos XVIII e XIX no Sítio Aldeia. Foi observado que as técnicas de produção e decoração da cerâmica, conhecida como "colonial", "neobrasileira" ou "local/regional", desempenharam um papel importante na expressão de identidades e resistência nesse contexto.

Foi evidenciado no Sítio Aldeia o "Cosmograma Bakongo" — entendido nesse contexto como uma ressignificação pós-atlântica, acordos de resistência, comunicação silenciosa através da cultura material e/ou prática ancestral. O Cosmograma Bakongo trata-se de uma representação gráfica que simboliza a interconexão entre o mundo espiritual e o mundo físico, bem como a relação entre os seres humanos, os ancestrais e as forças divinas. Geralmente composto por um círculo central, que representa o divino ou a divindade suprema, e linhas perpendiculares (retas ou inclinadas) que se estendem a partir desse círculo (que pode ser ora omitido), conectando diferentes elementos do universo. Essas linhas podem representar diferentes aspectos da existência, como a dualidade, a interdependência entre o céu e a terra, a vida e a morte, e a relação entre os seres humanos e os espíritos ancestrais.

Cabe destacar também que, ainda no século XIX dois outros eventos ganham destaque na região do Baixo Amazonas: a revolta da Cabanagem (1835-1840) e o Período da Borracha (1850-1920). A Cabanagem pode ser compreendida como uma guerra resultante de conflitos de classes e da difícil situação socioeconômica da Província do Grão-Pará. Foi uma luta dos oprimidos contra os opressores, dos marginalizados locais contra a aristocracia luso-paraense. Além disso, a revolta tinha potencial separatista,

---
[91] Destacam-se os trabalhos: Symanski e Gomes (2012, 2015), Muniz & Gomes (2017) e Muniz (2019a).

fazendo com que a Amazônia Brasileira se diferenciasse do restante da América Portuguesa. No entanto, seu fracasso levou a região a se submeter aos interesses portugueses, resultando em um tipo de colonialismo interno que persiste até os dias atuais. O tema da Cabanagem merece ainda maior atenção e realização de pesquisas arqueológicas sobre o movimento cabano, assim como os impactos da busca por drogas do sertão na região santarena.

Durante o Ciclo da Borracha (1850-1920), a região de Santarém adquire um importante protagonismo como um exemplo de histórias locais que contam processos globais através do envio de sementes de seringueira (*Hevea brasiliensis*) da Amazônia para o Reino Unido e, em seguida, suas colônias no sudeste asiático — o que viria a colapsar o boom econômico do período da borracha rompendo com o protagonismo brasileiro. Assim, em 1876, Henry A. Wickham atuou na coleta de 70.000 sementes coletadas em Santarém (PA) vendidas ao Jardim Botânico Real - Kew Gardens (Londres). A partir dessas sementes germinadas, a espécie foi introduzida no Ceilão (atual Sri Lanka), tornando-se um investimento de alto rendimento e alicerçando nas décadas seguintes a ascensão de economias na região do sudeste asiático e seus respectivos "milagres econômicos".

Por outro lado, o local de onde as sementes de seringueira nativa foram coletadas foi deixado para trás, mais precisamente a vila de Boim, na Reserva Extrativista Tapajós-Arapiuns. Atualmente, as comunidades de remanescentes de seringueiros na vila de Boim vivem principalmente por meio de práticas tradicionais, como caça, pesca, produção de farinha de mandioca e venda de produtos florestais em menor escala. Através da análise de materiais arqueológicos encontrados em Boim, seus contextos históricos e outras interconexões, foi proposto o conceito de materialidade do período da borracha, buscando compreender como a borracha cocriou o próprio conceito de "modernidade" provendo materiais como sapatos, luvas, pneus, componentes industriais e mais recentemente camisinhas; ao mesmo passo que na gênese de tal materialidade da borracha uma série de relações entre humanos, plantas, fungos, coisas, animais, floresta e não humanos se emaranham e convergem[92].

Nesse contexto, estamos diante de uma longa temporalidade na região de Santarém que pode ser analisada pela arqueologia histórica desde a passagem dos primeiros viajantes e cronistas europeus, início da colonização, missões e aldeamentos, estudos de grupos étnicos, escravidões, drogas do sertão, Cabanagem, ciclos extrativistas, migrações, arquitetura colonial, barões

---

[92] Para mais sobre a "arqueologia da borracha" vide: Muniz (2019b, 2020a, 2020b, 2023a e 2023b).

da borracha, seringueiros, seringalistas, presença de judeus marroquinos, confederados norte-americanos, patrimônios, cultura material e influência indígena e afrodescendente na região. Há um enorme cenário ainda em expansão para as pesquisas em arqueologia histórica na região de Santarém.

Diálogos Finais: Expandindo a Arqueologia Histórica Amazônida

O papel de Belém como capital para a expansão da ocupação portuguesa para o oeste na Amazônia foi vital, tal como o de Santarém. Ambas as cidades são pontos estratégicos, enquanto Belém dá acesso a diversos rios e saída para o mar, Santarém localiza-se no meio do continente sul-americano sendo importante local de conexão com outras regiões adquirindo papel de uma "capital" na região.

A Arqueologia Histórica realizada na Amazônia e com interesses de pesquisas voltados para a sua própria população, dinâmica social e história tem sido paulatinamente expandida a fim de entender tal trama cultural. Entre as perspectivas de atuação para tal expansão pensamos que a conexão do urbano com o "sertão", ou mundo "rural" seja um elemento-chave para compreender desde os interiores a complexa rede de atores amazônicos e seus respectivos contextos. Desse modo, estudar o componente arqueológico de cunho cotidiano é fundamental para compreender tais dinâmicas. Para tal, estudar habitações e contextos laborais poderão fornecer outra fonte de informação sobre as dinâmicas sociais, em distintos recortes cronológicos, diferente daqueles dados obtidos em contexto sacro e militar.

Na Amazônia, devido a abundância de registro arqueológico pré-colonial, muitas pessoas e comunidades inteiras vivem em cima de sítios arqueológicos e muitas vezes atuam de maneira vernacular para sua própria preservação e salvaguarda — conforme relatado em pesquisas de Márcia Bezerra. De modo geral, podemos notar uma preferência por coleções de tais itens, em especial as "caretas" (cerâmicas zoomorfas). Tal prática e relações com o registro arqueológico articulam sensibilidades e até mesmo informações peculiares sobre determinados sítios arqueológicos. Ainda assim, à medida que a idade do registro arqueológico diminui, parece que ele diminui o interesse.

Por exemplo, na vila de Boim houve relatos de moradores que também armazenavam fragmentos de cerâmicas do tipo "caretas". Mas, ao mesmo tempo, por toda a vila podem se encontrar nas ruas do centro fragmentos de louças, grés, vidros e cerâmicas que não chamam a atenção desses potenciais coletores que atuam localmente para a salvaguarda de tais materiais.

Nesse sentido, nos deparamos com um dos desafios da Arqueologia Histórica na Amazônia: a sensibilização que a proteção de um passado recente é igualmente relevante. Mas ao mesmo tempo, tais contextos históricos, mesmo que muitas vezes já expostos parcialmente pelas intempéries, parecem não tão perturbados e podem fornecer novos dados de pesquisa.

Em Belém, os primeiros registros arqueológicos no espaço urbano da cidade ocorrem em 1923, quando o arqueólogo Curt Nimuendajú[93] na área da cidade antes denominada "Matinha" e hoje conhecida como bairro de Fátima, depara-se com vestígios arqueológicos e assim os descreve:

> Por acaso, cheguei a um lugar aqui onde uma grande escavação foi feita no solo amarelo com o objetivo de obter material de construção. Observei que sobre a camada amarela havia uma preta e, examinando-a mais de perto, encontrei fragmentos de antigas vasilhas indígenas, algumas com forte semelhança com os achados de Marajó. Eles são pintados de vermelho e preto sobre um fundo branco. Uma alça de um vasilhame também foi encontrada aqui. Além dos fragmentos decorados, numerosos outros - lisos, geralmente de má fabricação variada, mas sem dúvida de origem indígena antiga - foram encontrados (Nimuendajú; Stenborg, 2004, p. 91, tradução e grifo nossos).

Porém, é só mais tarde, já em 1989, que temos a primeira pesquisa arqueológica conduzida na área urbana de Belém, pelo arqueólogo Klaus Hilbert, nas ruínas do Forte São Pedro Nolasco, no bairro da Campina em frente ao Convento dos Mercedários. Em 1994, outra pesquisa arqueológica agora no Bairro Cidade Velha é realizada pelos arqueólogos Vera Guapindaia, Fernando Marques e Marcos Magalhães, com acompanhamento do arqueólogo Arno Kern. Em busca das ruinas da igreja de Nossa Senhora dos Homens Brancos, onde além dos alicerces da edificação são também

---

[93] Curt Nimuendajú, cujo nome completo era Curt Unckel Nimuendajú, foi um renomado arqueólogo, etnólogo e linguista alemão-brasileiro. Ele nasceu em 18 de janeiro de 1883, em Jena, na Alemanha, e faleceu em 10 de dezembro de 1945, em Santa Rita do Well, Amazonas, Brasil. Nimuendajú é amplamente reconhecido por suas contribuições significativas para o estudo das culturas indígenas no Brasil. Ele dedicou grande parte de sua vida à pesquisa de campo, convivendo e estudando diversas comunidades indígenas em diferentes regiões do país. Durante sua carreira, Nimuendajú registrou minuciosamente informações sobre línguas indígenas, mitologia, práticas culturais, estruturas sociais e histórias orais de inúmeras etnias brasileiras. Ele também realizou importantes pesquisas arqueológicas e cartográficas sobre a distribuição e a diversidade dos grupos indígenas brasileiros. Além de sua contribuição acadêmica, Nimuendajú também se destacou por defender os direitos e a preservação das culturas indígenas. Ele foi um defensor ativo dos povos indígenas e lutou para garantir o respeito às suas terras, cultura e autonomia. O trabalho de Curt Nimuendajú continua sendo referência nos estudos antropológicos e arqueológicos no Brasil, sendo considerado um pioneiro e um dos mais importantes pesquisadores também no campo da linguística e etnologia indígena no país.

encontrados enterramentos indígenas. De 1997 a 2002, um grande projeto de pesquisa em arqueologia urbana foi conduzido no centro histórico de Belém chamado de Feliz Lusitânia. Coordenado pelo arqueólogo Fernando Marques, onde foram investigados o espaço do Forte do Castelo, a Casa das Onze Janelas e a Igreja de Santo Alexandre. Desde então, vários outros locais na cidade já foram investigados arqueologicamente como a Catedral Metropolitana, o Antigo Hospital Militar, Estação das Docas, Casarão do IHGP, Casa Rosada, Praça Frei Caetano Brandão, Igreja de Sant'Ana, Espaço Palmeira, via do BRT, SESC Ver-O-Peso, Solar da Beira, Rua Conselheiro João Alfredo, Complexo Porto Futuro, Cemitério da Soledade, Palácio Antônio Lemos, Boulevard Castilhos França, entre outros (Costa, 2022).

Portanto, Belém, assim como Santarém, vem sendo palco como estudos de caso para a arqueologia histórica há décadas no norte do Brasil. Revelando informações que não só condizem, contrapõem ou complementam novas perspectivas sobre a história da formação e transformações dessas duas cidades em específico, mas também um pouco mais sobre a própria ocupação humana pré-e-pós-colonial nessas regiões da Amazônia brasileira.

Referências

Costa, D. M. (2014). O Urbano e a Arqueologia: Uma Fronteira Transdisciplinar. *Vestígios – Revista latino-americana de arqueologia histórica*, 8(2).

Costa, D. M. (2016a). Archaeology of the African Slaves in the Amazon. *Journal of African Diaspora Archaeology and Heritage*, 5, 198-221.

Costa, D. M. (2016b). Arqueologia dos Africanos Escravos e Livres na Amazônia. *Vestígios - Revista Latino-Americana de Arqueologia Histórica*, 10, 69-91.

Costa, D. M. (2022). Arqueologia histórica na região Norte do Brasil. In L. C. P. Symanski, & M. A. T. de Souza (Orgs.). *Arqueologia Histórica Brasileira* (pp. 491-512). Editora UFMG.

Muniz, T. S. A. (2019a). Materiais e fluxos na Amazônia Colonial: evidências da presença de africanos escravizados no Sítio Aldeia (Santarém, Pará). *Revista de Arqueologia*, 32(2), 16-35.

Muniz, T. S. A. (2019b). Os agentes do deus elástico no Baixo Amazonas: apontamentos sobre materialidade e patrimônio do período da borracha. *ACENO - Revista de Antropologia do Centro-Oeste*, 6(11), 81-96.

Muniz, T. S. A. (2020a). Ensaio sobre arqueologia do período da borracha no Baixo Amazonas: materialidade, ontologia e patrimônio. *Oficina Do Historiador*, 13(1), e36732.

Muniz, T. S. A. (2020b). Arqueologia Histórica e Contemporânea na Amazônia: por uma arqueologia elástica. *Cadernos do LEPAARQ (UFPEL)*, 17(34), 272-289.

Muniz, T. S. A. (2023a). Materiality of Rubber: An Emerging Past from the Brazilian Amazon that Entangled the World. *International Journal of Historical Archaeology*, 27, 1-27.

Muniz, T. S. A. (2023b). Da materialidade do período da borracha. *Revista de Arqueologia*, 36(2), 299-301.

Muniz, T. S. A., & Gomes, D. M. C. (2017). Identidades materializadas na Amazônia Colonial: a cerâmica dos séculos XVIII e XIX do sítio Aldeia, Santarém, PA. *Vestígios-Revista Latino-Americana de Arqueologia Histórica*, 11(2), 52-76.

Nimuendajú, C., & Stenborg, P. (2004). *In pursuit of a past Amazon: Archaeological research in the Brazilian Guyana and in the Amazon region.* Världskulturmuseet.

Symanski, L. C. P., & Gomes, D. M. C. (2012). Mundos mesclados, espaços segregados: cultura material, mestiçagem e segmentação no sítio Aldeia em Santarém (PA). *Anais do Museu Paulista: História e Cultura Material*, 20(2), 53-90.

Symanski, L. C. P., & Gomes, D. M. C. (2015). Material culture, mestizage, and social segmentation in Santarém, Northern Brazil. In *Archaeology of culture contact and colonialism in Spanish and Portuguese America* (pp. 199-217).

Williamson, J. A. (1923). *English colonies in Guiana and on the Amazon, 1604-1668.* Clarendon Press.

Capítulo 8

COLEÇÕES HISTÓRICAS E ARQUEOLOGIA: NARRATIVAS WAI WAI DO PASSADO RECENTE

Igor Morais Mariano Rodrigues
Jaime Xamen Wai Wai

Introdução

Este capítulo é um estudo arqueológico colaborativo sobre coleções etnográficas. Pensadas aqui como coleções históricas de documentos feitos pelos próprios indígenas e que refletem também as formas de interação com quem os coletou, destacamos alguns de seus potenciais para a construção de histórias indígenas. Exploramos diálogos entre coleções históricas, povos descendentes e arqueologia buscando compreender artefatos cuja materialidade foi subtraída ao se tornarem objetos etnográficos (cf. Fabian, 2004). Assim, revitalizamos um passado recente com base nas narrativas de anciãos Wai Wai.

Embora este texto tenha sido escrito por nós dois, Igor M. Mariano Rodrigues (doravante IMR) e Jaime Xamen Wai Wai (doravante JXW), buscamos distinguir situações e pensamentos específicos de cada autor, quando julgamos pertinente. Essa opção destaca que a construção de um estudo colaborativo e sua escrita envolvem múltiplas perspectivas e, nesse sentido, nossa opção é também um experimento sobre como integrar distintos conhecimentos e pontos de vista.

Propomos uma arqueologia histórica com coleções etnográficas que inclua as perspectivas indígenas, dando-lhes o protagonismo que merecem em suas histórias, para superar certas dicotomias consolidadas na disciplina. Nos referimos à separação entre os períodos "pré-colonial" e "colonial" e às respectivas especialidades científicas que dificultam obter um olhar amplo sobre as trajetórias dos povos originários. Consideramos prejudicial a separação entre as arqueologias "pré-histórica" (ou "pré-colonial") e "histórica" para tratar de histórias e agenciamentos indígenas de longo prazo. Além disso, demonstraremos que, a depender do caso, a divisão científica ocidental entre "objetos arqueológicos" e "objetos etnográficos" precisa ser reconsiderada.

A articulação entre coleções históricas com distintas perspectivas da arqueologia, como a etnoarqueologia, as arqueologias indígenas e a arqueologia histórica, ocorreu por meio de diálogos com os familiares de JXW. Todavia, falamos também com outros anciões. Os diálogos foram provocados por informações documentais levantadas por IMR sobre uma coleção feita entre 1949-50 pelo missionário franciscano e antropólogo alemão Protásio Frikel e seus confrades. A coleção está no Museu do Índio do Convento Santo Antônio de Ipuarana (MICI), situado no município de Lagoa Seca, Paraíba. Mesmo recorrendo também a informações de outras coleções históricas para melhor contextualizar e compreender os diversos significados dessas coleções (cf. Ribeiro & Velthem, 1998; Feest, 2020), tratamos aqui especialmente de quatro objetos da coleção do MICI: crânios e ossos longos de macacos atados a cipó-titica; dois fusos; uma vasilha cerâmica[94].

Além de inspirados em trabalhos acadêmicos (p. ex. Françozo, 2015; Gaspar & Rodrigues, 2020; Lightfoot, 1995; Ribeiro & Jácome, 2014; Silva & Noelli, 2015; M. A. T. de Souza, 2017), incorporamos uma lição profunda que JXW recebeu de seu pai, Poriciwi Wai Wai, quando estava iniciando seus estudos de graduação em arqueologia.

Eu (JXW), quando fui conversar com meu pai sobre arqueologia, para explicar o que estava fazendo na cidade, e também ouvir o que ele tinha a dizer sobre isso, cheguei a ele com lâminas de pedra polida e fragmentos de cerâmica, comuns em nossa aldeia e região. Conforme tinha entendido na época da ciência dos *karaywa* ("não indígenas" ou "brancos"), expliquei a meu pai que esses materiais ajudam a contar a história de um passado distante que está enterrado. Quando quis saber mais da história de nosso povo e da história pessoal dele, ouvi que: "Eu não sou antigo, estou presente e não estou morto. Você não está estudando só história antiga" (Rodrigues, Kater, & Wai Wai, 2020, p. 115). Depois disso que eu entendi melhor sobre a sobrevivência das populações indígenas e de seu modo de manutenção e valorização de seus contextos culturais. Aprendi também que a diferença de noções de história dos *karaywa* e dos Wai Wai pode atrapalhar a conversa sobre o passado de meu povo com os próprios detentores do conhecimento.

---

[94] As razões para a escolha desses materiais fundamentam-se em nossos interesses particulares de pesquisa, apresentados na seção seguinte.

Os Wai Wai referem-se ao passado de três formas que são relacionais e não absolutas (Wai Wai, 2022, p. 48). Ao falarem de um passado muito distante, no qual se desconhece os nomes das pessoas que participaram dos eventos narrados, fala-se de *pahxantho yehtopo*. Quando essa história aborda um período distante, mas que é sabido o lugar e o povo, incluindo nomes das pessoas, os Wai Wai estão falando de *pahxa ehtoponhîrî*. Quando as próprias pessoas que narram participaram do evento, essa história se chama *amna ponho*. No presente capítulo, trataremos aqui de *pahxa ehtoponhîrî*, que para alguns de nossos interlocutores pode também ser *amna ponho*. Por isso entendemos que usar a separação absoluta entre "pré-colonial" e "histórico", ou entre "objeto arqueológico" e "objeto etnográfico", atrapalha a construção de muitas das histórias indígenas.

Com essas referências, construímos um trabalho sobre coleções históricas que nos ajudaram a "escavar as memórias" de anciãos (cf. Wai Wai, 2022), permitindo-os relembrar de certas práticas, materialidades, lugares, técnicas e histórias que estão adormecidas no atual cotidiano wai wai. Ainda, aprendemos sobre a biografia dos artefatos e, ao lidarmos com a materialidade em uma perspectiva histórica, indicamos a importância de vincular as fontes arqueológicas, históricas, etno-históricas e etnográficas. Contudo, antes de apresentarmos o contexto da formação da coleção do MICI, os relatos suscitados por meio do encontro dos anciãos wai wai com as imagens dos materiais selecionados, cabe relatar como construímos nosso estudo colaborativo e refletir sobre os potenciais que as coleções históricas apresentam para a construção de narrativas do passado indígena recente.

O caminho colaborativo e suas principais motivações

Nossa colaboração ocorreu durante nossos estudos de pós-graduação. A etnoarqueologia de Rodrigues (2022) abordou os trançados dos povos do rio Mapuera, com foco nas técnicas produtivas e na variabilidade artefatual dos últimos 100 anos, considerando as relações cosmopolíticas entre pessoas humanas e outras que humanas[95]. Ao vincular trançados e cerâmicas (Rodrigues & Gaspar, 2020), IMR integrou 24 coleções etnográficas, compreendidas como documentos históricos centrais para a Arqueologia. Por sua vez, J. Wai Wai (2022) enfatizou a história dos Wai Wai-Pinipici habitantes do rio Kikwo (Baracuxi), tributário da margem direita do Rio Mapuera.

---

[95] Com base na revisão de Rodrigues (2022, pp. 154-155), a noção de "outro que humano" enfatiza que se trata de seres politicamente ativos e que são, sobretudo, seres detentores de pessoalidade, seja lá qual for sua natureza.

Sua arqueologia indígena incorporou os conhecimentos históricos dos Wai Wai, integrando o presente com o passado por meio da paisagem, das aldeias antigas e dos lugares significativos. Seu trabalho (Wai Wai, 2022) aborda aldeias e lugares que também são mencionados no presente texto, apresentando, inclusive, um mapa denominado "Mapa 2" com a localização desses lugares. JXW reuniu informações de vários anciãos, sobretudo seu pai, Poriciwi, sua mãe, Wahciki, e Yakutá, um antigo xamã de um tempo anterior à interação com missionários cristãos. Muito do que foi rememorado remete a Mapoɽo, bisavô paterno de JXW, que foi um reconhecido xamã de seu tempo. A etnoarqueologia de J. Wai Wai (2017), que relacionou as cerâmicas arqueológicas do estilo Konduri com o xamanismo, também recorreu ao conhecimento desses anciãos e parte disso integrou um diálogo entre cerâmicas arqueológicas e paisagem na bacia do rio Trombetas (Jácome & Wai Wai, 2020).

Para o presente texto, juntamos interesses mútuos promovidos por diversas situações e provocações que nos aproximaram. Nos conhecemos desde 2015, mas em 2019 JXW morou por meses na casa de IMR, em função de seu mestrado na Universidade Federal de Minas Gerais. Entre 2019 e 2020, IMR conviveu com JXW e seus familiares na aldeia Mapuera para sua pesquisa de doutorado. Com isso, ajudamo-nos mutuamente nos estudos e aprendemos muitas coisas juntos, especialmente por pesquisar a história dos habitantes do rio Mapuera.

Eu (JXW), quando ajudei IMR nas conversas com meus parentes e não parentes sobre as imagens de artefatos que estão nos museus, observei que essas informações acordaram os Wai Wai para a existência de suas coisas espalhadas pelo mundo[96]. É importante sabermos sobre a existência dessas coisas nos museus. Eu chamo-as de *amna porin pen komo niritho kuknomtho komo*, isto é, "as imagens das antigas produções de nossos anciões", em tradução livre. Antes, ninguém sabia sobre isso. Nenhum museu veio nos contar sobre essas coleções, mas sabíamos que as *kahxapumko* ("manufaturas") e *mewru komo* ("desenhos") possuem e relatam nossas histórias. Reparei que, para os Wai Wai, essas coisas antigas são interessantes e são valorizadas por estarem guardadas. Como pesquisador, também aprendi ao participar dos diálogos sobre elas. Fui instigado por essas imagens e isso me ajudou a provocar os interlocutores de minha própria pesquisa. Essa oportunidade me fez ouvir histórias de assuntos que eu não perguntava.

---

[96] As listas das coleções consultadas se encontram em Rodrigues e Gaspar (2020) e Rodrigues (2022).

Por exemplo, eu só ouvi falar do xamã Arimú depois que IMR chegou com fotografias de materiais musealizados que estavam associados a essa pessoa (Figuras 6-7). Quando mostrei as imagens e informações para meu pai, ouvi sobre quem foi Arimú e que ele tinha fundado uma aldeia no rio Tauini (alto Mapuera) de nome Kukuwamîtî, em que Caramcá (pai de minha mãe) e Ahyacikiri (mãe de minha mãe) se casaram. Penso que fazer pesquisa com os *karaywa* é bom, porque eles perguntam o tempo todo. Isso ajudou a provocar a memória de meus familiares e, também, sobre como eu poderia melhorar minhas traduções. O olhar *karaywa* reforça minha pesquisa e ajuda "a fortalecer o primeiro olhar, que é o conhecimento ancestral do meu povo" (Wai Wai, 2022, p. 51).

Para mim (IMR), a parceria com JXW foi importante por suas traduções, por nossas conversas de pesquisas e por nossa viagem até o rio Kikwo. JXW aconselhou-me a perguntar, deixar as informações e as imagens dos materiais com as pessoas, conversar um pouco e ir embora, aguardando que essas pessoas fossem capazes de lembrar e depois nos contar, em seus próprios ritmos. Essa escavação da memória é tão demorada quanto uma escavação arqueológica convencional e ambas podem nos surpreender se formos capazes de perceber e dialogar com os contextos. Em minhas interações nas aldeias também fui questionado sobre "O que é um museu?", ou, "Por que você não trouxe imagens de outras coisas [além dos trançados]?". Por intercalar o estudo de coleções com as imersões etnográficas (Rodrigues, 2022), a cada retorno das aldeias reunia mais documentações para levar para as pessoas. Desse modo, conversei sobre diversos assuntos provocados pelas coleções. Se esse percurso ajudou a despertar muitas memórias, o caminho de levar os pais de JXW para o rio Kikwo também fez emergir muitas outras e tudo isso se complementou em alguma medida.

Em síntese, IMR fez o levantamento, o estudo e o registro in loco dos objetos e das documentações no MICI, além de pesquisar o livro de "Crônicas do Convento" e os volumes da revista "Santo Antônio"[97], com atenção especial para os publicados entre 1940 e 1950. Em seguida, nós apresentamos, em diversas oportunidades, as fotografias das peças (especialmente em formato digital para ampliar as imagens) para as pessoas do Rio Mapuera, sobretudo para os pais de JXW. Em nossas conversas sobre materiais cerâmicos, duas irmãs mais velhas de JXW, Irene e Wosîkra,

---

[97] Trata-se de um periódico de circulação restrita que servia para trocar informações entre "27 casas da Província e centros franciscanos do Norte do Brasil, divulgando notícias de irmãos, das casas e dos trabalhos desenvolvidos em cada uma" (Collevatti, 2009, pp. 672-673, n. 13).

também participaram. Ainda, JXW conversou com Yakutá na aldeia Xaary, em Roraima, sem a presença de IMR. De modo geral, todos os diálogos ocorreram na língua waiwai com a intermediação e tradução de JXW.

Como a coleção do MICI foi feita entre 1949-1950, as conversas com os pais de JXW, Poriciwi e Wahciki, e com o ancião Yakutá sobre os artefatos foram frutíferas por razões especiais. A primeira delas, já mencionada, relaciona-se ao fato de que Poriciwi conheceu o antigo dono de uma das peças coletadas, o xamã Arimú. Acreditamos que na época da coleta do material a mãe de JXW fosse bem pequena, mas de todo modo não devia estar na aldeia de Arimú, no Brasil. Como nos relatou, ela nasceu na Guiana. Sabemos que entre 1954 e 1955, quando os Wai Wai e outros povos da região estavam se concentrando nas aldeias Yakayaka e Kanashén, no sul da Guiana, Wahciki e seus familiares foram registrados pelo antropólogo dinamarquês Niels Fock.

Figura 1

Croqui de Rôroimo

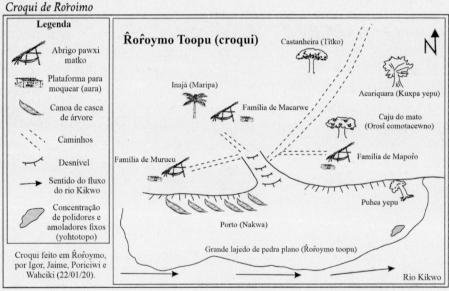

Notas: *Croqui feito a partir da memória de Poriciwi Wai Wai, por Igor e Jaime, com o auxílio de Wahciki, em 2020.*

Figura 2

Worokyam topun

Notas. Foto: Igor Rodrigues, 2020.

Figura 3

Fragmento de cerâmica encontrado em Rôroimo

Notas. Foto: Igor Rodrigues, 2020.

Figuras 4 e 5

Concentração de polidores (mais profundos e arredondados) e amoladores (mais superficiais e planos) em Rôroimo

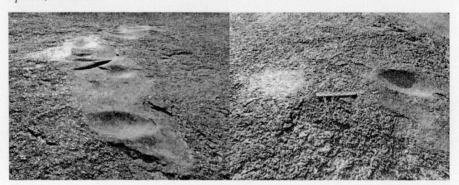

Notas. Foto: Igor Rodrigues, 2020.

Em Fock (1963, pp. 196-197), há um desenho do espaço interno da casa comunal de Yakayaka, com as subdivisões de *eta* ("família"), junto a uma lista dos nomes e idades dos habitantes. Há referências ao casal Caramcá e Ahyacikiri e seus filhos, dentre os quais a própria Wahciki, que tinha na época 6 anos de idade[98]. Wahciki confirmou o nome das pessoas que estavam na casa, habitada também por Yakutá e seu irmão, Ewka, um xamã muito importante na época.

---

[98] Cabe mencionar que a escrita dos nomes por Fock (1963, p. 197) é ligeiramente diferente da que utilizamos aqui. Caramcá é "Charamcha"; Ahyacikiri é "Ayetskiri"; Wahciki é "Watiki".

Além da contemporaneidade entre nossos principais interlocutores e a formação da coleção do MICI, o conhecimento deles foi central para o entendimento dos artefatos históricos. Por ser neto de Mapoȓo e ter vivido parte da juventude antes de encontrar com o missionários norte-americanos na Guiana, Poriciwi repassou riquíssimos detalhes do objeto de Arimú. Não à toa que parte de seu vasto conhecimento compôs distintos trabalhos (J. Wai Wai, 2017, 2022; R. Wai Wai, 2018; W. Wai Wai, 2017; Rodrigues, 2022). Por ter muito conhecimento sobre o xamanismo, Yakutá fez boas observações inspiradas no artefato de Arimú. Wahciki, por sua vez, ajudou-nos a compreender os materiais cerâmicos da coleção, pois é ceramista e ainda fia algodão com o uso de fuso. Os conhecimentos e experiências de Wahciki, ainda, lançaram uma boa visão sobre as razões pelas quais a única vasilha cerâmica da coleção foi adquirida. Foi de suma importância conversarmos com essas pessoas, pois homens e mulheres são detentores de diferentes conhecimentos entre os Wai Wai.

As conversas sobre esses materiais foram motivadas também por interesses sobre o xamanismo, que contribuiu para pensar figurações de cerâmica Konduri e para abordar a vida de meus antepassados no rio Kikwo (J. Wai Wai, 2017, 2022). Um ponto de encontro com a pesquisa de IMR foi conhecermos o *woroyam*[99] *topun*, o "espírito da pedra" (Figura 2), pai de pequenas pedras *ñokwa* ("amuletos-espíritos"[100]) que auxiliam os xamãs. Muitos *ñokwa* ficavam em caixinhas de nome *ñokwa yen*, "recipiente de amuleto", mantidas em cestos *pakara* de Mapoȓo, que possuía quatro deles, todos feitos com o desenho do escorpião (Rodrigues, 2022, p. 362).

Outro interesse em comum se relaciona com as cerâmicas. Eu (IMR), em Rodrigues (2011, 2014), fiz análises de utilização de vasilhas cerâmicas e desenvolvi reflexões sobre os tortuais de fuso arqueológicos da região de Lagoa Santa, em Minas Gerais. Apesar de ser uma região bem distante do Mapuera e detentora de outros contextos arqueológicos, eu permaneci com muitos interesses sobre materiais cerâmicos em geral. Já eu (JXW), cresci em um tempo com mais panelas de alumínio disponíveis e não vi minha mãe cozinhando em *tahrem* ("panela de cerâmica"). Lembro-me dela armazenando *yemutu*, bebida não fermentada, em panelas bem grandes. Vi também panelas reusadas para pintar sementes de morototó, usadas em adornos. Sei ainda que era comum reusar panelas para a produção do curare.

---

[99] Para Fock (1963), *worokyam* são "espíritos" que estão em várias camadas do cosmos. Em J. Wai Wai (2017) traduzi essa palavra como "espírito do mato". Em J. Wai Wai (2022, p. 81), disse que são "diversos tipos de espíritos de diferentes seres: das pedras, das matas, dos animais".

[100] "Ser *ñokwa* é carregar a possibilidade de ajudar o pajé na comunicação com os espíritos" (Wai Wai, 2022, p. 82).

Meu avô Caramcá fazia muito curare quando eu era pequeno, mas eu não vi o processo disso, pois crianças não podem ver. Ainda, com a oportunidade de levar meus familiares para o rio Kikwo, em particular para Roȓoimo, que foi um local de moradia que poderíamos chamar de "sítio" ou "acampamento constantemente reocupado" de meus antepassados, deparei-me com vestígios de cerâmica no local.

Quando bem jovem, Poriciwi viveu também em Roȓoimo e, por sua memória, fizemos um croqui de como era o lugar (Figura 1). Ali existiam três núcleos familiares (de Murucu; de Macarwe; de Mapoȓo), cada um habitando um abrigo *pawxi matko* ("cauda de mutum"). Sob esses abrigos, as pessoas dormiam em suas redes e tinham ali diversas coisas para a produção alimentar, incluindo panelas de cerâmica.

Em 2020, encontramos em Roȓoimo um pequeno fragmento de cerâmica (Figura 3) com tempero de *kwepi yepu* ("caraipé"). Na beira do rio, há um grande lajedo de pedra plana, com diversos pontos apresentando marcas de polidores e amoladores fixos (*yohtotopo*). Para Poriciwi, as marcas profundas, arredondadas e bem visíveis, resultam do constante reavivamento das lâminas de machados de pedra. Já as marcas de polimento discretas, superficiais e planas resultam do reavivamento de gumes de objetos de metal, como machados e facões (Figuras 4 e 5.). Poriciwi até nos demonstrou como se reaviva o gume dos facões no lajedo, chamando-o de "lima", em português. Lembrou-se de seus parentes usando machados com gume de pedra e instrumentos de ferro, estes obtidos juntamente com anzóis e contas de vidro nas trocas feitas com parentes que vinham da Guiana para os visitar. Isso foi antes dele ir para a Guiana e conhecer os "brancos" em meados do século XX, em um período no qual missionários religiosos já estavam estabelecendo relações com os Wai Wai e, inclusive, coletando artefatos produzidos por esses povos indígenas.

Coleções, perspectivas etnográficas e arqueologia histórica

Coleções são boas para provocar a memória na construção de histórias indígenas. São importantes documentos materiais que retratam parte da história dos povos que os produziram e também de quem fez as coleções, possibilitando compreender determinados processos históricos e suas complexas relações sociais (Ribeiro & Velthem, 1998; Kraus, 2014; Torrence & Clarke, 2013). Para Barcelos Neto (1999, p. 240), essas coleções são "documentos nativos", cuja excepcionalidade é refletirem "os pontos de vista dos nativos".

Portanto, trata-se de documentos que apontam para múltiplas relações, sejam elas entre povos indígenas e coletores, entre distintos povos indígenas, ou até mesmo entre humanos e distintos seres. Quando aproximamos os documentos, ou suas imagens, e as pessoas vinculadas a eles de alguma forma, eles tornam-se ainda mais relevantes, permitindo revitalizar histórias e materialidades por e com os próprios descendentes.

Contudo a constituição desses documentos resulta de atos políticos de coletas que objetificaram as culturas nativas, conhecendo-as para mapear e conquistar seus territórios no âmbito do colonialismo europeu ou do colonialismo interno (Abreu, 2005; Fabian, 2004; Ribeiro & Velthem, 1998). Esses espólios de guerra e (tentativas) de conversão, tornaram-se objetos etnográficos. Até algumas coleções reunidas para fins científicos foram feitas de maneira agressiva e desrespeitosa para com distintos povos (vide Penny, 2002; Feest, 2020; Garcés & Karipuna, 2021). Portanto, articular essas coleções com a arqueologia é necessariamente envolver os temas do contato cultural e do colonialismo (Gaspar & Rodrigues, 2020). Em relação às coleções atribuídas aos Wai Wai, sabe-se que elas testemunham amplas relações estabelecidas com o exterior por diversos caminhos e interesses, incluindo predileções e agenciamentos dos próprios indígenas (Rodrigues & Gaspar, 2020). Desde meados do século XIX, as coleções foram feitas por exploradores, cientistas, missionários, dentre outros, mas só recentemente os Wai Wai tiveram uma ideia sobre "as imagens das antigas produções de nossos anciões" que estão nos museus.

Coleções feitas por missionários também são meios para compreender a busca desses religiosos pela alteração cultural nativa (Velthem, 2012). Elas apresentam pistas sobre as expectativas de mudança material nos casos de transformação religiosa (Flexner, 2016) e podem demonstrar interesses específicos em objetos cerimoniais e relacionados ao xamanismo, como o caso da coleção dos fueguinos feita pelo padre e etnólogo austríaco Martin Gusinde (Estévez & Mitjà, 2006). A coleção do MICI, feita por Frikel e seus confrades missionários da Província de Santo Antônio, também é representante de uma política de mapeamento territorial para fins de conversão religiosa, inserida, como veremos, em uma disputa entre católicos e protestantes pela fundação de missões religiosas entre os indígenas, ocorrida em meados do século passado. Trata-se, assim, de mais uma coleção-espólio do colonialismo interno.

Segundo Fabian (2004), o termo "coleção etnográfica" não é adequado porque os objetos em si não correspondem a uma etnografia. Eles são "etnográficos" por razões científicas e o que mais os caracteriza é sua retirada dos contextos originais de produção e consumo. Para pensar, então, essas coleções enquanto documentos históricos nativos precisamos estudar seus significados por meio de contextualizações com o máximo de informações possíveis, incluindo saber quem foi o colecionista e suas razões intelectuais, pois esses documentos históricos "só contribuem para uma história social total se não forem isolados dos demais documentos aos quais estão conectados" (Ribeiro & Velthem, 1998, p. 105).

Contextualizar é importante também para superar o problema da ausência de materialidade do contexto de onde foram retirados. Artefatos não possuem em si as experiências culturalmente informadas *do* e *com* o corpo e, ao tornarem-se "objetos etnográficos", tiveram sua materialidade original retirada, uma vez que as ações de aquisição e coleta não pretendiam devolver a materialidade a eles (Fabian, 2004).

Se considerarmos uma noção fenomenológica de materialidade que expressa percepção e entendimento humano sobre e com os materiais, e que pressupõe processos de experimentação e fenômenos gerados a partir dessa interação (cf. Hurcombre, 2014), fica nítido que compreender a materialidade desses documentos nativos não é simples. Ao entender que a "materialidade no Mapuera é interpessoal e pressupõe constante diplomacia" (Rodrigues, 2022, p. 242), evidencia-se que é preciso saber das qualidades e personitutes dos materiais e suas relações com muitos outros seres. Assim, a perspectiva colaborativa aproxima os descendentes de sua herança, ajuda a contextualizar esses materiais e possibilita evocar a materialidade de artefatos-seres que se tornaram objetos.

Segundo a socióloga Suzana Karipuna, os objetos mantidos em reservas técnicas estão conectados a diversos territórios nativos e testemunham conhecimentos sobre o cosmos e vários seres (Garcés & Karipuna, 2021). Para ela, os artefatos estão "carregados de forças sobre-humanas" e "tudo isso vêm como uma carga de magia e de significado, ligados às coisas invisíveis, ou sobrenatural" (Garcés & Karipuna, 2021, pp. 109-110). Assim, ao interagirmos com esses documentos também entramos em contato com os povos que os produziram e com os lugares de proveniência, ultrapassando barreiras temporais que corroboram a experiência de J. Wai Wai (2022) e se mostraram eficazes para a presente pesquisa.

Por adotarmos uma etnoarqueologia colaborativa que articula as coleções históricas com os povos descendentes, dando voz às suas ontologias, produzimos uma arqueologia histórica pouco convencional.

Com isso, reforçamos o entendimento de que "[...] a arqueologia histórica também é a arqueologia feita com coletivos indígenas no contemporâneo" (Cabral, 2018, p. 5), e que as ditas coleções etnográficas são valiosas para a arqueologia histórica (Flexner, 2016; Torrence & Clarke, 2013). O caminho colaborativo constrói trajetórias sobre o passado recente de povos indígenas de forma mais multivocal e não colonialista (Silva & Noelli, 2015), além do fato de que as pesquisas feitas por indígenas são necessariamente coletivas e colaborativas (Wai Wai, 2022).

A etnoarqueologia cria "uma sinergia entre filosofias ocidentais e não ocidentais" (Chirikure, 2016, p. 696) e, no Brasil, ela contribui para a construção de histórias indígenas que integram os períodos pré e pós-coloniais (p. ex. Heckenberger, 2001; Wüst, 1992). Quando feita de forma historicizada, ela possibilita explorar vivências e experiências alternativas no mundo capitalista (cf. Lyons & David, 2019; Silva, 2021), apresentando interseções com as arqueologias indígenas (Lane, 2015; Rodrigues, 2022).

Portanto, o conselho de Poriciwi Wai Wai para JXW, assim como diversas produções etnoarqueológicas, colaborativas, ou que integram coleções históricas musealizadas como fontes (p. ex. Garcia, 2017; Gaspar, 2019; Jácome, 2017; Machado, Tschucambang, & Fonseca, 2020; Noelli & Salum, 2019; Rocha, 2017) evidenciam que a fronteira criada entre as arqueologias pré-colonial e histórica não faz sentido para estudar as trajetórias indígenas. Além disso, essa divisão entre indígenas do passado e do presente, como apontaram Noelli e Fereira (2007), já serviu para a legitimação de uma arqueologia colonialista ao construir uma imagem de "degeneração" desses povos e tal perspectiva, portanto, precisa ser superada. Para isso, um ponto que também precisa ser reconsiderado é a distinção entre as ditas coleções arqueológicas e etnográficas (Gaspar & Rodrigues, 2020). O estudo das agências indígenas em situações de contato cultural é um bom caminho para isso, já que tais agências podem ser identificadas tanto em coleções arqueológicas (Meza & Ferreira, 2016; Ribeiro & Jácome, 2014) quanto em coleções etnográficas (Françozo, 2015; Velden, 2020; Velthem, 2012). Uma vez que a formação das coleções etnográficas resulta de uma interação histórica entre indígenas e os coletores, elas também são frutos de estratégias indígenas (Gaspar, 2023; Kraus, 2014), incluindo as coleções atribuídas aos Wai Wai (Rodrigues & Gaspar, 2020).

A coleção "Parucotó" do Museu do Índio do Convento de Ipuarana (MICI): breve contextualização

Na página 41 do primeiro *Livro de Crônicas do Convento Santo Antônio de Ipuarana* consta que o MICI foi inaugurado em 1951 com materiais das viagens dos confrades alemães Marcelo, Tomás e Protásio. Sabemos que um pouco antes, em 1949:

> Frei Marcelo [...] levantou voo para Santarém [...]. Em seguida empenhou a segunda excursão científico-missionária a diversas tribos indígenas existentes nas regiões dos afluentes do rio Trombetas. Viajaram em sua companhia também Frei Protásio, vigário de Oriximiná, e Frei Tomás, reitor do ginásio "Dom Amando" de Santarém (Crônicas, 1951, p. 427).

Protásio, nome franciscano de Günter Frikel, passou a conhecer as comunidades indígenas da bacia do rio Trombetas em meados da década de 1940 (Becher, 1975). Em 1944, ele foi designado para retomar a "cura d'almas no rio Trombetas" e averiguar as possibilidades de "uma catequese regular nessas zonas" (Crônicas, 1945, p. 64). Com o estudo das línguas e da "religião nativa", Frikel publicou texto em que transpareceu sua preocupação com a "tentativa de propaganda protestante entre os índios do Mapuera" e a "iminência em que a Igreja Católica se acha de perder aquelas tribos devido a sempre sensível propaganda do protestantismo americano e inglês" (Frikel, 1948, n. 1, p. 10; n. 2, p. 117). Desde meados dos anos 40, os referidos missionários norte-americanos já atuavam entre indígenas na Guiana e fundaram a missão Kanashén em 1950[101]. Desse modo, buscando agir o quanto antes, Frikel (1948) elencou várias razões para se fazer uma missão entre os povos Karib, sugerindo que a região do Mapuera fosse adequada para isso dada a relativa facilidade de acesso e a existência de diversos indígenas, corroborando prévias informações (Aguiar, 1942) da presença de muitos Parukotos nos rios Tauini e Baracuxi (Kikwo), por exemplo.

De acordo com o frei Frikel, a existência de línguas semelhantes entre os povos e a boa índole hospitaleira das pessoas facilitariam o trabalho missionário, tal como a tendência monoteísta favoreceria a exaltação das qualidades do "Deus-Pai":

---

[101] Ao final, os povos do Mapuera foram para a missão na Guiana (ver Caixeta de Queiroz, 2008).

Mas para uma catequese efetiva, o <u>bom conhecimento das crenças indígenas</u> é de uma necessidade absoluta e de capital importância [...]. Para o missionário as dificuldades existem, sem dúvida, na crença dos índios nos espíritos, na chamada "pagelança" que muito influi na vida diária. O índio, porém, não tem grande confiança nesses espíritos; pelo contrário, em parte teme-os. A sua fé confiante dirige-se quase exclusivamente ao conceito monoteísta da Divindade... (Frikel, 1948, n. 2, p. 112, grifo nosso).

Os esforços de Frikel e sua argumentação são semelhantes ao que Collevatti (2009, p. 669) observou entre os franciscanos da Ordem de Santo Antônio que atuaram junto aos Munduruku, ou seja, o estudo desses povos tinha como meta final tornar os indígenas "melhores, civilizados e cristãos", no entendimento desses religiosos. Portanto, ao que tudo indica, as coleções que inauguraram o MICI testemunham a lógica de conhecer para catequizar.

Dentre as coleções históricas do MICI, há a coleção "Mapuera-Tauiná" ("Tauiní"), que em outro catálogo do museu consta como "Parucotó", nome que abrangia vários povos do alto Mapuera (Frikel, 1948, 1958). Para Howard (2002) e Caixeta de Queiroz (2008), os Parukoto são um dos antepassados dos atuais Wai Wai que, por sua vez, também é um nome que abrange os falantes da atual língua waiwai[102] e que podem se autodenominar de diferentes maneiras de acordo com os contextos de enunciação. Por exemplo, o mencionado xamã Ewka era Parukoto e passou a se identificar como Wai Wai após a evangelização (Souza, 2018). Foi notado também que as coleções históricas associadas aos Parukoto datam de períodos anteriores à fundação da missão Kanashén na Guiana (Rodrigues & Gaspar, 2020). Ainda, essas coleções foram associadas aos Parukoto somente quando adquiridas no território brasileiro, corroborando a informação de "que era comum chamar de Wai Wai os coletivos concentrados na Guiana, próximos aos Wapixana, enquanto os mais afastados tinham outros nomes" (Rodrigues, 2022, p. 131). Inclusive, o único nome de uma pessoa associada à coleção Mapuera-Tauini é "Arimú" que, segundo Poriciwi Wai Wai, era Xerew. Esse exemplo corrobora o uso amplo do nome Parukoto para se referir a vários povos que habitavam a região em questão.

---

[102] Uma língua franca que combinou as antigas línguas dos Wai Wai e dos Parukoto (Hawkins, 1998).

Frikel visitou os Parukoto no Rio Mapuera entre 1949 e 1950 para estudos de cultura material (Becher, 1975), acompanhado por seus confrades Marcelo Gercken e Tomás Kockmeyer, como visto. Marcelo foi o responsável por organizar as coleções do MICI antes de ser transferido para a Alemanha em 1952 (Crônicas, 1952). Sabe-se que Frikel esteve no MICI entre 1950-1951[103] e retornou em 1971 para estudar as coleções dos Parukoto, Katxuyana e Munduruku ali mantidas (Martins, 2013).

Diferentemente do caso Katxuyana, por exemplo, em que Protásio coletou os artefatos mantidos no MICI e publicou trabalhos contextualizando alguns objetos, especialmente os vinculados ao xamanismo (p. ex. Frikel, 1961), não encontramos ainda informações de suas reflexões sobre os materiais adquiridos no Mapuera. Três anos após sua última visita ao MICI, Frikel faleceu em 1974 sem publicar resultados específicos dos Parukoto. Há apenas uma breve referência aos cestos do tipo *pakara*. Segundo Frikel (1958, p. 124): "Os Parukotó-Charúma, entretanto, fabricam cestinhas de arumã (tipo caixa) muito estreitas e interessantes, com desenhos em prêto e branco ou vermelho e branco, e bonitos enfeites de pena".

Frikel teve sua trajetória intelectual dividida em três momentos: "missionário-etnólogo", quando estabeleceu os primeiros contatos com "tradição indígena"; "etnólogo-missionário", quando começou a ter mais contatos com indígenas da região; "etnólogo-arqueólogo", quando entrou para o Museu Paraense Emílio Goeldi em 1957 (Martins, 2013). Em 1963, ele renunciou à ordem franciscana, naturalizou-se brasileiro e casou-se (Hoffmann, 2017; Martins, 2013). Acreditamos, então, que possivelmente seus interesses sobre o material em 1971 foram distintos daqueles que teve no momento que os adquiriu, já que suas intenções de "etnólogo-missionário" estavam também relacionadas com a "cura d'almas" dos indígenas. Isso, por sua vez, fornece pistas para refletirmos sobre uma atenção especial dada ao registro de uma das peças coletadas entre os Parukoto, apresentada a seguir.

A coleção Mapuera-Tauiní foi composta originalmente por 249 objetos. No registro feito em finais dos anos 70, essa coleção possuía 186 objetos[104]. Em ambos os registros há sucintas descrições dos objetos e seus usos.

---

[103] IMR recebeu essa informação oral de Frei Anésio Gomes, que ainda mora no Convento de Ipuarana. Frei Anésio chegou a Ipuarana em 1950 e conheceu o Frei Protásio Frikel quando este chegou com várias caixas de materiais para o museu, antes mesmo de o museu ser inaugurado.

[104] A redução das peças está relacionada com as más condições de acondicionamento. Sabe-se também que o acervo foi movimentado várias vezes por diferentes espaços do Convento. Ainda, não há como descartar a possibilidade de algum material ter sido enviado ao convento de Bardel na Alemanha, no qual há um museu franciscano dedicado ao Brasil. Isso ainda precisa ser melhor investigado.

Por exemplo, há "enfeites com dentes"/"usado como colar" ou "fusos"/"para fiar". A única peça com mais informações é a que está registrada atualmente como "P146". Trata-se da peça referenciada anteriormente e que foi descrita como "cipó com cabeças de ossos (sic) de diversos animais" e "feitiço da maloca do velho Arimú".

Apesar de sucinto, trata-se do objeto com mais informações da coleção e, além disso, um tipo de informação rara de se encontrar nas documentações associadas às coleções históricas. Nenhuma outra peça tem informação de onde foi adquirida e a quem pertence. Esse caso particular pode estar ligado aos interesses missionários de conhecer para catequizar e, talvez, a aquisição dessa peça possa também ter sido uma ação de subtração para a interrupção paulatina de certas materialidades. Como detalharemos adiante, esse artefato facilita a comunicação com seres específicos, corroborando as observações de Frikel (1948) transcritas anteriormente. Outro fator que reforça esse entendimento se vincula à grande quantidade de objetos de xamanismo dos Katxuyana, povo com o qual Frikel teve muito mais contato e pôde coletar diversos materiais que se encontram também no MICI[105].

De todo modo, a informação de que o artefato "P146" foi adquirido na maloca do velho Arimú, no rio Tauiní, despertou muitas memórias. Além dele, selecionamos dois fusos (únicos sobreviventes de um total de nove registrados no MICI) e a única vasilha cerâmica coletada. Essas escolhas possibilitaram fazer reflexões e ligações com alguns contextos arqueológicos regionais (Evans & Meggers, 1960; Glória, 2019; Jácome, 2017).

Ossos de animais e suas conexões com o xamanismo

O artefato "P146" (Figuras 6 e 7) obtido na maloca do "velho Arimú" é composto por um cipó, provavelmente titica, no qual ainda estão atados dois crânios de macaco guariba e três ossos longos, possivelmente dos membros inferiores desses animais. Um osso longo está atado ao cipó por uma tira de embira. Os demais ossos e os crânios estão amarrados ao cipó por cordas de curauá. Junto ao conjunto, há fragmentos do osso hióide, que, basicamente, é um osso responsável pela emissão do som característico desses macacos.

---

[105] Essa subtração de artefatos vinculados a uma materialidade das práticas xamânicas também foi realizada pelos missionários norte-americanos (vide Caixeta de Queiroz, 1999). Em meados da década de 1950, esses missionários coletaram diferentes tipos de *ñokwa* dos povos do Mapuera (Rodrigues, 2022).

Apenas um dos crânios apresenta mandíbula com alguns dentes. Ainda, há no cipó amarras de embiras e cordas que possivelmente continham ossos atados, mas que hoje em dia não estão mais no conjunto. De modo geral, o material está impregnado por fuligem, o que indica que foram mantidos próximos às fogueiras, nas aldeias.

No que se refere ao acondicionamento do material no MICI, foram observadas quebras recentes nos ossos, dentes soltos e ausência de outros ossos, ao que parece. Tudo está bastante recoberto de poeira dentre outras sujidades.

Figuras 6 e 7

Cipó com crânios e ossos longos de macaco guariba

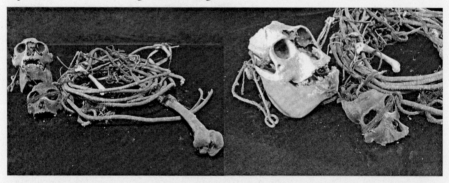

Notas: Peça P146 acervo MICI. Foto: Igor Rodrigues, 2019.

Em conversa com Poriciwi Wai Wai, ouvimos que o material deve ter sido adquirido na aldeia Kukuwamîtî, situada no rio Tauini, alto Mapuera. Essa aldeia foi fundada por Arimú. Poriciwi relatou ainda que Arimú era um xamã muito poderoso e reunia crânios de *xîpîrî* (guariba), bem como os ossos da garganta (hióide) desse animal e vários outros ossos. Ele guardava os ossos de todos os guaribas que matava e também guardava os crânios e ossos do *poroto* (macaco coatá/macaco-aranha). Merwa, esposa de Arimú, também coletava os ossos dos macacos mortos por outras pessoas da aldeia e entregava tudo para Arimú. Os ossos, então, eram amarrados em um *arapapetho* ("cipó-titica") e ficavam pendurados acima da rede de Arimú, como se fosse um "varal" de crânios e ossos. Pendurados ali, eles ficavam escurecidos por estarem próximos ao teto da casa, pegando fumaça da fogueira situada perto da rede do xamã (algo muito comum na época em que existiam fogueiras dentro das casas comunais).

Arimú deitava em sua rede e observava os ossos que eram seus *ñokwa* ("amuletos-espíritos") para entrar em contato e conversar com o *xîpîrî yîn* ("pai dos guaribas") e com o *poroto yîn* ("pai dos coatás"). Arimú solicitava aos pais desses animais para atrair seus filhos para perto da aldeia e facilitar a caça dos mesmos. Por isso que naquela época os guaribas vinham tomar água no igapó perto da aldeia. Poriciwi acrescentou que atualmente ninguém mais faz isso, sendo comum jogar os ossos em qualquer lugar após a alimentação, o que para ele explica porque os guaribas e coatás ficam com medo ao verem esses ossos e se afastam das aldeias.

Ao se recordar disso, Poriciwi fez questão de contar o que sabia sobre Arimú. Ele relatou que Arimú era um homem muito alto e comprido. Poriciwi conheceu-o quando ainda era pequeno, lá na aldeia Kukuwamîtî. A família de Arimú tinha contato com a família de Poriciwi. O avô de Poriciwi, Mapoṙo, conheceu Arimú quando morava em uma aldeia chamada Kentawno, situada na boca do rio Kikwo em seu encontro com o rio Mapuera. Nesse tempo, os Xerew estavam subindo o rio Mapuera, deixando suas aldeias antigas situadas no rio Motokru, tributário da margem esquerda do Mapuera, a jusante do rio Kikwo. Alguns Xerew, incluindo Arimú, foram morar com os Wai Wai-Pinipici do rio Kiwko. Depois de alguns anos, Arimú, que era uma liderança Xerew, subiu o rio Mapuera e fundou a aldeia Kukwamîtî, ao passo que Mapoṙo subiu o rio Kikwo para fundar outra aldeia[106]. Quando Poriciwi conheceu Arimú, ele já era um xamã forte e poderoso, bem velho, que cantava em uma festa de nome *yamo* usando um diadema *aroko* feito com pelo de tamanduá, que também era um de seus ñokwa. Por isso Poriciwi tinha medo de Arimú.

Yakutá, por sua vez, disse não ter conhecido Arimú, contudo, ao ver as imagens do conjunto de ossos afirmou ser também um tipo de *ñokwa*. Yakutá informou que os anciões antigamente tinham o costume de guardar os ossos de diversos animais, que eram usados depois para tratar os sintomas de febre das pessoas. Muitos homens, mulheres e crianças iam atrás da cura de suas febres através do uso dos ossos de animais. Esses ossos eram queimados para produzir fumaça, que era esfregada nas pessoas como forma de tratamento. Por isso muita gente guardava vários tipos de ossos de animais e peixes.

O relato de Yakutá se assemelha com a informação de Fock (1963) de que os casais com bebês costumavam guardar ossos de peixes, aves e animais

---

[106] Para mais detalhes sobre as aldeias do rio Kikwo, ver J. Wai Wai (2022).

terrestres dentro de um cesto de nome *kapatu*, feito a partir de uma única folha de palmeira[107]. Denominados de *kamesî*, esses ossos eram como "objetos mágicos". Para o tratamento de crianças, os ossos eram queimados abaixo de uma rede em que a mãe se deitava com a criança no colo. Enquanto a fumaça subia e envolvia o bebê, seus pais entoavam cantos específicos. Na coleção de J. Yde há um cesto *kapatu* com diversos ossos de animais, cuja mandíbula de macaco coatá foi identificada por um ancião no Mapuera, que informou tratar-se de remédio para crianças (Rodrigues, 2022).

As informações de Poriciwi e Yakutá demonstram a diversidade de interações cosmopolíticas com os ossos desses animais e suas potências xamânicas. Ainda, indicam que o material foi adquirido na antiga aldeia Kukuwamîtî, entre 1949 e 1950. Em 1954, enquanto fazia sua pesquisa entre os Wai Wai no sul da Guiana, J. Yde (1965) obteve notícias da existência dessa aldeia no Brasil, mas quando a visitou em 1958 a aldeia Kukuwamîtî tinha sido abandonada há pouco tempo. Ele apenas encontrou uma casa redonda ainda erguida no local, dentro da qual havia um pilão feito em madeira dentre outros artefatos coletados por ele, como uma vasilha cerâmica inteira, por exemplo, que será apresentada mais adiante.

Os fusos

Os dois fusos da coleção são compostos por uma vareta de madeira, tortual (ou rodela) de cerâmica revestida com resina, apresentando seção em parte cônica e em parte elíptica, e fio de algodão posicionado abaixo do tortual para ajustá-lo (Figuras 8-10). A vareta de madeira da peça P39 mede 32,5 cm de comprimento, apresenta 0,4 cm de espessura mínima, acima da rodela de cerâmica, e 0,5 cm de espessura máxima, abaixo da rodela. Ela possui uma ponta simples. A rodela de cerâmica possui 4 cm de diâmetro, 2,7 cm de espessura no centro e 0,45 cm de diâmetro do furo central. A vareta da peça P40 mede 41 cm de comprimento, apresenta 0,3 cm de espessura mínima e 0,4 cm de espessura máxima. Possui uma ponta simples. O tortual dessa peça mede 4,1 cm de diâmetro, 2,7 cm de espessura no centro e 0,6 cm de diâmetro do furo central.

O tortual de cerâmica da peça P39 apresenta uma quebra recente, permitindo observar apenas antiplásticos minerais. Em ambos os casos, as madeiras usadas são do mesmo tipo das que se usa para fazer os arcos.

---

[107] Para mais informações sobre os cestos de nome *kapatu*, ver Rodrigues (2022, pp. 292-301).

Em conversa com Wahciki, ouvimos que os fusos se chamam *popoku* e a rodela de cerâmica é denominada *mapitawno*, "nádegas" em tradução livre. Ela explicou-nos que o *popoku*, além das nádegas, também possui dente, que é a ponta do fuso, e a vareta corresponde à coluna vertebral[108]. Wahciki ainda usa fuso para fiar algodão, mas o que ela possui tem o dente diferente, feito em madeira entalhada em formato de "seta" (Figuras 13-14). Disse ainda que os Wai Wai antigamente usavam fusos com os dentes iguais aos que estão no MICI. Wahciki também relatou que já usou fusos com dentes feitos em osso de maxilar de jacaré, fixado na ponta da madeira com resina *maanî* e amarração com fio de algodão, semelhante aos exemplares coletados por Yde (1965, p. 63). Ela já teve fusos com dentes desse tipo, porém prefere os feitos com dentes em madeira.

Figura 8

Tortual de fuso

Notas: Peça P39 do acervo so MICI. Foto: Igor Rodrigues, 2019.

Figuras 9 e 10

Perfil do tortual de fuso e da ponta de madeira

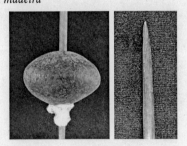

Notas: Peça P40 do acervo so MICI. Foto: Igor Rodrigues, 2019.

Figuras 11 e 12

Perfil do tortual de fuso e da ponta de osso

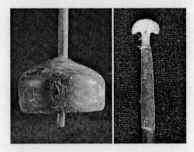

Notas: Peça K157 do acervo so MICI. Foto: Igor Rodrigues, 2019.

---

[108] Segundo Ribeiro (1988, p. 106), um fuso é composto por uma vareta, um "castão" ou "bico", correspondente à parte superior da vareta na qual o fio é preso, e o "tortual", que pode ser um disco ou outro dispositivo situado na parte inferior da vareta para proporcionar o movimento rotativo da fiação.

Figuras 13 e 14

Fuso com tortual de cerâmica e detalhe da ponta de madeira esculpida, usado atualmente por Wahciki

Notas: Foto: Igor Rodrigues, 2019.

Figura 15

Pontas feitas em osso e tortuais de fuso, feitos com diferentes materiais, dos Tiriyó

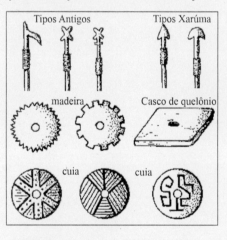

Notas: Fonte: Adaptado de Frikel (1973, p.303).

Figura 16

Tortuais de fuso em cerâmica. Fase Tarumã (esq.). Fase Wai Wai (dir.)

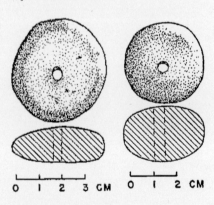

Notas: Fonte: Adaptado de Evans e Meggers (1960, p. 232, 257).

Wahciki relatou-nos que antigamente existiam mulheres que possuíam ao mesmo tempo até quatro fusos de tamanhos diferentes, usados para fazer fios de espessuras distintas e também para evitar de ficar sem fuso. Os fusos maiores eram usados para fiar fios mais espessos. Para isso, tinham uma vareta maior para enrolar mais fio. Fios mais espessos são usados, por exemplo, para fazer as redes de dormir (*kuywa*). Já os fusos menores são usados para fiar fios mais finos. Os fusos da coleção do MICI, segundo Wahciki, servem para fazer fios finos bons para fazer tangas (*keweyu*) compostas por miçangas ou sementes, braçadeiras (*apomi*) e tornozeleiras de algodão (*yîraknu*), assim como ajudam na produção de pentes (*wayamakasî*) e de flechas (*waywî*), por exemplo. Quando perguntamos a ela o que poderíamos saber nos casos em que se encontram as nádegas de cerâmica dos fusos nas aldeias antigas ("sítios arqueológicos"), ouvimos que isso indica que as mulheres que moraram ali fizeram fios de algodão para diversos fins.

Após mostrarmos fotos de um fuso dos Katxuyana, também adquirido por Frikel entre as décadas de 1940 e 1950 (Figuras 11-12), Wahciki destacou as diferenças em relação ao dente e à forma do tortual, afirmando que os Wai Wai fazem de outra maneira. Isso a fez lembrar de quando visitou os Tiriyó e reparou que as rodelas dos fusos deles eram feitas com casco do peito de jabuti, que é mais grosso e pesado em relação ao casco das costas, e também tinha forma diferente. Ela experimentou fiar com esse fuso e também achou bom. Informou ainda que havia mulheres Tiriyó que possuíam fusos com tortuais de cerâmica e outros com tortuais de casco de jabuti.

Diante da riqueza dessas percepções, buscamos mais informações sobre fusos dos Wai Wai e fusos dos Tiriyó. Os primeiros fazem seus fusos com madeira reaproveitada do arco, ou da raque das folhas de inajá ou patauá, produzindo rodelas de cerâmica ou em osso de quelônio, com dentes feitos em ossos de guariba, coatá ou mandíbula de jacaré (Yde, 1965). No caso Tiriyó, Frikel (1973) observou que a vareta é feita com pau d'arco ou patauá. Antigamente as pontas eram feitas em ossos de macaco coatá, com morfologias distintas e algumas, ainda, sob influência dos Parukoto--Xarúma, ao passo que as pontas mais recentes consistem em um gancho entalhado na madeira, inspirado no que fazem os Wayana (Figura 15). Os tortuais antigos eram feitos em madeira ou casco de quelônio, enquanto os mais recentes tinham dois discos de cuia cortados, com desenhos (Figura 15) ou, mais raramente, existiam alguns feitos com o reaproveitamento de fragmentos de cerâmica ou de louça holandesa antiga.

Existe, portanto, uma grande diversidade de fusos entre os povos mencionados, porém a maioria dos materiais que compõe os fusos pouco sobrevive no registro arqueológico. Na região habitada pelos Wai Wai no sul da Guiana, Evans e Meggers (1960) estabeleceram as fases arqueológicas Tarumã e Wai Wai, associadas diretamente aos referidos povos. Nessas fases existem tortuais de fuso feitos em cerâmica (Figura 16), e os da fase Wai Wai foram considerados diagnósticos dessa fase. As medidas de diâmetro dos tortuais, suas espessuras, diâmetros dos furos centrais e morfologias das seções (cf. Evans & Meggers, 1960, p. 233; 265), foram reunidas no Quadro 1, junto às medidas das referidas peças etnográficas dos Parukoto e Katxuyana, para uma pequena comparação.

Quadro 1
Medidas e morfologias dos tortuais de fuso em cerâmica, arqueológicos (arq.) e etnográficos (etn.)

Atribuição etnográfica ou arqueológica	Diâmetro(s) do(s) tortual(is)	Espessura	Diâmetro do furo central	Morfologia da seção
Fase Tarumã (arq.)	4; 4,4 cm	1,4; 1 cm	0,45; 0,5 cm	elíptica
Fase Wai Wai (arq.)	3,3; 4 cm	2 e 3,2 cm	0,4; 0,4 cm	elíptica
Parucoto (etn.)	4; 4,1 cm	2,7; 2,7 cm	0,6 e 0,45 cm	cônica/elíptica
Katxuyana (etn.)	3,2 cm	2 cm	0,4 cm	cônica/troncônica

Notas. Fonte: Compilação dos dados feita por Igor Rodrigues, com base em Evans e Meggers (1960) e dados próprios.

De modo geral, observa-se que as medidas dos tortuais comparados são bem semelhantes em relação aos seus diâmetros dos tortuais e do furo central. O que mais difere é a espessura mais fina dos tortuais da fase Tarumã. Nota-se maior semelhança entre os tortuais associados aos Parukoto e os da fase arqueológica Wai Wai, no que diz respeito à morfologia da seção e às medidas de espessura. Se compararmos ainda a morfologia da seção do tortual da fase arqueológica Wai Wai com o tortual do fuso coletado por Yde (1965, p. 63) entre os Wai Wai, constata-se que são idênticas. Apesar de qualificados respectivamente como "arqueológico" ou "etnográfico", essas peças são contemporâneas entre si, pois os tortuais da fase Wai Wai foram adquiridos no sítio Erepoimo entre 1952 e 1953, correspondente a uma aldeia que tinha sido abandonada em 1950, após uma ocupação de seis anos. No local, Evans e Meggers (1960) encontraram na superfície do interior da casa comunal diversos fragmentos cerâmicos, rodelas de fuso, pilão de madeira, fragmentos de garrafas de vidro verde, fragmento de espelho, além de uma tigela cheia de contas de vidro de diversas cores, algumas ainda aderidas a fios de algodão. No sítio Erepoimó, os arqueólogos observaram ainda diversas plantas cultivadas, como cabaças, urucu, maracujá e algodão, por exemplo. Trata-se de um tipo de informação muito importante, pois como argumentado por J. Wai Wai (2022), determinados tipos de plantas são marcas de ocupações antigas e, portanto, são vestígios arqueológicos que conversam com a gente. Nós precisamos aprender a ouvi-los. Desse modo, a presença dos tortuais de fuso em cerâmica e do algodão evidencia que ali ocorreu muita fiação, como nos ensinou Wahciki.

Constata-se, assim, que a separação artificial entre materiais arqueológicos e etnográficos precisa ser reconsiderada nesse caso. Não queremos dizer com isso que os fusos feitos pelos Parukoto e Wai Wai, registrados etnograficamente, são estilisticamente idênticos aos fusos da fase arqueológica Wai Wai. Os únicos elementos comparáveis são os tortuais em cerâmica e existe grande diversidade de tortuais e de pontas, feitos em materiais orgânicos. Parece que não há estilos homogêneos dos fusos dentro de um mesmo povo, mas isso precisa ser mais bem estudado, integrando diferentes fontes com as noções de estilo tecnológico e de comunidades de práticas (cf. Gaspar & Rodrigues, 2020; Rodrigues, 2022). Os fusos precisam ser mais pesquisados para entendermos melhor as correlações entre suas dimensões e a produção de distintos fios, além de enriquecer a interpretação arqueológica ao incluir as tecnologias perecíveis na vida das pessoas, impedindo a redução da materialidade aos inorgânicos (Rodrigues, Costa, & Silva, 2021).

A vasilha cerâmica

A única vasilha cerâmica associada aos Parukoto está registrada sob o número P9 e apresenta 22 cm de diâmetro máximo, 8 cm de profundidade e 0,7 cm de espessura da parede. Ela tem forma hemisférica, contorno simples, base plana com 9 cm de diâmetro e seu terço superior apresenta na face externa quatro faixas do que se costuma denominar "decoração plástica roletada" em arqueologia. Há ainda três pontos ao redor da circunferência do terço superior da vasilha que apresentam marcas lineares, espessas e pouco profundas, dispostas de maneira perpendicular aos roletes, que foram produzidas enquanto a argila ainda estava úmida[109] (Figuras 17-18). A olho nu foi possível observar a presença de caraipé e antiplásticos minerais e, considerando as obras de Yde (1965) e C. Wai Wai (2019), possivelmente a vasilha foi faturada pela técnica do roletado.

---

[109] Para mim (IMR), essas marcas poderiam corresponder a negativos de apliques cerâmicos (cf. Jácome, 2017, p. 402; Glória, 2019, p. 174), ainda mais considerando que antigamente existiam apliques de cabeça de mutum postos em cerâmicas destinadas ao preparo de carne dessa ave (J. Wai Wai, 2017, p. 47).

Figuras 17 e 18

Vasilha tahrem wooto tiyotopo

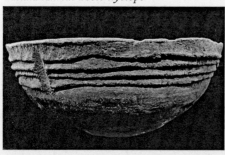 

Notas: Foto: Igor Rodrigues, 2019.

Figura 19

Vista da boca da vasilha tahrem wooto tiyotopo

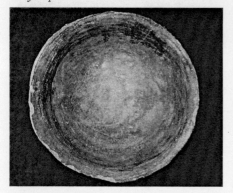

Notas: Foto: Igor Rodrigues, 2019.

Figura 20

Vista da base da vasilha tahrem wooto tiyotopo

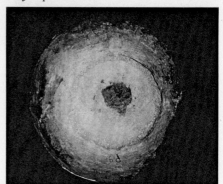

Notas: Foto: Igor Rodrigues, 2019.

Figura 21

Detalhe das rachadura da face externa da vasilha P9 do acervo do MICI

Notas: Foto: Igor Rodrigues, 2019.

Figuras 22 e 23

Projeção de uma vasilha do sítio Poropu e detalhe de um fragmento de borda do mesmo sítio com um conjunto de cinco roletes e uma marca linear perpendicular

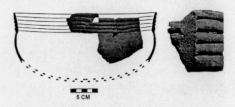

Notas: Fonte: Extraído e adaptado de Glória (2019, p. 174).

Figura 24

Perfil da vasilha (H.4733) coletada na aldeia Kukuwamîtî

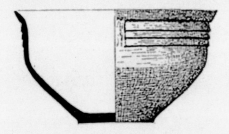

Nota: Fonte: Extraído de Yde (1965, p.18).

Figura 25

Vasilha H.4733 mantida no Museu Nacional da Dinamarca

Nota: Fonte: Reproduzido sob licença CC--BY-SA 4.0. https://samlinger.natmus.dk/es/object/83790.

Ainda no MICI, baseado em estudos sobre alterações nas cerâmicas decorrentes do uso (p. ex. Skibo, 1992; Rodrigues, 2011), observou-se que a face externa do pote está recoberta por fuligem, com concentrações mais espessas situadas um pouco abaixo dos roletes, com exceção da base e início do terço inferior do pote, em que não há depósitos de fuligem, exibindo cores mais claras, um pouco alaranjadas. Isso pode ser um indicativo de oxidação decorrente de maior proximidade com a fonte de calor durante o uso do pote, que provavelmente foi usado apoiado sobre trempes (cf. Evans & Meggers, 1960; Glória, 2019). A face externa da base apresenta marcas de abrasão, que expôs os antiplásticos, e seu centro exibe uma marca escura e engordurada que é decorrente de alguma ação realizada no museu (restos de cola?), já que a mesma marca está presente em outros artefatos da coleção, feitos com materiais diferentes, como nos trançados, por exemplo. A face interna da base está bem escurecida, mas não foi observado nenhum depósito espesso indicativo de restos de alimentos carbonizados, o que sugere que a vasilha possa ter cozinhado alimentos com muito líquido. Há apenas uma área no terço superior da face interna da vasilha que apresenta manchas mais escuras, porém não soube (IMR) identificar o que é. Há rachaduras na base e terço inferior da face externa do pote e no terço superior da face interna. Os lábios da vasilha apresentam muitas marcas de lascamento (Figuras 17-21).

Wahciki reconheceu esse tipo de pote, denominando-o de *tahrem wooto tîyotopo*, isto é, uma panela própria para preparar alimentos feitos a partir de diferentes carnes cozidas com tucupi e pimenta. Com base nas dimensões da vasilha, Wahciki disse que é uma panela usada para uma família pequena. Não servia para cozinhar para muita gente. Essa panela possui *mapirî* ("nádegas"), *eknu* ("osso do quadril"), que corresponde à inflexão da base e o corpo do pote, *awxarî* ("lateral do corpo"), que também pode se chamar de *awcî* ("costela"), e *potarî* (boca). Os "roletes" chamam-se *ahsîtopo*, isto é, "próprio para pegar", em tradução livre. Segundo Wahciki, isso era feito para ajudar a tirar a panela do fogo sem escorregar, ajudando também a cozinhar de forma rápida, pois permitia esquentar a panela mais rapidamente, além de deixá-la mais bonita.

Em relação às marcas perpendiculares aos roletes, Wahciki refutou a ideia de que isso corresponde a negativos de apliques. Essas marcas são decorrentes do processo de produção do recipiente que, após sua manufatura, ficava fixo entre três "trempes" (*cehyakata*), secando antes de queimar. Isso era feito para manter o pote equilibrado enquanto secava. Portanto, essas marcas indicam o contato do corpo do pote com as trempes, quando a argila ainda estava úmida, e informa-nos que as trempes também auxiliavam na produção das vasilhas. Ao explicar sobre a importância do apoio durante a secagem das vasilhas, Wahciki informou que também se faziam trançados usados para segurar o corpo de grandes recipientes, impedindo-os de rachar.

Wahciki utilizou a palavra *netoñe* para especificar que a boca do pote, repleta de negativos de lascamento, estava deteriorada. Para ela, isso ocorre por diversas razões. O aquecimento constante da vasilha, sem que ela esteja com bastante líquido em seu interior, pode provocar estouros. Uma batida por descuido pode provocar o lascamento. Quando se lava uma panela, várias batidas ocorrem e também os lascamentos surgem quando as panelas são guardadas de maneira emborcada. A grande quantidade dessas marcas no pote P9 é um indicativo muito claro, para Wahciki, de que essa panela foi muito usada e essas quebras podem decorrer das lavagens e do armazenamento. Ao ser questionada sobre a possibilidade dessas marcas resultarem do uso de colheres ou algo semelhante, ouvimos que antigamente se usava cuia para mexer o conteúdo ou, às vezes, um pedaço de pau, mas isso não provoca essas marcas. Outro argumento de Wahciki para explicar que a panela estava bem usada é a quase ausência completa da resina *sîpo*, usada no acabamento final dos potes, em ambas as faces. Ela identificou restos de resina apenas na face interna da vasilha (Figura 19), correspondendo justamente à área mais escurecida que não reconheci (IMR). Isso reforça que a panela foi muito usada e, ainda, contribuiu para a deterioração da panela, já que a resina se usa para impedir a água de entrar na parede e deteriorar a panela. Além disso, para Wahciki, a resina torna-a mais bonita e sua presença deixa a comida cheirosa e gostosa.

Wahciki e suas filhas mais velhas relataram que só perceberam com clareza o cheiro e o gosto da resina na comida depois de usarem as panelas de alumínio. Elas até se lembraram de casos em que alguns velhos não gostavam da comida feita na panela de alumínio. Wahciki reforçou que se fazia carne com *kacamara* (tucupi) nas panelas de cerâmica e que só se podia cozinhar com caldo para evitar que o conteúdo se queimasse e a panela estourasse. Ela relatou que demorava para fazer comida nessas panelas, pois custava a esquentar e demandava muita lenha. Essas panelas cozinhavam rápido só depois que esquentavam e não tinham vida muito longa, já que o uso ao fogo as estragava. Com relação às marcas alaranjadas na face externa base da panela, Wahciki disse que isso é causado pelo fogo e, ao ver as fotos específicas da base, disse que a panela foi bastante arrastada no chão. Percebe-se assim que a maioria das informações de Wahciki concorda com os modelos etnoarqueológicos disponíveis para interpretar alterações decorrentes do uso.

Após ver todas as fotos, Wahciki deteve-se na imagem das rachaduras da base da vasilha (Figura 21), o que a fez rir. Disse que a panela é muito velha (*pahxan me*) e por isso ela foi dada aos missionários, pois não prestava mais para ser usada.

Essa percepção reforça a compreensão de que os povos originários também são agentes formadores das coleções etnográficas (p. ex. Gaspar, 2023; Rodrigues & Gaspar, 2020; Torrence & Clarke, 2013). Portanto, vislumbra-se que a coleção do MICI não resultou apenas das vontades dos missionários franciscanos, o que ajuda a compreender a existência de uma única panela na coleção, afinal, trata-se de algo fundamental na vida das pessoas e que dá muito trabalho para produzir. A visão de Wahciki nos sugere que uma mulher só daria sua panela porque já não tinha mais como continuar a usá-la.

Não sabemos ao certo em qual aldeia Frikel e seus confrades adquiriram essa panela. Talvez tenha sido na aldeia Kukuwamîtî, do antigo xamã Arimú, mas não há como afirmar isso. Contudo sabemos que nove anos depois da passagem dos franciscanos, J. Yde (1965, p. 179) esteve na recém--abandonada aldeia Kukuwamîtî em 1958 e coletou uma vasilha (Figuras 24 e 25) considerada por ele de "tipo aberrante" por possuir um desenho simples em baixo relevo, apesar de apresentar a mesma forma das panelas dos Wai Wai. O pote, mantido atualmente no Museu Nacional da Dinamarca sob o número H.4733, apresenta quatro roletes na parte superior da face externa; mede 23 cm de diâmetro de boda, 12,5 cm de profundidade, 8,5 cm de diâmetro da base plana e 0,5 cm de espessura da parede (Gaspar, 2019, p. 309). Ele foi feito com a técnica do roletado, apresenta tempero de caraipé e também apresenta os negativos das marcas das trempes usadas durante sua secagem. Sua face externa está coberta por fuligem e ainda há resina em sua face interna. A principal diferença dessa peça é ter borda levemente extrovertida, porém suas características gerais e medidas são semelhantes às da panela P9 do MICI.

Outro ponto digno de nota é a semelhança entre essas vasilhas com algumas cerâmicas arqueológicas escavadas no sítio Poropu (Figuras 22 e 23), situado no médio rio Mapuera, que foram estudadas por Jácome (2017) e Glória (2019). Essas cerâmicas do Poropu foram feitas com pasta mineral, técnica de manufatura por rolete e possuem a região "própria para pegar" (*ahsîtopo*) composta por uma sequência de 5 roletes no terço superior. Portanto, diferem um pouco de algumas características técnicas das cerâmicas adquiridas no alto Mapuera por Frikel e Yde. Por outro lado, após a explicação de Wahciki, é possível reconhecer que essas cerâmicas do Poropu também possuem negativos de marcas de que ficaram secando com o auxílio de trempes. Com base nas reconstituições arqueológicas, estima-se que o pote teria 25 cm de diâmetro de boca, 12 cm de profundidade e espessura da parede em torno de 0,5 cm, apresentando contorno simples com bordas extrovertidas.

Outra informação relevante é que, embora não se disponha de uma data exata para esses vestígios cerâmicos em específico, as datações realizadas situam o sítio Poropu entre o século XIX e meados do século XX, o que pode indicar que a produção desse tipo de cerâmica seja um pouco mais recuada no tempo. Além disso, não seria uma produção restrita ao alto e médio Mapuera, pois para Jácome (2017) e Glória (2019) esse tipo de "decoração" plástica ocorre em sítios do alto curso do rio Essequibo, nas fases Tarumã e Rupununi, definidas por Evans e Meggers (1960), assim como em alguns sítios do baixo Mapuera, porém, de forma mais discreta.

Em suma, o estilo de fazer cerâmica com uma parte própria para pegar (*ahsîtopo*) e o uso da resina são ótimos exemplos para pensar que não há separação entre "função" e "decoração", além de reforçarem a importância de articular as fontes etnográficas e arqueológicas, reconsiderando a separação científica criada entre elas. Ademais, provocar o encontro das imagens desses materiais com as pessoas especialistas no assunto indica como podemos refinar nossas compreensões sobre os fenômenos arqueológicos, evocando ainda a materialidade sobre aquilo que foi tornado objeto etnográfico.

Sobre os diálogos e narrativas em torno das coleções: palavras finais

Quando articulamos diferentes fontes em uma perspectiva histórica e colaborativa com os povos descendentes das pessoas que fizeram e/ou trocaram os artefatos com os coletores, podemos enxergar muito mais elementos para revitalizar a materialidade desses artefatos-seres, além de aprendermos mais profundamente sobre a biografia dos artefatos. Afinal, o conhecimento que nossos interlocutores possuem sobre esses materiais foi adquirido com a vivência e a experiência. A partir desses diálogos, elaboramos narrativas de um passado recente, dotadas de interações e habilidades, a partir de olhares próximos de quem conviveu com materiais semelhantes. Pudemos, também, adicionar valores e significados históricos outros a esses materiais, de modo a despertar esse passado. Elaboramos, assim, uma arqueologia histórica do passado recente feita a partir de documentos e entendimentos wai wai.

Se a aquisição das peças feita pelos missionários buscou também retirar a materialidade vinculada às práticas xamânicas, como o caso do "feitiço da maloca do velho Arimú", as memórias aqui reunidas demonstram que o conhecimento sobre como interagir com esses materiais não foi esquecido.

Ao escavar essas memórias, aprendemos que o conjunto de ossos atados ao cipó corresponde a um importante *ñokwa* ("amuleto-espírito") usado na comunicação com outros seres. Rememoramos um poderoso xamã e situamos o amuleto no espaço-tempo, nomeando a aldeia de onde ele foi obtido e imaginamos como o xamã, deitado em sua rede e circundado por fumaça, dialogava com os pais desses animais. A ausência da produção atual desse tipo de amuleto possibilita também entender as razões, dadas por nossos interlocutores, pelas quais os macacos atualmente não costumam ficar mais próximos das aldeias.

Os fusos e a vasilha cerâmica, por sua vez, embora não se saiba a quem pertenceram, puderam ter sua localização geográfica aproximada, permitindo demonstrar que ainda existem algumas continuidades de práticas, como a fiação, além de rememorar cheiros, sabores, e relações técnicas na produção de alimentos. Esses artefatos, cujas partes corporais foram explicitadas, possibilitam realçar diversas habilidades femininas na transformação do algodão em diversos itens centrais para a vida humana e na preparação de alimentos por meio de receitas específicas, cujo sabor da comida estava interligado também ao modo de fazer a panela. A panela P9 é um testemunho de como as pessoas do Mapuera-Tauini escolheram o que entregar aos visitantes, reforçando a noção de que as coleções históricas são frutos de atividades colecionistas do colonialismo e resultam também da ação indígena nessa interação. Olhar para essas coleções sob essa ótica contribui para a escrita de histórias mais ricas em torno da negociação intercultural.

As experiências de conversar sobre "as imagens das antigas produções de nossos anciões" evidenciaram que para nossos interlocutores importa saber de quem foram e em quais aldeias esses artefatos foram adquiridos. Quanto mais informações associadas, mais narrativas surgem sobre lugares, pessoas, cheiros, habilidades, técnicas, espíritos, dentre outras. O problema é que essas informações dificilmente são encontradas. Em todo caso, diversas memórias permanecem adormecidas e esses documentos carregam em si potências capazes de as despertarem. Todavia, para isso é importante trabalharmos juntos, uma vez que as bibliotecas indígenas "são provenientes das histórias de nossos parentes, nossos velhos. Todas nossas pesquisas são, assim, trabalhos coletivos e colaborativos com nossos professores indígenas e não indígenas" (J. X. Wai Wai, 2022, p. 21).

Nosso diálogo com a especialista Wahciki nos ajudou a compreender e repensar certas marcas de produção da cerâmica, a refinar os modelos existentes sobre manchas e marcas de alteração decorrentes dos usos dessas panelas, assim como imaginar alguns aspectos da alimentação feita a partir delas. Começamos a ver sutilezas nas diferenças estilísticas dos fusos feitos por distintos povos, que precisam ser mais estudadas.

A conversa com Wahciki também reforçou a necessidade de tecermos relações entre os vestígios arqueológicos recorrentemente identificados por não indígenas, como os tortuais de fusos de cerâmicas, e demais testemunhos arqueológicos vivos, como as plantas indicativas da ocupação humana, destacados pela arqueologia indígena de J. Wai Wai (2022). Isso, por sua vez, ensina-nos a importância de articularmos os conceitos de *kahxapu* ("manufaturas" ou "feitos que persistem") com o de *kahsom kahtopo*, que seria aproximadamente material a ser transformado em feito/manufatura (Rodrigues, 2022). Precisamos vincular o que consideramos ser testemunhos de coisas feitas por humanos com o entendimento de que certos seres da floresta, a depender das percepções e conhecimentos das pessoas, são verdadeiros artefatos em potencial. Isso contribuirá para tornarmos visíveis as tecnologias perecíveis, comumente invisibilizadas na arqueologia.

A depender do caso, é importante reconsiderarmos a separação artificial, criada por quem faz a ciência, entre "objetos" etnográficos e arqueológicos para a construção de histórias indígenas e, aqui, indicamos que o critério cronológico absoluto não sustenta a essência dessa separação. Adotando o conceito de temporalidade relativa de J. Wai Wai (2022), por conhecer os lugares e as pessoas da narrativa abordamos o período chamado de *pahxa ehtoponhîrî* e, ainda, por algumas dessas narrativas terem sido contadas pelas próprias pessoas que participaram dos eventos, abordamos também o período chamado de *amna ponho*. Isso reforça a visão de que a separação entre "indígenas do passado" e "indígenas do presente", como nos leva a supor a distinção entre fontes arqueológicas e etnográficas, pode atrapalhar a pensar a continuidade e sobrevivência das populações indígenas ao longo do tempo. Em termos materiais, vimos que existem fusos que estão em coleções históricas musealizadas, outros que seguem na vida atual dos Wai Wai, e as rodelas de fuso em cerâmica, diagnósticas da fase arqueológica Wai Wai, que estavam acompanhadas de fragmentos de espelho, garrafas e contas de vidro, quando adquiridas pelos arqueólogos. Ao que parece, os fusos "arqueológicos" e "etnográficos" remontam ao mesmo período em que Poriciwi Wai Wai via seus familiares reavivando os gumes de facões e lâminas de machado de metal, assim como as lâminas de pedra, em um mesmo local (*yohtotopo*) do grande lajedo de pedra de Rorôimo.

Os Wai Wai já interagiam com as coisas dos brancos antes mesmo de os conhecer. Isso ocorria, e ainda ocorre, como demonstrado por Gallois (2005), por meio das redes de relações guianesas, que basicamente integram muito povos ameríndios, por exemplo, por meio de trocas de materiais e artefatos, assim como casamentos. Essas redes de relações facilitam a aquisição de bens industrializados através de intercâmbios com outros povos indígenas, sem necessariamente realizar trocas diretamente com os não indígenas. Ademais, a interação com esses novos materiais ocorre dentro dos termos nativos, como demonstrado no estudo sobre os trançados dos povos do Mapuera (Rodrigues, 2022).

Dito isso, podemos refletir sobre alguns dos significados das informações dos materiais industriais da fase arqueológica Wai Wai, dos diversos adornos feitos com contas de vidro presentes em muitas coleções históricas[110], assim como pensar sobre a coexistência de instrumentos de metal e pedra reavivados da mesma forma, além do mencionado reaproveitamento de louça holandesa na produção de fuso dos Tiriyó. Essas informações reforçam a ideia de que "é muito mais fácil adotar um objeto técnico novo que inventar uma nova relação técnica" (Descola, 2002, p. 107) e realçam, sobretudo, o agenciamento indígena dos bens industrializados. Inclusive, algumas dessas coleções históricas, como a de Walter Roth (1929), feita em 1925 e, portanto, mais antiga que os materiais da fase arqueológica Wai Wai, apresentam diversos artefatos compostos por miçangas, como tangas, colares, braçadeiras, labretes, sobrecintos e corseletes dorsais femininos, além de distintas ferramentas de metal, como agulhas e lâminas de enxó, que possibilitam diversas leituras sobre a relação dos Wai Wai com os materiais industriais. Tudo isso nos leva a pensar, por exemplo, que se a arqueologia histórica a respeito dos povos indígenas busca estudar os impactos da expansão europeia e do colonialismo, bem como compreender as trocas culturais e as próprias ontologias nativas, conforme apontou Souza (2017), as coleções históricas precisam ser incorporadas em pesquisas destinadas a tratar dessas questões, haja vista o grande potencial que apresentam para tratar desses temas. Em nosso estudo de caso, integrar o que foi distinguido pela ciência entre "etnográfico" e "arqueológico" foi muito importante para a compreensão do passado recente dos Wai Wai.

As estratégias wai wai de domesticação das mercadorias dos brancos, como argumentou Howard (2002), envolvem interação com essas pessoas ao mesmo tempo que oferecem resistência ao sistema econômico dominante, recorrendo à usual linguagem das trocas para capturar e dominar diversas

---

[110] Nos referimos às coleções de princípios e meados do século XX, feitas por Ogilvie, Farabee, Roth, Frikel, Yde e até por Evans e Meggers. Para mais detalhes, ver Rodrigues e Gaspar (2020) e Rodrigues (2022).

coisas exóticas e ameaçadoras. Conforme as histórias de um "passado muito distante", *pahxantho yehtopo* (cf. Wai Wai, 2022), todos os bens materiais e os conhecimentos adquiridos pelos Wai Wai se originam a partir de legados deixados pelo criador Mawary e de diversas relações estabelecidas com outras gentes, sejam elas humanas ou outras que humanas (Rodrigues, 2022). Se pensarmos em materiais industriais agenciados por indígenas, por exemplo, a contas de vidro foram adquiridas pelo "povo anaconda" (Fock, 1963) e também pelo "povo papagaio", que presenteou os Wai Wai com facas e outras mercadorias ocidentais, ensinando-os sobre a importância das visitas e a troca de presentes (Howard, 2002). A adoção de materiais e artefatos industrializados por parte dos indígenas jamais pode ser pensada de forma passiva, mas sim dotada de perspectivas e leituras próprias, tal como a dinâmica de troca com os não indígenas envolve múltiplas estratégias e intenções dos povos indígenas. Isso pode ser identificado nas coleções históricas que, se estudadas por e com indígenas, evidencia que os bens industriais ocidentais tampouco devem ser o foco central de arqueologias históricas que pretendem revitalizar e visibilizar o passado indígena.

Mais além da agência indígena na formação das coleções históricas, o presente estudo contribui para a reconexão indígena sobre os feitos de seus antepassados, no sentido de uma indigenização dos museus (cf. Garcés & Karipuna, 2021). Infelizmente não pudemos articular as pessoas e os artefatos de forma presencial, mas conseguimos expressar aqui certos entendimentos wai wai sobre alguns de seus feitos que estão no MICI, narrando partes dessas muitas histórias e valorizando os conhecimentos indígenas acerca de seu próprio passado.

Agradecimentos

Igor agradece: Frei Alexandre, Frei Wellington e Frei Anésio, pelo apoio e acesso aos documentos do MICI; Marcony Alves e Ana Carolina Cunha, pelas informações sobre a referida coleção; Elber Glória e Camila Jácome, pelas conversas sobre o sítio Poropu. Agradece ao financiamento da Fundação de Amparo à Pesquisa do Estado de São Paulo (FAPESP) (Processo n. 2017/13343-4). Jaime agradece aos antropólogos e missionários que coletaram o material, e também às pessoas responsáveis por cuidar desses materiais. Se elas não tivessem feito isso, o povo Wai Wai não veria mais esses materiais. Agora que os Wai Wai estão começando a ver as imagens desses materiais, eles gostariam que os materiais das coleções fossem muito bem guardados, para continuarem testemunhando que os antepassados dos Wai Wai eram verdadeiros mestres em saber fazer e usar essas coisas. Ambos os autores são gratos aos familiares de Jaime Wai Wai, especialmente a Wahciki e Poriciwi (*in memoriam*), assim como às organizadoras do livro, pela oportunidade de participar desta coletânea e pelas leituras cuidadosas da primeira versão do texto.

Referências

Abreu, R. (2005). Museus etnográficos e práticas de colecionamento: antropofagia dos sentidos. *Revista do Patrimônio Histórico e Artístico Nacional*, (31), 100-125.

Aguiar, B. D. de. (1942). Nas fronteiras de Venezuela e Guianas. Trabalhos da Comissão Brasileira Demarcadora de Limites nas Fronteiras da Venezuela e Guiana britânica e neerlandesa de 1930 a 1940. *Anais do 9º. Congresso Brasileiro de Geografia, 1940*, (2), 204-375.

Barcelos Neto, A. (1999). Coleções etnográficas do Alto Xingu: 1884-1998. *Revista do Museu de Arqueologia e Etnologia*, (9), 239-255.

Becher, H. (1975). Protásio Frikel (1912-1974). *Indiana*, (3), 293-300.

Cabral, M. P. (2018). Apresentação. *Vestígios-Revista Latino-Americana de Arqueologia Histórica*, 12(2), 5-8.

Caixeta de Queiroz, R. (1999). A saga de Ewka: Epidemias e evangelização entre os Waiwai. In R. Wright (Org.). *Transformando os deuses. Os múltiplos sentidos da conversão entre os povos indígenas no Brasil* (pp. 256-283). Editora da Unicamp.

Caixeta de Queiroz, R. (2008). *Trombetas-Mapuera. Território indígena*. FUNAI-PPTAL.

Chirikure, S. (2016). 'Ethno' plus 'archaeology': what's in there for Africa(ns)? *World Archaeology*, 48(5), 693-699.

Collevatti, J. H. (2009). A invenção (franciscana) da cultura munduruku: sobre a produção escrita dos missionários da Província de Santo Antônio. *Revista de Antropologia*, 52(2), 633-676.

Crônicas. (1951). Ipuarana. *Santo Antônio*, 9(1), 423-429.

Crônicas. (1952). Ipauarana. *Santo Antônio*, 10(2), 118-125.

Crônicas. (1945). Óbidos. *Santo Antônio*, 3(2), 61-65.

Descola, P. (2002). Genealogia de objetos e antropologia da objetivação. *Horizontes antropológicos*, (8), 93-112.

Estévez, J., & Mitjà, A. V. I. (2006). Colecciones de museos etnográficos en arqueología. Etnoarqueología de la Prehistoria más allá de la analogia. *Treballs D'Etnoarquología*, (6), 241-254.

Evans, C., & Meggers, B. (1960). Archaeological Investigations in British Guiana. *Bureau of American Ethnology Bulletin*, (177). Smithsonian Institution.

Fabian, J. (2004). On recognizing things: the "ethnic artefact" and the "ethnographic object". *L'Homme*, (2), 47-60.

Feest, C. (2020). Maximilian Prince of Wied-Neuwied and his Ethnographic Collection from Eastern Brazil, 1815-1817: Preliminary Notes. *Indiana*, 37(2), 47-69.

Flexner, J. L. (2016). Ethnology collections as supplements and records: what museums contribute to historical archaeology of the New Hebrides (Vanuatu). *World Archaeology*, 48(2), 196-209.

Fock, N. (1963). *Waiwai religion and society of an Amazonian tribe*. National Museum of Denmark.

Françozo, M. (2015). Beyond The Kunstkammer: Brazilian featherwork in early modern Europe. In A. Gerritsen, & G. Riello (Eds.). *The Global Lives of Things: the material culture of connections in the early modern world* (pp. 105-127). Routledge.

Frikel, P. (1948). Notas subsidiárias sobre a fundação de uma missão nas Guianas Brasileiras no setor compreendido pela Prelazia de Santarém. *Santo Antônio*, 6(1-2), 10-23 e 110-117.

Frikel, P. (1958). Classificações lingüístico-etnológica das tribos indígenas do Pará setentrional e zonas adjacentes. *Revista de Antropologia*, 6(2), 113-189.

Frikel, P. (1961). Morí, a festa do rapé. (Indios Kachúyana, Rio Trombetas). *Boletim do Museu Paraense Emilio Goeldi*, Nova Série, Antropologia, (12), 1-42.

Frikel, P. (1973). Os Tiriyó: Seu sistema adaptativo. *Völkerkundliche Abhandlungen des Niedersächsischen Landesmuseums Hannover*. Kommissionsverlag Müsnstermann-Druck KG.

Gallois, D. T. (2005). *Redes de relações nas Guianas*. Humanitas; FAPESP.

Garcés, C. L. L., & Karipuna, S. P. dos S. (2021). "Curadorias do invisível": conhecimentos indígenas e o acervo etnográfico do Museu Paraense Emílio Goeldi. *Museologia & Interdisciplinaridade*, 10(19), 101-114.

Garcia, L. L. W. G. (2017). *Paisagens do médio-baixo Xingu: Arqueologia, Temporalidade e Historicidade*. (Tese de doutorado em Arqueologia, Universidade de São Paulo, São Paulo).

Gaspar, M. V. (2019). *Arqueologia e história de povos de línguas Karib: um estudo da tecnologia cerâmica*. (Tese de doutorado em Arqueologia, Universidade de São Paulo, São Paulo).

Gaspar, M. V. (2023). The Kari'na ceramic tradition through ethnographic collections. *Museum Anthropology*, 46(1), 35-45.

Gaspar, M. V., & Rodrigues, I. M. M. (2020). Coleções etnográficas e Arqueologia: uma relação pouco explorada. *Boletim do Museu Paraense Emílio Goeldi*, 15(1).

Glória, E. L. (2019). *Espaço e Tempo Guianense*: sobre a fluidez das formas líticas e cerâmicas ao longo do rio Mapuera. (Dissertação de mestrado em Antropologia, Universidade Federal de Minas Gerais, Belo Horizonte).

Hawkins, R. E. (1998). Wai Wai. In D. C. Derbyshire, & G. K. Pullum (Eds.). *Handbook of Amazonian Languages*, 4 (pp. 24-224). Mouton de Gruyter.

Heckenberger, M. (2001). Estrutura, história e transformação: a cultura xinguana na longue durée, 1000-2000 dC. In B. Franchetto, & M. Heckenberger (Orgs.). *Os povos do Alto Xingu História e Cultura* (pp. 21-62). Editora UFRJ.

Hoffmann, B. (2017). Ambivalencias: Günther Protásio Frikel (1912-1974), misionero y antropólogo amigo de indígenas brasileños y ayudante de intereses gubernamentales. *Saberes, Revista de historia de las ciencias y las humanidades*, 1(2), 126-151.

Howard, C. V. (2002). A domesticação das mercadorias: estratégias Waiwai. In B. Albert, & A. R. Ramos (Orgs.). *Pacificando o branco: cosmologias do contato no Norte-Amazônico* (pp. 25-60). UNESP-Imprensa Oficial do Estado.

Hurcombe, L. (2014). *Perishable Material Culture in Prehistory: investigating the missing majority*. Routledge.

Jácome, C. P. (2017). *Dos Waiwai aos Pooco: Fragmentos de história e arqueologia das gentes dos rios Mapuera (Mawtohrî), Cachorro (Katxuru) e Trombetas (Kahu)*. (Tese de doutorado em Arqueologia, Universidade de São Paulo, São Paulo).

Jácome, C. P., & Wai Wai, J. X. (2020). A paisagem e as cerâmicas arqueológicas na bacia Trombetas: uma discussão da arqueologia Karaiwa e Wai Wai. *Boletim do Museu Paraense Emílio Goeldi*, 15(3).

Kraus, M. (2014). Perspectivas múltiples. El intercambio de objetos entre etnólogos e indígenas en las tierras bajas de América del Sur. *Nuevo Mundo Mundos Nuevos*. https://doi.org/10.4000/nuevomundo.67209.

Lane, P. (2015). Peripheral vision: reflections on the death and rebirth of ethnoarchaeology. In *47th Chacmool Archaeology Conference, November 7-9, 2014 Calgary, Canada* (pp. 19-34). Department of Archaeology & Anthropology, University of Calgary.

Lightfoot, K. G. (1995). Culture contact studies: redefining the relationship between prehistoric and historical archaeology. *American Antiquity*, 60(2), 199-217.

Lyons, D., & David, N. (2019). To hell with ethnoarchaeology... and back! *Ethnoarchaeology*, 11(2), 99-133.

Machado, J. S., Tschucambang, C., & Fonseca, J. R. (2020). Stones, Clay and People Among the Laklãnõ Indigenous People in Southern Brazil. *Archaeologies*, 16(3), 460-491.

Martins, V. N. da M. (2013). *Para além do Tumucumaque: Protásio Frikel, arqueologia e história intelectual na Amazônia*. (Dissertação de mestrado em História, Universidade Federal do Pará, Belém, Pará).

Meza, E., & Ferreira, L. M. (2016). Agencia indígena y colonialismo: una arqueología de contacto sobre la producción de aceite de tortuga en el Orinoco Medio, Venezuela (siglos XVIII y XIX). *Amazônica-Revista de Antropologia*, 7(2), 375-402.

Noelli, F. S., & Ferreira, L. M. (2007). A persistência da teoria da degeneração indígena e do colonialismo nos fundamentos da arqueologia brasileira. *História, Ciências, Saúde - Manginhos*, 14(4), 1239-1264.

Noelli, F. S., & Sallum, M. (2020). A cerâmica paulista: cinco séculos de persistência de práticas tupiniquim em São Paulo e Paraná, Brasil. *Mana*, 25(3), 701-742.

Penny, H. G. (2002). *Objects of culture: ethnology and ethnographic museums in Imperial Germany*. Univ of North Carolina Press.

Ribeiro, B. (1988). *Dicionário do Artesanato Indígena*. Itatiaia.

Ribeiro, B. G., & Velthem, L. H. (1998). Coleções etnográficas: documentos materiais para a história indígena e a etnologia. In M. C. Cunha (Ed.). *História dos índios no Brasil* (2 ª ed.; pp. 103-112). Companhia das Letras.

Ribeiro, L., & Jácome, C. (2014). Tupi ou não Tupi? Predação material, ação coletiva e colonialismo no Espírito Santo, Brasil. *Boletim do Museu Paraense Emílio Goeldi. Ciências Humanas*, 9(2), 465-486.

Rocha, B. (2017). *Ipi Ocemumuge: A Regional Archaeology of the Upper Tapajós River*. (Tese de doutorado em Arqueologia, University College London, Londres, Inglaterra).

Rodrigues, I. M. M. (2011). *Fora Das Grandes Aldeias: A ocupação do recôndito sítio Vereda III*. (Dissertação de mestrado em Antropologia, Universidade Federal de Minas Gerais, Belo Horizonte).

Rodrigues, I. M. M. (2014). O Sítio Vereda III: uma ocupação de grupos ceramistas e horticultores fora das grandes aldeias. *Arquivos do Museu de História Natural e Jardim Botânico da UFMG*, 23(2), 13-63.

Rodrigues, I. M. M. (2022). *Tramas da Tecnologia: etnoarqueologia da variabilidade dos trançados dos povos do Mapuera*. (Tese de doutorado em Arqueologia, Universidade de São Paulo, São Paulo).

Rodrigues, I. M. M., Costa, R. L., & Silva, F. A. (2021). Perspectivas arqueológicas e etnográficas sobre tecnologias perecíveis: uma introdução. *Revista de Arqueologia*, 34(3), 3-14.

Rodrigues, I. M. M., Gaspar, M. V. (2020). Tecnologias de trançados e cerâmicas dos Wai Wai em coleções etnográficas. *Indiana*, 37(2), 171-203.

Rodrigues, I. M. M., Kater, T., & Wai Wai, J. X. (2020). Arqueologia indígena dos povos do rio Mapuera: entrevista com Jaime Xamen Wai Wai. *Revista do Museu de Arqueologia e Etnologia*, (35), 114-121.

Roth, W. E. (1929). *Additional studies of the arts, craft, and customs of the Guiana indians, with special reference to those of southern british Guiana*. Smithsonian Institution.

Silva, F. A. (2021). *Etnografando a Arqueologia: Dado Etnográfico, Prática Etnográfica e Conhecimento Arqueológico*. (Tese de Livre Docência, Universidade de São Paulo, São Paulo).

Silva, F. A., & Noelli, F. S. (2015). Mobility and territorial occupation of the Asurini do Xingu, Pará, Brazil. An archaeology of the recent past in the Amazon. *Latin American Antiquity*, 26(4), 493-511.

Skibo, J. M. (1992). *Pottery function: a use-alteration perspective*. Springer Science & Business Media.

Souza, A. A. (2018). *Waiwai Yana Komo*. Rotas de transformações Ameríndias. (Dissertação de mestrado em Antropologia, Universidade Federal do Amazonas, Manaus).

Souza, M. A. T. de. (2017). A arqueologia dos grupos indígenas em contextos históricos: problemas e questões. *Revista de Arqueologia*, 30(1), 144-153.

Torrence, R., & Clarke, A. (2013). Creative colonialism: locating indigenous strategies in ethnographic museum collections. In R. Harrison, S. Byrne, A. Clarke (Eds.). *Reassembling the collection: ethnographic museums and indigenous agency* (pp. 171-198). School for Advanced Research Press.

Velden, F. V. (2020). Exotic Materials, Native Artifacts. Exploring Objects in the Encounter Between Amerindian Peoples and Old World Animals. *Indiana*, 37(2), 97-120.

Velthem, L. H. (2012). O objeto etnográfico é irredutível? Pistas sobre novos sentidos e análises. *Boletim do Museu Paraense Emílio Goeldi*, 7(1), 51-66.

Wai Wai, C. (2019). *A cerâmica Wai Wai: modos de fazer do passado e do presente*. (Trabalho de Conclusão de Curso de graduação em Arqueologia, Universidade Federal do Oeste do Pará, Santarém, Pará).

Wai Wai, J. X. (2017). *Levantamento etnoarqueológico sobre a cerâmica Konduri e ocupação dos Wai Wai na região da Terra Indígena Trombetas-Mapuera (Pará, Brasil)*. (Trabalho de Conclusão de Curso de graduação em Arqueologia, Universidade Federal do Oeste do Pará, Santarém, Pará).

Wai Wai, J. X. (2022). *Arqueologia e história das aldeias antigas do rio Kikwo, Pará, Brasil*. (Dissertação de mestrado em Antropologia, Universidade Federal de Minas Gerais, Belo Horizonte).

Wai Wai, R. Y. (2018). *Uma descrição etnográfica sobre os instrumentos musicais Wai Wai Raatî*. (Trabalho de Conclusão de Curso de graduação em Antropologia, Universidade Federal do Oeste do Pará, Santarém, Pará).

Wai Wai, W. P. (2017). *A mudança no ritual do povo Wai Wai*. (Trabalho de Conclusão de Curso de graduação em Antropologia, Universidade Federal do Oeste do Pará, Santarém, Pará).

Wüst, I. (1992). Contribuições arqueológicas, etnoarqueológicas e etno-históricas para o estudo dos grupos tribais do Brasil Central: o caso Bororo. *Revista do Museu de Arqueologia e Etnologia*, (2), 13-26.

Yde, J. (1965). *Material culture of the Waiwái*. National Museum of Denmark.

Capítulo 9

IMAGENS DO TEMPO: MATERIALIDADE, TEMPORALIDADE E TERRITORIALIDADE NA RETOMADA KAHYANA E KATXUYANA

Neide Imaya Wara Kaxuyana
Luísa Gonçalves Girardi
Camila Pereira Jácome

Introdução

Em um artigo dedicado à "etnohistória" publicado em 1970, Protásio Frikel, ex-missionário da Ordem Menor dos Franciscanos (OFM) e pesquisador do Museu Paraense Emílio Goeldi (MPEG), discorreu sobre a intrínseca relação entre materialidade, temporalidade e territorialidade para os Katxuyana, Kahyana e Yatxkuryana, coletivos indígenas originários dos rios Cachorro e Trombetas, no noroeste do Pará, com quem conviveu por ao menos duas décadas. Atento à centralidade da conexão entre lugares e pessoas para esses coletivos, Frikel descreveu a dinâmica mnemônica elicitada no decorrer de seu incessante movimento pelo território, espaço reticular fabricado por histórias vividas e rememoradas em gerações sucessivas. No artigo, o antropólogo assinala a concretude da história para os Katxuyana, Kahyana e Yatxkuryana, destacando sua inscrição na paisagem trombetana desde *panano wetxitpïrï*, o "tempo dos antigos". Escreveu Frikel:

> A historicidade [...] é matéria que [os Katxuyana e Kahyana] gostam de comprovar de maneira mais concreta. Viajando certa vez pelo rio Cachorro, passamos pela Cachoeira do Varadouro Grande, que é uma elevada e larga queda d'água onde, segundo a tradição, Yuhuru-manâo morou. [...] Os Kaxuyana nos mostraram o lugar da aldeia e da roça dele. Era uma alta e enorme capoeira, de árvores já muito grossas, iguais às da mata virgem ao redor.

> Não conseguimos distinguir a capoeira da floresta natural, mas o olhar perspicaz [dos indígenas] reconhece imediatamente a mata que já foi roça, mesmo há várias gerações. (Frikel, 1970, p. 19).

A observação de Frikel feita décadas atrás vai ao encontro do que propomos neste trabalho. Este capítulo é derivado de convergências entre três pesquisadoras que, de diferentes maneiras e em momentos variados[111], encontraram-se com (e n)as paisagens retomadas pelos Katxuyana, Kahyana e Yatxkuryana, povos indígenas que reconhecem, respectivamente, como a "Gente (-*yana*) do Cachorro (*Katxuru*)", a "Gente (-*yana*) do Trombetas (*Kahu*)" e a "Gente (-*yana*) do Jascuri (*Yatxkuri*)". Com atenção às concepções e práticas desses coletivos, nos dedicamos a descrever os movimentos de retorno (*wo'ramano we'tohu*) aos seus territórios tradicionais, tomando-os como ponto de partida para um exercício de reflexão sobre a relação entre materialidade e temporalidade. Capoeiras, cacos de cerâmicas, cachoeiras, cultivares, desenhos nos rochedos, machados de pedra, palmeirais e montanhas são concebidas como imagens dessa relação, constitutiva dos fluxos de vida das famílias indígenas em movimento de retorno.

Neste capítulo, a concretude da história elicitada pelas imagens da terra interessa-nos menos por elucidar o passado pré ou pós-colonial das populações regionais do que por colocar em contraste concepções distintas a respeito da relação entre materialidade, temporalidade e territorialidade. Esse contraste coloca em evidência a maneira pela qual antropólogos, arqueólogos e historiadores instruídos em tradições paradigmáticas euro-americanas imaginam essa relação, estabelecendo nexos causais entre artefatos, contextos e eventos experimentados por outros povos, em outros tempos.

---

[111] As autoras possuem experiências variadas junto aos povos e territórios retratados neste texto. Neide Imaya Wara Kaxuyana é indígena do povo Kahyana, coletivo falante do idioma Werikyana (família linguística Caribe, ramo Parukwoto) que se identifica como a "Gente (-*yana*) do Trombetas (*Kahu*)". A autora cresceu na Missão Tiriyó, Parque Indígena do Tumucumaque, na época de exílio do seu povo, e aí viveu até o início de sua vida adulta. Após concluir o ensino médio em Santarém (PA), Neide Imaya Wara cursou História na Universidade Federal do Oeste do Pará (UFOPA), desenvolvendo um estudo a respeito da remoção e retorno dos Katxuyana, Kahyana e Yatxkuryana aos seus territórios tradicionalmente ocupados (Kaxuyana, 2018). A autora colabora com Luísa G. Girardi, coautora do capítulo, desde a época, em que a antropóloga esteve junto dos Katxuyana, Kahyana e Yatxkuryana nos rios Cachorro e Trombetas, na Terra Indígena Kaxuyana-Tunayana, para conduzir seu estudo de doutorado (Girardi, 2019), desdobrando seu mestrado (Girardi, 2011). Desde o início de suas trajetórias, as duas autoras estão em diálogo com Camila P. Jácome, que dedicou seu estudo de doutorado aos encontros ontológicos entre conhecimentos arqueológicos e indígenas na região do rio Trombetas, com enfoque no rio Mapuera (Jácome, 2017) e, atualmente, é professora do Bacharelado em Arqueologia da Universidade Federal do Oeste do Pará (UFOPA). Assinala-se, finalmente, que as três autoras têm dedicado-se a estudar, desde distintos pontos de vista, as dinâmicas de mobilidade experimentadas pelos povos indígenas da região em tela, tendo cooperado em atividades de pesquisa nos projetos "Norte Amazônico" e "Trombetas: Histórias e Estruturas Ameríndias" (UFMG).

Ao colocar em destaque outras premissas ontológicas, esse contraste nos convida a ponderar sobre a pertinência em transportar tais pressupostos a cenários em que artefatos, contextos e eventos são concebidos e conectados de maneira distinta.

Na arqueologia, a conexão entre "culturas", "línguas" e "povos" estabelece-se no escopo de um extenso debate originado no século XIX, o qual, no século XX, ganha fôlego pela escola histórico-culturalista (Childe, 1961, 1962; Trigger, 2004). Tal debate teve grande influência na arqueologia brasileira, particularmente na Amazônia, onde tais conexões foram, por vezes, estabelecidas sem a devida reflexão crítica (Barreto, 1999; Reis, 2010). Aí, as conexões são construídas de modo indiciário, interligando elementos diagnósticos (ditos, outrora, "fósseis guias") distintivos (como cerâmicas, fragmentos líticos, sítios arqueológicos etc.) a contextos histórico-geográficos precisamente definidos. Associados a faixas cronológicas estabelecidas por datações diretas (como o radiocarbono) ou indiretas (como as estratigrafias arqueológicas), esses elementos são exaustiva e meticulosamente interpretados, embora os limites dessas interpretações sejam objeto de reflexões teóricas metodológicas críticas à modernidade desde, ao menos, meados do último século (Hodder, 1986; González-Ruibal, 2006, 2007; Shanks, 2007; Neumann, 2008). Apesar da discussão crítica e diversa sobre temporalidades fora da modernidade (Hamilakis, 2014, 2017; Lucas, 2005), a maior parte dos trabalhos da arqueologia persiste em uma dicotomia que concatena passado e presente de forma linear, encadeada (ou parcialmente, intercaladas com lacunas) e progressiva. As concepções e práticas dos povos indígenas do Trombetas parecem nos conduzir a outras formas de pensar e viver o tempo.

"Gentes" do Trombetas

Autodenominados *pïrehno* — "humanos", "indígenas", "pessoas" —, os coletivos indígenas conhecidos como Katxuyana, Kahyana e Yatxkuryana são habitantes tradicionais da porção centro-ocidental do Trombetas, afluente de margem esquerda do baixo Amazonas cujas nascentes estão localizadas no Planalto Guianense, Amazônia Setentrional (Figuras 1 e 2). Os cursos d'água dessa região compõem os etnônimos por eles empregados como identificação no contexto interétnico, costumeiramente traduzidos, respectivamente, como a "Gente (*-yana*) do Cachorro (Katxuru)", "Gente (*-yana*) do Trombetas (Kahu)" e "Gente (*-yana*) do Jascuri (Yatxkuri)"

(Grupioni, 2010; Girardi 2011, 2015, 2019; Caixeta de Queiroz & Girardi, 2012; Kaxuyana, 2018). Apesar de seu emprego frequente, tais denominações não demarcam entidades culturais ou sociológicas isoladas, com fronteiras bem estabelecidas: é comum que as gentes *pïrehno* se descrevam como misturadas (*toskemï*), mobilizando esses nomes para localizar suas diferenças quanto a sua filiação, ao seu nascimento ou a sua residência (Grupioni, 2010, 2015; Girardi, 2015, 2019; Kaxuyana, 2018).

Figura 1

Localização dos rios Trombetas, Cachorro e Mapuera

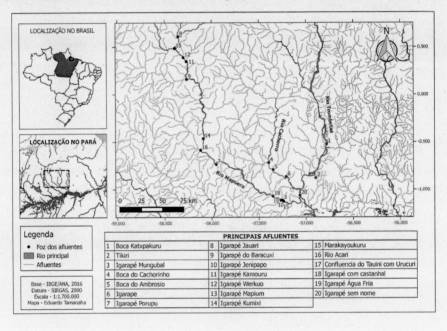

Notas: *Mapa de Eduardo Tamanaha, 2017. Fonte: Jácome (2017).*

Os coletivos *pïrehno* compartilham um mesmo idioma, *pïrehno mitanï* — lit., "fala indígena", "palavra humana" —, que integra a família Caribe (Gildea, 2012). Denominado, em português, Werikyana, esse idioma integra o ramo Parukwoto dessa família linguística, ao qual também pertencem as línguas Hixkaryana e Waiwai (Gildea, 2012). Com as diversas "gentes" (-*yana*) falantes desses dois idiomas, os povos *pïrehno* também compartilham o complexo territorial que se convencionou denominar por "Wayamu", que se estende por mais de 7 milhões de hectares e é integrado pelas Terras Indígenas

(TIs) Kaxuyana-Tunayana, Nhamundá-Mapuera e Trombetas-Mapuera[112] (Iepé, 2021) (Figura 2). Abrigando cerca de 4.000 pessoas, esse complexo compreende uma vasta região situada entre o norte do Pará, o nordeste do Amazonas e o sudeste de Roraima ocupada não só pelos Katxuyana, Kahyana, Yatxkuryana, Hixkaryana e Waiwai, mas também por povos como os Katwena, Tunayana, Karapawyana, Mawayana, Mînpowyana, Xerew, Txikyana e Xowyana, bem como por diferentes grupos isolados (Iepé, 2021).

Figura 2

Terras Indígenas no Norte Amazônico

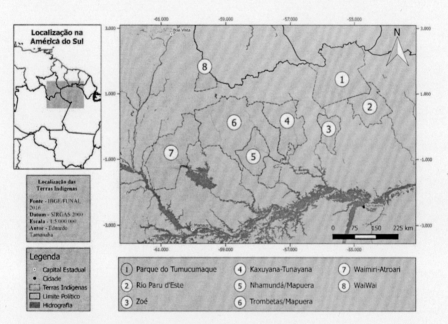

Notas: *Mapa de Eduardo Tamanaha, 2017. Fonte: Jácome (2017).*

O complexo multiétnico e multilíngue que sustenta o Território Wayamu constitui um compreensivo sistema regional delineado por redes de relações que, muito possivelmente, remontam a tempos pré-colombianos (Girardi, 2015, 2019; Jácome, 2017). Como assinala a literatura etnológica

---

[112] O Território Wayamu é entrecortado pelos rios Trombetas e seus principais tributários ocidentais (de jusante a montante, Mapuera, Cachorro e Turuni) e orientais (Katxpakuru), bem como pelos rios Nhamundá, Jatapu e Jatapuzinho (Iepé, 2021). Como assinalado, a estimativa populacional total do território é de cerca de 4.000 pessoas, que se distribuem às margens do alto Jatapu e Jatapuzinho (582 pessoas), Mapuera (1.887 pessoas), baixo Jatapu e Nhamundá (1.253 pessoas) e Cachorro, Trombetas e Turuni (403 pessoas) (Iepé, 2021).

sobre a região, esse sistema foi decisivamente influenciado pela presença de organizações missionárias que, a partir da segunda metade do século XX, instalaram ao menos cinco aldeias-missão[113] nas fronteiras entre o Brasil, a Guiana e o Suriname (Caixeta de Queiroz, 2008). Conglomerados missionários como a aldeia Kanashen, no alto curso do rio Essequibo, a Missão Tiriyó (Figura 3), no alto curso do rio Paru d'Oeste, e a aldeia Kassawá, no alto rio Nhamundá, centralizaram grande parte da população indígena que, até então, costumava dispersar-se pelos interflúvios e nascentes dos principais cursos d'água que percorrem a região, estimulando transformações significativas nos modos de vida e redes de relações desses povos (Caixeta de Queiroz, 1996; Grupioni, 1999; Howard, 2001; Valentino, 2010, 2019). Os coletivos *pïrehno* estão entre os povos que experimentaram essas transformações.

As famílias katxuyana, kahyana e yatxkuryana que, à época, estavam estabelecidas às margens dos rios Cachorro, Trombetas e seus tributários, foram levadas pelos franciscanos em 1968. Como descreve Protásio Frikel (1970, 1971), conflitos interétnicos e epidemias haviam irrompido entre os coletivos *pïrehno* entre os 1940 e os 1960, reduzindo-os a menos de 70 pessoas ao fim desse período. Atraídos pelos medicamentos, mercadorias e palavras missionárias e desolados pelo sarampo e pela tuberculose, grande parte dessas famílias foi transferida para a Missão Tiriyó, no Parque Indígena do Tumucumaque, onde conheceram a assistência médica, a escola primária e o trabalho assalariado, bem como a ideologia missionária e paraférnalia não indígena. Nessa aldeia, aparentaram-se com os coletivos Tiriyó, com quem corresidiram e se misturaram por quase cinco décadas. Duas famílias *pïrehno* resistiram à transferência para o Parque Indígena do Tumucumaque, estabelecendo-se, de um lado, junto dos Waiwai no Essequibo e, de outro, dos Hixkaryana no Nhamundá. Apenas no começo dos 2000, os coletivos *pïrehno* em exílio decidiram iniciar os movimentos de retorno (*wo'remano wo'tohu*) aos seus territórios tradicionais (Grupioni, 2010; Caixeta de Queiroz & Girardi, 2012; Kaxuyana, 2018), dando a ver a dinâmica mnemônica que nos interessa neste capítulo. Vamos a ela.

---

[113] No Alto Essequibo, na Guiana, evangélicos norte-americanos vinculados à *Unevangelized Fields Mission* (UFM) constituíram o primeiro conglomerado missionário fundado em toda a região, Kanashen, que, a partir de 1949, concentrou os variados povos que, hoje, são conhecidos genericamente como Waiwai (Fock, 1963; Yde, 1965; Caixeta de Queiroz, 2008). No começo da década de 1960, o mesmo grupo missionário expandiu seu campo de ação para o Suriname, fundando ali as missões de Araraparu e Paruma (Frikel, 1971). Alguns anos mais tarde, católicos da Ordem Menor dos Franciscanos (OFM) ligados à Prelazia de Óbidos estabeleceram-se no alto curso do rio Paru d'Oeste junto da Força Aérea Brasileira (FAB), local em que a Missão Tiriyó também passou a concentrar as diversas gentes Tiriyó (*Tarëno*) que, até então, dispersaram-se pelos dois lados das montanhas do Tucumaque, na fronteira entre o Brasil e o Suriname. Na mesma época, outra frente missionária protestante, sob a liderança de Desmond Derbyshire, do Summer Institute of Linguistics, foi fundada na aldeia de Kassawa, no rio Nhamundá (Lucas, 2014).

Figura 3

Missão Tiriyó, Parque Indígena do Tumucumaque

Notas: Alguns indígenas tarëno entre membros da FAB e missionárias católicas.
Fonte: Foto de Ângelo Machado (1963), in Fajardo Grupioni (2005).

Tecnologias do retorno

Os Katxuyana, Kahyana e Yatxkuryana começaram a delinear os movimentos de retorno aos seus territórios tradicionais na década de 1990, época em que famílias *pïrehno* então estabelecidas na Missão Tiriyó, no alto curso do rio Paru d'Oeste, iniciaram a retomada dos rios Cachorro e Trombetas. Anciões como Cecílio Txuruwata, Honório Awahuku e João do Vale Pekiriruwa estimularam esses movimentos, ensejando os esforços que ao menos quatro famílias kahyana e katxuyana precipitaram entre o final desta década e o início dos anos 2000. Enlutada pelo falecimento do pajé Txuruwata, sua filha mais velha, Ester Imeriki, inaugurou o movimento de retorno em 1997, época em que partiu da Missão Tiriyó à procura Mihtu, "tio" (*owo*, MB) que permanecera no Trombetas por ocasião da remoção. Ester chegou à região junto do casal Frederico Yakrawatxi e Madalena Matare, encontrando Mihtu estabelecido no quilombo do Abuí, no médio Trombetas, com sua família não indígena. Após acolher o grupo, Mihtu apresentou-lhe a outro parente, Antônio "Índio" Tïrïtkemtaki, que abrigou-o na comunidade de Gaivota, também no médio curso do Trombetas, e apoiou-lhe nas expedições realizadas a fim de localizar as capoeiras (*patatpo*) kahyana e katxuyana existentes na região. O apoio de Antônio "Índio" foi decisivo para que Frederico e Madalena (re)fundassem um roçado no sítio do Canavial, próximo à foz do rio Cachorro, o qual também hospedou a família de Goreti Tsiripinï e Renato Yoronyoron a partir de 1999 (Girardi, 2011, p. 95-ss; Kaxuyana, 2018).

Desdobrando esses movimentos, os irmãos Honório Awahuku e Juventino Petxirima viajaram até Oriximiná, no noroeste do Pará, em setembro de 2001, para situar-se sobre suas terras (Girardi, 2011, 2019; Kaxuyana, 2018). Numa atitude diplomática, Honório e Juventino buscaram o prefeito do município para comunicar-lhe sobre o movimento de retomada que desejavam iniciar com a reabertura de um roçado no mesmo local em que, outrora, existira um lugar sob a liderança de seu pai, chefe e pajé conhecido como Matxuwaya (Girardi, 2011, 2019; Kaxuyana, 2018). A aldeia que cresceu a partir desse roçado, Santidade (Warahatxa), foi refundada às margens do igarapé homônimo, no médio curso do rio Cachorro, na seca do ano que se seguiu sob a iniciativa de João do Vale Pekiriruwa e Mauro Mïkaho — respectivamente, "irmão" (yakono, MZS) e "filho" (mïrerï, MZSS) de Honório e Juventino. Tal aldeia, localizada no médio curso do rio Cachorro, foi pioneira na retomada das terras pïrehno no rio Cachorro, inaugurando os movimentos de retorno que, paulatinamente, têm se precipitado desde então: ao menos 15 aldeias[114] foram fundadas por famílias katxuyana, kahyana e yatxkuryana nos rios Cachorro e Trombetas a partir dos anos 2000, determinando o reconhecimento da Terra Indígena Kaxuyana-Tunayana como seu território de ocupação tradicional[115].

---

[114] Conforme estimativas de Neide Imaya Wara Kaxuyana, à época da escrita deste trabalho, existiam ao menos 15 aldeias nos rios Cachorro e Trombetas, a saber: Chapéu (Parwe Mïtï), Parika, Matriska, Maharawanï, Santidade (Warahatxa Yowkuru), Parirawunu, Pequiá (Impotpïrï), Yururu, Kumaru e Wayara, no primeiro rio; e Watxima, Katxpakuru, Araçá, Pewne Mïtï, Purho Mïtï, e Wanama e Isikretpïrï, no segundo.

[115] Abrangendo 2.184.000 hectares entre os municípios de Oriximiná (PA), Faro (PA) e Nhamundá (AM), a Terra Indígena Kaxuyana-Tunayana foi declarada posse permanente dos povos indígenas Katxuyana, Kahyana, Yatxkuryana, Txikyana, Katwena, Tunayana, Mahayana, Txikyana, Xerew-Hixkaryana, Xerew-Katwena e grupos isolados pelo Ministério da Justiça por meio da Portaria 1.510, de 20 de setembro de 2018.

As aldeias retomadas no Cachorro e Trombetas foram, em sua imensa maioria, (re)abertas sobre aldeias antigas (*atxatotpo*) ou capoeiras (*patatpo*), isto é, sobre lugares outrora ocupados por aqueles que os Katxuyana, Kahyana e Yatxkuryana denominam por "antigos" (*nahïn tomu*). Anciãos e anciãs considerados "conhecedores" (*amorehtonenomu*) foram convidados por seus filhos e netos a identificar as aldeias antigas, dedicando-se à uma leitura minuciosa das paisagens em que viveram no período que precedeu a remoção de seu território tradicional. Conduzida com base em uma complexa tecnologia, essa leitura é realizada pelos mais velhos com base em saberes refinados relativos a espécies vegetais, elementos geológicos e podológicos, vestígios materiais, experiências pessoais e histórias orais, intergeracionalmente transmitidos durante os percursos nos territórios *pïrehno*. Esses conhecimentos estão conectados às dinâmicas mnemônicas constitutivas dos modos de saber e viver desses povos indígenas, colocando em relevo a "concretude da história" sobre a qual discorreu Protásio Frikel (1970).

A abertura das aldeias Warahatxa, no rio Cachorro, e Purho Mïtï, no Trombetas, ilustra a importância dessa tecnologia para os movimentos de retorno. Em ambos os cenários, o conhecimento detido pelos mais velhos mostrou-se vital para a identificação de lugares de ocupação precedente, sendo mobilizados em momentos variados nas retomadas. A aldeia Warahatxa, inicialmente identificada por João do Vale Pekiriruwa em 2002, foi localizada a partir de sua memória na região, na qual morou por toda a juventude. Após quatro décadas afastado, o ancião baseou-se na distância da aldeia antiga em relação ao igarapé homônimo, localizado a jusante, para determinar sua localização, que também foi estimada a partir da observação das feições hidrológicas e geológicas da região: na aparente ausência de espécies vegetais que indicassem a presença de uma capoeira, buscou por meandros, pedrais e remansos que contribuíssem com a identificação da localidade, confirmada em função de frutíferas (como o caju e o mamão) que distinguiu ao percorrê-la à procura de sinais. A confirmação deu-se também pela presença das terras pretas que, junto de cacos de cerâmicas, fizeram-se visíveis depois das derrubadas e queimadas realizadas durante a coivara.

A abertura de Purho Mïtï, no alto curso do rio Trombetas, é outro exemplo nesse sentido. A aldeia, atualmente conduzida pelas irmãs Ana Chagas e Neide Imaya Wara (coautora deste capítulo), foi inicialmente refundada na seca de 2015, época em que Ana esteve na região a fim de identificar uma localidade ocupada por seus avós, Cecílio Txuruwata e Maria Vieira Ayanaru, no período que precedeu a transferência *pïrehno* para o Parque Indígena do Tumucumaque. A busca inicial, conduzida sem a colaboração dos mais velhos, foi a princípio reputada como malsucedida, determinando que uma derrubada previamente realizada para um roçado fosse reaproveitada. Nesse ano, essa derrubada foi expandida, queimada e plantada pelas irmãs que, um pouco mais tarde, construíram duas casas no local. A abertura possibilitou o retorno da avó das irmãs à região que, uma vez no sítio, reconheceu-o como um lugar em que viveu. Cerâmicas e lâminas de machados confirmaram que se tratava de uma capoeira de sua família, o que igualmente foi indicado pelas castanheiras e inajazais existentes nas proximidades das terras pretas do roçado. A abertura de Purho Mïtï atesta que, apesar do acaso, não há, aqui, eventualidade: os movimentos de retorno mobilizam uma verdadeira tecnologia, em que conhecimentos tradicionais explícita ou implicitamente transmitidos são entrelaçados às memórias da paisagem. Nos dedicaremos, no que segue, a descrever as imagens que detalham esses movimentos.

Imagens do tempo

A associação dos coletivos *pïrehno* com seus antigos lugares tem uma imagem nítida em artefatos materiais e espécies vegetais que emergem por ocasião das reaberturas, por vezes referidos, em português, como "marcas" ou "sinais" do tempo. Os cultivares (*omitu*) que germinam depois das primeiras queimadas dos lugares retomados são exemplos nesse sentido, como o são os cacos de cerâmicas e lâminas de machados que despontaram (Figura 5). Afirma-se que os "antigos" (*nahïn tomu*), concebidos como "matrizes" (*amna horï*, no nós exclusivo), têm também suas imagens nas terras pretas, bem como nos castanhais e palmeirais que constituem a paisagem trombetana (Girardi, 2019). Artefatos, cultivares e palmeiras dão concretude às conexões recíprocas entre lugares e pessoas, que também se fazem visíveis pelos etnônimos que relacionam povos e rios na região. Batatas, cacos de cerâmica, machados de pedra, manivas, nomes e terras pretas (Figura 5) são imagens dos povos *pïrehno*, situando-lhes na Terra.

A análise dos ciclos de constituição de lugares conduzida por Girardi (2019, p. 50-ss) dá corpo a essa afirmação (Figura 4). A autora argumenta que os ciclos que constituem esses espaços (*pata*) são análogos àqueles que constituem seus donos (*pata yotono*), conectando, dessa forma, lugares e pessoas:

"Aldeia" é a expressão preferida, em português, como tradução para a palavra *atxato*. A categoria designa um espaço habitado, distinto tanto das florestas (*yutu*) quanto dos roçados (*imoho*). Essas categorias, entretanto, não designam espaços estanques, conformando oposições perenes e vitalícias: "aldeia", "mata" e "roça" são complementares e contingentes, ciclicamente conectadas por movimentos recíprocos de transformação (*onekwamatohu*). Uma aldeia é, por condição, ex-roça; por extensão, ex- mata. Uma aldeia antiga (*atxatotpo*) tem como destino voltar a ser floresta, cujo contínuo é passível de recomposição. [Além disso], "aldeia" (*atxato*) é frequentemente utilizada como sinônimo de "lugar" (*pata*). O aparente contínuo da floresta é irrompido por lugares variados, que estabelecem intervalos mínimos em seu interior. Acampamentos e capoeiras são conhecidos e nomeados; caminhos (*osma*) os conectam a alagados, campos, igapós, ilhas e montanhas. Tais lugares são constituídos pela circulação constante nas florestas, pelas experiências vividas na terra. As andanças são sua condição de existência: os acontecimentos experimentados nas caminhadas são fundadores dos lugares, índices de relações. São contingências cotidianas, espaços-evento emergentes de engajamentos interespecíficos, de emaranhados entre entidades humanas (*pïrehno*) e como-humanas (*pïrehno me*).

[...] A abertura de uma clareira estabelece um intervalo marcado no interior da floresta, um espaço de habitação engendrado pela dedicação coletiva traduzida, em português, como trabalho (*atakritxkatohu*). A constituição desse espaço é, a princípio, idêntica ao da preparação de um roçado – o que faz do "abrir aldeia" uma atividade inicialmente incerta e irresoluta. Entre "aldeia" e "roça", não se distinguem diferenças substantivas em um momento preliminar: toda aldeia cresce de uma roça – embora, evidentemente, nem toda roça cresça. Em todo caso, a abertura de uma clareira para o cultivo da mandioca é a primeira providência tomada por um casal-guia que tem a intenção de fazer um lugar. [...] Os casais-guia são os que, costumeiramente, escolhem o espaço num momento preliminar. Com o auxílio de um homem ou uma mulher mais velhos – um "avô" (*amu*) ou uma avó (*wiwi*), considerados "conhecedores" (*amorehtonenomu*) –, expedições de localização são idealmente (mas não necessariamente) realizadas. Na época da cheia, espaços não-inundáveis, de terra vermelha ou terra preta, são identificados; esses espaços são capoeiras, designadas, na língua nativa, *(y)atxaatpïrï* ou *patatpo*. As expressões indicam a existência de uma ligação passada, evidente pela presença dos sufixos *-tpïrï* e *-tpo*. A acepção de *-tpo* – "abandonado", "antigo", "idoso" – conduz à idéia de que uma capoeira é um "ex-lugar"; acrescida ao sufixo possessivo *-rï*, a partícula *-tpïrï* indicaria que se trata, em suma, de uma posse prévia, isto é, da aldeia antiga de alguém. As aldeias antigas são invariavelmente nomeadas, e costumeiramente identificadas pela existência de espécies de palmeiras (açaí, buriti, inajá) que, junto da cerâmica fragmentada e das terras pretas, marcam uma ocupação precedente. Concebidos como marcas, nomes e plantas dizem da duração e temporalidade – dizem, em suma, da memória, da contínua (re)fabricação da existência terrena. (Girardi, 2019, pp. 50, 55).

Figura 4

Ciclo de transformação dos lugares

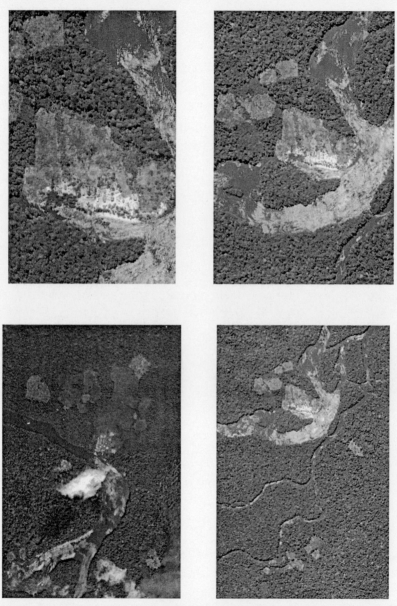

Notas: nas imagen a, b, c, d, vemos a aldeia Katxpakuru (imagem a fica mais evidente), no rio Trombetas, com suas roças e capoeiras (a, b, c, d). A roças são identificadas na imagens por serem "manchas" mais claras e as capoeiras mais escuras.. Fonte: Bing Mapas, 2023.

Os ciclos de constituição de donos e lugares que estão no cerne da territorialidade *pïrehno* estimulam uma reflexão sobre as categorias empregadas para classificar os sítios arqueológicos, costumeiramente distintos entre "sítios de habitação" e "roças arqueológicas". A coivara, avessa à exploração intensiva das *plantations* coloniais, constitui-se, aqui, como um modo de habitar, plantar e viver que delineia espaços em incessante transformação, distintos por limites tênues. Aldeias atuais e antigas, caminhos, roças produtivas, capoeiras e florestas compõem, aqui, uma espécie de gradiente paisagístico, que evidencia as formas de manejo praticadas pelos povos indígenas amazônicos há milênios (Balée, 2008; Neves, 2022). Baseada na itinerância, a coivara promove a rotação de culturas e, através do pousio, promove a regeneração dos solos, revitalizando-os para futuras gerações. Assim, ela desafia oposições simplistas como aquela entre nomadismo e sedentarismo, além de colocar limites a tipologias restritivas majoritariamente voltadas para vestígios subterrâneos.

As aldeias atuais têm seu chão constituído por terras pretas antrópicas, das quais afloram cerâmicas e lâminas de machado. Como aponta Jaime Xamen Wai Wai (2022), entretanto, aldeias antigas e capoeiras também podem ser identificadas pela presença de árvores frutíferas, cipós e palmeiras, bem como de animais que frequentam esses lugares. Sua pesquisa no rio Mapuera identificou que árvores e palmeiras como jenipapo, castanheiras, tucumã, ubim, inajá, patauá, bacaba, maracujá-do-mato, buriti, ingá-do-mato e até alguns tipos de cipós são indicadores de aldeias antigas. O tamanho e espessura das árvores são critérios de antiguidade do lugar. Outros elementos como os ninhos do japiim, pássaros têm um ciclo de retorno aos mesmos lugares para pôr seus ovos, ou as pedras de uma área para aportar a canoa, marcam e são imagens que ligam a memória do passado ao presente. Com base em conhecimentos tradicionais dos povos Wai Wai, Jaime Xamen inverte um fundamento metodológico das prospecções arqueológicas da modernidade, que investe na observação podológica para identificação de vestígios e sítios. O autor propõe-nos a "olhar para cima", isto é, a observar a vegetação para prospectar. Assim, se a arqueologia *karaiwa* (não indígena) restringe-se aos artefatos materiais que emergem das terras pretas em que se pisa e que se planta, a arqueologia indígena considera também outras marcas ou sinais para estudar o passado.

Apesar da ausência de estudos arqueobotânicos na região em tela, os achados arqueológicos contemporâneos indicam que os modos indígenas de ocupar e viver nessas terras são provavelmente muito mais antigos (Guapindaia, 2008; Guapindaia & Lopes, 2011; Jácome, 2017)[116]. Os estudos realizados por Jácome (2017) no rio Mapuera[117], afluente de margem direita do rio Trombetas que deságua a jusante do rio Cachorro, indicam que todos os sítios arqueológicos com ocorrência de terras pretas possuem modificações recentes, contemporâneas ou históricas (Jácome, 2017, p. 193). A autora aponta que, como os coletivos Katxuyana, Kahyana e Yatxkuryana, os povos Wai Wai têm preferência em abrir novas aldeias em áreas de antigas capoeiras, próximas às margens desse rio, colocando em prática um modo de ocupar e viver que, conforme Morgan Schmidt (2016), constitui um modelo recorrente desde o período pré-colonial em diferentes regiões da Amazônia. No caso da região do Trombetas, é possível que esse padrão não seja somente uma escolha pós-retorno das missões, mas seja parte de um padrão muito mais antigo.

A ideia de uma paisagem de longa duração é também coerente com o manejo e produção de agrobiodiversidade da floresta pelos povos mais antigos. A arqueologia do rio Mapuera (Jácome, 2017) identificou que todas as aldeias existentes naquela época (2010/2011) eram também sítios arqueológicos com terra preta e cerâmica e lítico, assim como as aldeias abertas posteriormente (Roque Yaxikma, comunicação pessoal, 2023). Os achados demonstram que, aqui, não há coincidência: um "bom lugar" para abrir uma roça — e, portanto, fazer crescer uma aldeia — mantém-se ao longo dos anos, séculos e milênios. Um bom lugar para uma aldeia tem que ter bom acesso, bons portos, proxi-

---

[116] As datações mais antigas associadas aos contextos arqueológicos Pocó, obtidas na região do baixo Trombetas, em Porto Trombetas, no século II a.C. (Guapindaia & Lopes, 2011), já a ocupação Konduri, foi identificada entre o ano V e XV. Já as datas mais recuadas encontradas nos sítios do Rio Mapuera foram do sítio Mapium e são associadas a contextos estratigráficos complexos, com cerâmicas misturadas, pelo menos, Konduri e Tarumã de 1100 +/- 30 BP até outras datas bastante antigas, de 5790 +/- 40 BP e 6830 +/- 40 BP, que se situam no período do Holoceno Médio.

[117] Para descrição detalhada dos materiais cerâmicos e líticos do rio Mapuera, ver Jácome (2017) e Jácome e Glória (2021). Em termos gerais, os sítios têm ocupações multicomponenciais e/ou simultâneas com diferentes tipos cerâmicos associados às regiões do baixo Trombetas, como Konduri e Espinha de Peixe, assim como associados a contextos da região das Guianas, como Tarumã, Koriabo e Rupununi. Em contextos de escavação não foram encontradas cerâmicas Pocó, no entanto, Camila Jácome já identificou esse tipo cerâmico em coleções particulares de algumas pessoas das aldeias do rio Mapuera. Sobre a cerâmica Wai Wai atual e histórica, conferir o artigo de Cooni Wai Wai e Camila Jácome (2021), já sobre a relação wai wai com as cerâmicas Konduri, ver Xamen Wai Wai (2017) e Camila Jácome e Xamen Wai Wai (2020). Recentemente, Camila Jácome, Igor Rodrigues e Cooni Wai Wai (2023) publicaram artigo sobre uma experiência compartilhada de análise cerâmica, em que discutem questões sobre a variabilidade classificatória de representações cerâmicas Konduri e Pocó, quando interpretadas pelos próprios indígenas.

midade com áreas de caça e pesca, solos férteis (terras pretas arqueológicas), locais com muitas árvores frutíferas e palmeiras (áreas antigas manejadas). Essas espécies vegetais, por sua vez, atraem animais para caça, sendo também empregadas como matérias-prima para produção de artesanato e remédios. Ancestralmente por diversos povos indígenas de toda Amazônia — conforme demonstram inúmeros trabalhos na arqueologia (Furquim, Neves, Watling, & Shock, 2021; Shock & Moraes, 2019; Watling et al., 2018), etnologia (Cabral de Oliveira et al., 2021) e ecologia (Balée, 1994, 2008; Levis et al., 2017, 2018) — essa conexão é, sem dúvidas, grande produtora de biodiversidade na floresta.

Acrescente-se que a habilidade de leitura da paisagem não se restringe a seus indicadores materiais. Essa habilidade de leitura está intrinsecamente relacionada à memória de lugares e personagens nomeados, intergeracionalmente transmitida há tempos imemoriais. Anciãos e anciãs como Honório Awahuku, João do Vale Pekiriruwa, Frederico Yakrawatxi, Maria do Socorro Mawino, Maria Vieira Ayanaru e Pedro Petpuru ('Okoyi') nos contaram, em distintas oportunidades, sobre as inúmeras aldeias antigas que salpicam os seus territórios, outrora ocupadas por pessoas humanas ou como-humanas (*pïrehno me*). O conhecimento a respeito desses lugares também foi descrito por Protásio Frikel que, em diálogo com o pajé Raimundo Entxi, escreveu:

> O pajé Enti, em certa ocasião, deu-nos uma lista de mais de 380 nomes de espíritos [*worokyemï*] e lugares de suas moradias em sequência geográfica, começando na foz do Amazonas até a região do alto Trombetas. Estes lugares são, ao mesmo tempo, os lugares onde os [Werikyana] em sua migração fizeram paradas, acampamentos ou aldeias. A maior parte destes nomes, hoje, não é mais determinável a não ser a boca de um rio "Yarí", que bem poderia ser o atual Jari. As duas paradas maiores, antes deles se embrenharem nas matas do Trombetas, segundo a sua própria identificação, eram perto da foz do Tapajós, em Txuruta-hú.mu ou Arikamána e na região da foz do Trombetas, entre os atuais Óbidos e Oriximiná [...]. (Frikel, 1970, pp. 23-24).

As considerações de Frikel continuam pertinentes. Em 2010, o ancião Pedro Okoyi — quando jovem, retratado por Frikel (1966) como importante guerreiro kahyana — compartilhou com Camila Jácome e Luisa Girardi (Girardi, 2011, pp. 61-68; Jácome, 2017, pp. 199-202) seu inventário geo-histórico, elaborando, junto de Jonas Pini Pini, um mapa mental com a memória de lugares e personagens nomeados. Abrangendo uma ampla área entre o alto Trombetas, o baixo Amazonas e o baixo Tapajós, esse mapa aponta (e, em alguns casos, nomeia) ao menos 20 aldeias antigas que existiram na foz de igarapés e grandes rios, incluindo aquelas localizadas onde, hoje, estão Oriximiná, Óbidos e Santarém (Jácome, 2017). Alguns anos mais tarde, antigas aldeias *pïrehno* também foram localizadas e nomeadas pelo ancião Tikti Txikyana, hoje morador do rio Mapuera, a Victor Alcantara e Silva (2015), que registrou as histórias sobre a saga dos "antigos" desde a foz do Amazonas até as nascentes do Trombetas, passando por Santarém. Em ambos os casos, o abandono dessas aldeias deu-se aos conflitos com os *karaiwa*, os não indígenas (Alcantara & Silva, 2015). Jácome (2017) sistematiza:

> Do que retém em memória com detalhes, Tikti nomeia três locais de aldeia no rio Amazonas: a aldeia do cacique Onuwayari, chamada *Tunaherenî* na língua Txikyana, algo como "água grande", onde hoje é cidade de Santarém; abandonada essa aldeia, recuaram para a região de Óbidos, e posteriormente Oriximiná, chamada por ele de *Osohkumitî*, cujo cacique era Maani. Abandonando também essa aldeia, recuaram ainda mais e formaram uma aldeia muito grande, onde hoje fica a vila de Cachoeira Porteira, chamada *Yxamna* pelos Tunayana ou *Orixamna* pelos Txikyana. Nessa primeira migração, pelo que entendo de sua narrativa, não se estabeleceram por muito tempo nesses locais, pois, diferentemente de outros grupos, como os que se chamariam Katxuyana, não ficaram próximos da região de Cachoeira Porteira e seguiram rio acima. No entanto, esses locais permaneceram na memória dos que migraram, sendo posteriormente reocupados por uma geração que é a do avô de Tikti. (Jácome, 2017, p. 202).

Camila Jácome (2017, p. 203) condensou parte das informações de localização sobre as aldeias grandes e lideranças destas, nos rios Trombetas e Amazonas, mencionadas em Frikel (1970), Girardi (2011) e Alcantara e Silva (2015) com base nos relatos katxuyana, kahyana e txikyana, conforme se vê na Tabela a seguir:

Tabela 1

Referências de localidades atuais nos relatos katxuyana, kahyana e txikiyana

Localidade Atual	Nome da Localidade em Katxuyana (Frikel, 1970; Girardi 2011, 2015, 2019)	Liderança (Frikel, 1970)	Nome da Localidade em Kahyana (Mapa Okoy)	Nome da Localidade em Txikyana (Alcantara e Silva, 2015)	Liderança (Alcantara e Silva, 2015)
Belém	Berê	-	-	-	-
Santárem	Txurutahumu, Werekekepïrï	-	Weturekekepïrï	Tunaherenî (água grande)	Onuwayari
Óbidos	Pawisi, Pawidzétpo	-	Pawxi, Ikutunuru	Sem nome na língua	-
Oriximiná	Parawapotpïri, Oridji- mana, Pawidze, Pawixi e Parawakutpïrï	Tawirikemá	Parawakutpïrï	Osohkumitİ	Maani
Cachoeira Porteira	Iresïtpïrï,	-	Amanamïtï	Orixamna (Yxamna em Tunayana)	-

Notas. Quadro modificado a partir de ilustração de Jácome (2017, p. 204).

O conhecimento sobre lugares e personagens nomeados não é episódico, circunscrito a pessoas com memória aguçada. Como aponta Girardi (2019, p. 171), trata-se de conhecimentos especializados detidos por homens e mulheres considerados "conhecedores" ou "sabedores" (*amorehtonenomu*), que aprendem a respeito das histórias de pessoas e lugares junto de anciãos e anciãs em suas experiências pelo território e, mais recentemente, também pela produção de mapas. Constitutivas da "cultura", "jeito" ou "modo de ser" (*pïrehno we'tohu*), essas histórias dão a ver uma dinâmica mnemônica imprescindível às tecnologias de retorno territoriais praticadas na região. Essa dinâmica envolve escalas temporais variadas e, muito provavelmente, é imemorialmente reiterada. Não resta dúvidas, nesse sentido, que os inventários de lugares e pessoas figuram, junto de sítios e paisagens arqueológicas, como indicadores de uma história de longa duração.

Além das aldeias antigas, as paisagens do Cachorro e Trombetas são marcadas por abrigos sob rochas, cachoeiras, corredeiras, montanhas e pedrais aos quais um conjunto de histórias também está relacionado (Figura 5). A dinâmica mnemônica dos povos indígenas trombetanos também se dá a ver nessas "paisagens de pedras", nas quais outro tipo de sítio arqueológico, os de arte rupestre, fazem-se presentes. Em algumas dessas formações rochosas, há bacias de polimento; em outras, desenhos de grafismos gravados e/ou pintados (Figura 5). Apesar de não serem conectados diretamente a pessoas *pïrehno* com relações genealógicas retraçáveis aos vivos, esses desenhos são retratados como imagens do "tempo das origens", denominado, no idioma werikyana, *panano wetxitpïrï*.

Figura 5

Imagens do passado no presente

Notas: De cima para baixo, da esquerda para direita as fotos ilustram (a) terra preta sob a Aldeia Katxpakuru, no rio Trombetas; (b) roçado na Aldeia Santidade, rio Cachorro, o cará (planta rasteira em segundo plano) não foi cultivado, mas brotou quando a aldeia foi aberta no início dos anos 2000; (c) batata-mairá, conhecida localmente por mariha (no idioma katxuyana) ou mariatxi (no idioma waiwai), encontrada em Chapéu, no rio Cachorro; (d, e)

cerâmicas arqueológicas encontradas e guardadas por moradores da aldeia Santidade, no rio Cachorro; (f) gravações antropomorfas e zoomorfas na Cachoeira de São Pedro (Sanmasa Etawunu), no médio Cachorro e (g) pintura rupestre no Morro do Chapéu, na língua Katxuyana chamado de Itxunuri. Fotos de Luisa Girardi (2017, 2019) e Camila Jácome (2010, 2011).

Um exemplo nesse sentido é a história katxuyana que trata da gênese de *Sanmasa Etawunu*, a Cachoeira de São Pedro, localizada no médio curso do rio Cachorro (Figura 5). Conforme Girardi (2015, pp. 89, 2019, pp. 231), contam os Katxuyana que os demiurgos, Pura e Mu'ra, esculpiram a humanidade originária na madeira imperecível do *purakma*, o Ipê ou Pau d'Arco, num lugar de nome *Irematpïrï*, o Paraíso, e que essa gente-imortal teria povoado o mundo não fosse a predação de uma Hiper-Sucuri que se escondia em seu percurso ao baixo curso rio do Cachorro, justo próximo da cachoeira. Eles contam também que, após matá-la — e de sua pele extrair os grafismos —, Pura e Mu'ra não encontraram mais pau d'arco, e depois de inúmeras tentativas em vegetais variadas, esculpiram os Warahayana na madeira perecível *warahari*, o taxi. E que os demiurgos, então, deixaram aos descendentes dos Warahayana — isto é, aos Kahyana, os Katxuyana, os Yatxkuryana — o interminável movimento de (re)fazer a vida na Terra. Esse movimento, entretanto, é realizado com atenção aos ocorridos em *panano wetxitpïrï*, o "tempo dos antigos", cujos indícios se fazem presentes pela queda d'água — considerada a boca de Marmaruimo, a Hiper-Sucuri — e pelos desenhos extraídos de sua pele, estampados em Itxunuri, o Morro do Cachorro.

Se as aldeias antigas, associadas às histórias dos "antigos" (*nahïn tomu*) e aos sítios com terra preta, podem ser reocupadas após um tempo de pousio, cachoeiras, pedrais e montanhas, associadas aos sítios com arte rupestre, remetem a histórias que, do ponto de vista não indígena, são ainda mais antigas, colocando em cena o contexto da comunicação entre humanos e como-humanos (*pïrehno me*) denominado, no idioma werikyana, *panano wetxitpïrï*. Não são incomuns as histórias que retratam esses lugares como perigosos, tendo em vista a presença de espíritos-donos e a relação sua com objetos com potência xamânica, no idioma waiwai referidos por *nokwa* (Fock, 1963; J. X. Wai Wai, 2017). As aldeias antigas, entretanto, não são destituídas de perigos da mesma natureza: até muito pouco, as aldeias eram abandonadas por ocasião da morte de seus "donos", sendo evitadas durante o período que prosseguia à sua morte. Há diversos exemplos nas etnografias guianenses nesse sentido, conforme descreve Luísa Girardi:

[...] Na clássica etnografia de Niels Fock (1963: 164- ss) sobre os Waiwai na Guiana, o dinamarquês descreveu o incêndio de uma localidade por ocasião da morte de seu primeiro (*yayalitomo*), destacando o hábito indígena de destruir os pertences pessoais de um falecido – e, então deixá-lo para trás – depois de seu funeral; o antropólogo Peter Rivière (1969: 37) descreveu, em sua monografia a respeito dos Tiriyó no Suriname, que os movimentos tarëno eram precipitados pela "exaustão da terra ou pelo falecimento de um morador"; a etnografia de Lúcia van Velthem (2003: 157) sobre os Wayana do Paru d'Este elabora sobre a evitação de lugares marcados por "conflitos ou mortes presentes na memória", bem como sobre a eliminação dos objetos pessoais de um morto no período pós-morte – incluindo, aí, a sua habitação; essa elaboração é retomada no trabalho de Gabriel Barbosa (2007: 65- ss) sobre os Aparai e Wayana, em que a imbricação entre o cadáver, o espectro terrestre (*akuwarihpo*, no idioma aparai; akuwalïmpë, no idioma wayana) do falecido, as "coisas" do morto, e a memória e a saudade de seus parentes viventes é realçada segundo sua "determinação mútua" (Idem: 67), seu pertencimento recíproco. As descrições não diferem do que sintetizou Dominique Gallois (1988: 182) sobre os Wajãpi, entre os quais o falecimento "[...] desencadeia o movimento, o deslocamento dos princípios físicos e metafísicos, perceptível, ao nível indivíduo, no destino diferencial dos elementos da pessoa; [e], na sociedade, [pela a separação] entre mortos e vivos". (Girardi, 2019, pp. 166-168).

No contexto *pïrehno*, o abandono das aldeias antigas é comumente descrito como andar para esquecer (Girardi, 2019). Essa ação contempla tanto as caminhadas estimuladas pelo esgarçamento das relações entre parentes quanto os deslocamentos incitados pela deterioração de habitações e roçados, delineando movimentos intimamente relacionados à produção de boas condições de vida. As andanças, associadas à itinerância da agricultura de coivara, são a manifestação pelo desejo por uma existência envolvida do estado de contentamento, satisfação e tranquilidade (*wa'ke*) que, não por acaso, é especialmente enfatizado por ocasião do falecimento de parentes, deliberadamente esquecidos (pelo abandono de lugares e pertences, evitação de nomes pessoais etc.) no período que segue à sua partida. Atualmente, os finados são lembrados pois seus lugares e nomes já foram esquecidos em outro momento, os mesmos tendo sido alçados à categoria coletiva e genérica dos "ancestrais" ou "antigos" (*nahïn tomu*). Nesse sentido, os falecidos memorados no presente não são mais parentes (*pïrehrï*), ou ao menos não propriamente. Um exemplo nesse sentido pode ser extraído da histórica relacionada à reabertura de Purho Mïtï, no alto Trombetas, conforme relatada por uma das autoras deste capítulo, Neide Imaya Wara Kaxuyana.

Neide conta que, durante a (re)abertura do roçado que originou Purho Mïtï, nenhuma medida preventiva foi tomada contra possíveis riscos relacionados à presença de espíritos na região. Crianças ficaram enfermas de maneira repetida, levantando suspeitas quanto às perturbações por eles ocasionadas. Avistamentos de "fantasmas" (pinaritpo), o latido incessante de cães e ruídos noturnos corroboraram a suspeita de ataques de espíritos. Após confirmar que a área correspondia ao local de uma aldeia antiga, a avó de Neide, Maria Vieira Ayanaru, instruiu as netas sobre as medidas a serem tomadas para serená-los. Ela as aconselhou a apresentarem-se aos espíritos dos finados empregando seus nomes pessoais, evocando-os como parentes e, dessa forma, reativando seus vínculos. Adicionalmente, aconselhou que queimassem pimenta nas redondezas para afastá-los. Após a adoção destas práticas, os distúrbios causados pelos espíritos cessaram, evidenciando a intrínseca ligação entre lugares e pessoas cuja relação é (re) fundada nas retomadas.

As dobras da história

A conexão entre materialidade e territorialidade que se evidencia nos movimentos de retorno protagonizados pelos povos *pïrehno* nos confronta com outros modos de pensar e viver o tempo, colocando limites às cronologias arqueológicas modernas que, geralmente, partem de um modelo linear. Nessas cronologias, artefatos, eventos e contextos são conectados, e concatenados em periodizações que sugerem uma sequência unidirecional que progride do passado, através do presente, até o futuro. A concepção subjacente a essas cronologias, entrelaçada com a maneira pela qual arqueólogos, antropólogos e historiadores euro-americanos interpretam e refletem sobre o tempo[118], é desafiada pelos modos *pïrehno* de pensá-lo e vivê-lo.

Aldeias antigas, capoeiras, cachoeiras, cultivares, corredeiras, pedrais, montanhas e petróglifos, concebidas como imagens do tempo pelos coletivos katxuyana, kahyana e yatxkuryana, dão corpo a esse contraste. Algumas dessas imagens, como vimos, são relacionadas a um tempo mais recente,

---

[118] Uma inspiradora reflexão a respeito do tema desde a Melanésia é realizada por Marilyn Strathern (1990).

associado aos antigos com conexões genealógicas retraçáveis, denominados *nahïn tomu*; outras, entretanto, dizem respeito aos "antigos muito antigos", que viveram em um tempo remoto referido por *panano wetxitpïrï*. Acionadas no presente, entretanto, ambas imagens contêm passado e futuro, pois conduzem consigo lugares e nomes dos antigos às próximas gerações. As aldeias reabertas, e as histórias que circulam a respeito desses eventos, dessa forma, infletem os tempos. Assim, o contexto histórico dessas imagens é, aqui, desnecessário, na medida em que as imagens incorporam, elas próprias, o tempo. Os artefatos apresentam-se em imagens e, em culturas em que os artefatos são fortemente personalizados, também pelas pessoas em sua forma corporal.

Considerações a esse propósito também estão presentes nos trabalhos de Mariana Cabral (2013) e, mais recentemente, Xamen Wai Wai (2022). Este último autor apontou um caminho para a diferenciação desses tempos distinguindo um tempo muito antigo — aquele em que os demiurgos Mawari e Woxi viviam — de um tempo mais recente, que se relaciona com os antepassados humanos localizáveis nas genealogias. Essa diferenciação sugere que a distinção entre história e mitologia não é incontornável, tratando-se mais de um vício moderno do que uma distinção nativa, na medida em que, em alguns momentos, o que se observa é uma fusão entre os tempos que chamamos de histórico e mítico.

Com atenção às cosmologias indígenas, aliás, talvez caiba considerar a distinção entre "história" e "mitologia" — entre arqueologia e etnografia — menos nos termos de uma diferenciação temporal do que nos termos de uma diferenciação contextual. Como argumenta Dominique Gallois (1988), o contexto mítico é contemporâneo ao contexto mundano — dizendo respeito, conforme expressão de Marina Vanzolini Figueiredo, a "um passado que não passa" (Figueiredo, 2015) —, já que é acessado pelas experiências oníricas e xamânicas e é também o destino póstumo dos vivos. Em uma conclusão, talvez pudéssemos pensar que as aldeias antigas/sítios arqueológicos funcionem como dobras no tempo. No contexto passado, a construção da floresta, dos jardins, da fertilidade da terra preta, das histórias do lugar, fabrica, como diria Sabotage, um bom lugar. Os ciclos de reocupação demonstram que o passado se dobra e se projeta no futuro, para que as futuras gerações possam usufruir no presente dessa construção.

Considerações finais

Neste artigo, nos dedicamos a descrever os movimentos de retorno dos Katxuyana, Kahyana e Yatxkuryana aos seus territórios tradicionais, localizados nos rios Cachorro, Trombetas e Jascuri. Como vimos, esses movimentos de retorno são realizados com base em uma verdadeira tecnologia, que se insere em um sistema de conhecimento que integra a habilidade de interpretar a paisagem — incluindo flora, formações rochosas, relações faunísticas, solos, artefatos antigos, entre outros — com a construção de memórias intergeracionais. Esses conhecimentos, expressão de uma ciência indígena, são um convite ao deslocamento de nossos olhares que, como demonstra Jaime Xamen Waiwai (2022), podem voltar-se a outras escalas, tempos e mundos.

Neste artigo, procuramos mostrar como o recente processo de retomada dos territórios tradicionais de Katxuyana, Kahyana e Yatxkuryana, nos rios Trombetas, Cachorro e Yaskkuri, se assenta em moldes muito mais antigos, enraizados na tradicionalidade desses povos. Os procedimentos para a abertura das aldeias, como vimos, fazem parte de um regime de conhecimento dos povos indígenas, que articula saber ler a paisagem (plantas, pedras, relação com animais, terra, objetos antigos etc.) e, assim como, construção de memórias intergeracionais. Esses modos de conhecer as paisagens dialogam com discussões da antropologia evidentemente, mas com a arqueologia também. Neste artigo, procuramos evidenciar como esses diálogos podem operar, em especial, pela paisagem arqueológica, e pela reflexão de como a aproximação da arqueologia de regimes de temporalidades indígenas, não precisa ser conflitante. O movimento de ampliar o foco do olhar do chão para o alto também, como propôs Xamen Wai Wai (2022), pode ser a chave disso. Em outras palavras, a arqueologia deixa de se ater principalmente em categorias de materialidades e identidades culturais e linguísticas (por exemplo, as cerâmicas), um movimento que já ocorre, em especial nas arqueologias indígenas da Amazônia, e passa a também olhar para as roças, capoeiras e florestas. Mas esse foco deve acompanhar não somente as lupas dos laboratórios, em escalas micrométricas, nas análises de palinológicas ou arqueobotânicas, mas também acompanhar as outras escalas, de tempo e mundos, as das cosmologias e histórias dos indígenas do presente. O tempo mítico não é conflitante com o tempo histórico, muito menos com a longa duração. Eles não se opõem, eles dobram-se em si.

Não poderíamos chegar ao fim deste trabalho sem refletir sobre o nosso encontro para escrever este texto. Cada uma de nós tem origens, formações, histórias e culturas distintas umas das outras. Cada uma de nós escreveu em situações distintas, em aldeias, cidades, em deslocamentos... Mas essas diferenças, entre nós e nos nossos olhares, encontraram convergências contidas e afetadas pelo território trombetano e as imagens/histórias vividas nele. Dessa forma, pensamos que não é possível definir este trabalho como interdisciplinar e/ou intercultural. Mas um encontro de perspectivas, que dentro de suas singularidades, propôs um diálogo.

Não queremos aqui suprimir ou refutar conhecimentos de outras arqueologias de interpretações hegemônicas, mas colocá-las em diálogo com as interpretações indígenas sobre aquilo que é convencionado pela disciplina arqueológica, como objetos, sítios ou paisagens arqueológicas. Além disso, a arqueologia, juntamente com a antropologia, deve ter como compromisso político atuar dentro dos termos técnicos e científicos, para fundamentar nas peças e processos jurídicos, aquilo que os conhecedores indígenas demonstram na tradicionalidade, via relação de ancestralidade dos seus territórios.

Enquanto campo científico, a arqueologia prova, irrefutavelmente, a ancestralidade desse território, pela materialidade de objetos, pelas marcas que transformaram positivamente as paisagens, pelas transformações conscientes e propositais do solo e da floresta, que a Amazônia é terra indígena. A nossa obrigação agora é atuar como suporte, como parceiros dos indígenas em processos comprobatórios para demarcação territorial. Não há um só marco temporal, isso não faz sentido dentro da multiplicidade do modo indígena de lidar com o tempo e o espaço, há marcos transtemporais que os ancestrais dos atuais povos indígenas deixaram aos seus descendentes.

Agradecimentos

Agradecemos a todas e todos Katxuyana, Kahyana e Yatxkuryana que colaboraram com nossas pesquisas, especialmente a Honório Awahuku (*in memoriam*), Juventino Petxirima, João do Vale Pekiriruwa, Maria Vieira Ayanaru (*in memoriam*), Pedro Petpuru ('Okoyi') e Tikti. Também agradecemos a Ruben Caixeta de Queiroz e André Prous, coordenadores dos projetos "Norte Amazônico" e "Trombetas: Estruturas e Histórias Ameríndias", que possibilitaram as confluências materializadas neste trabalho. Agradecemos, finalmente, às editoras desta obra, pelo convite e oportunidade.

Referências

Alcantara e Silva, Victor (2015). Vestígios do Rio Turuni. In Denise. F Grupioni, & Lúcia M. M. de Andrade. *Entre águas bravas e mansas: índios e quilombolas em Oriximiná* (pp. 148-163). Comissão Pró-Índio de São Paulo, Iepé - Instituto de Pesquisa e Formação Indígena.

Balée, William. (1994). *Footprints of the forest: Ka'apor ethnobotany-the historical ecology of plant utilization by an Amazonian people*. Columbia University Press.

Balée, William. (2008). Sobre a indigeneidade das paisagens. *Revista de Arqueologia*, 21(2), 9-23.

Balée, William. (2013). *Cultural forests of the Amazon: a historical ecology of people and their landscapes*. The University of Alabama Press.

Barreto, Cristiana. (1999) A construção de um passado pré-colonial: uma breve história da arqueologia no Brasil. *Revista USP*. Dossiê Antes de Cabral: Arqueologia Brasileira I, 44, 32-51.

Cabral, Mariana Petry. (2013). "E se todos fossem arqueólogos?": experiências na Terra Indígena Wajãpi. *Anuário Antropológico*, UnB, 39(2), 115-132.

Cabral de Oliveira, J., Amoroso, M., Lima, A. G. M. de, Shiratori, K., Marras, S., & Emperaire, L. (Orgs.). (2021). *Vozes Vegetais: diversidade, resistências e histórias da floresta*. Editora Ubu.

Caixeta de Queiroz, Ruben. (1996). A saga de Ewká: epidemias e evangelização entre os Wai Wai. In Robin Wright (Ed.). *Religiões indígenas e cristianismo no Brasil: perspectivas antropológicas* (Vol. 1; pp. 214-241). UNICAMP.

Caixeta de Queiroz, Ruben. (2008). *Trombetas-Mapuera: território indígena*. FUNAI/PPTAL.

Caixeta de Queiroz, R., & Girardi, L. G. (2012). "Dispersão e concentração indígena nas fronteiras das Guianas". *Revista Brasileira do Caribe*, XIII (25).

Childe, Vere Gordon. (1961). *Introdução à Arqueologia*. Publicações Europa-América.

Childe, Vere Gordon. (1962) *A Pré-História da Sociedade Europeia*. Publicações Europa-América.

Figueiredo, Marina Vanzolini. (2015). *A flecha do ciúme: o parentesco e seu avesso segundo os Aweti*. Terceiro Nome.

Fock, Niels. (1963). *Waiwai: Religion and society of an amazonian tribe*. Nationalmuseet Skrifter, Etnografisk Rakke, VIII. The National Museum.

Frikel, Protásio. (1966). Os últimos Káhyana. *Revista do Instituto de Estudos Brasileiros*, São Paulo, IEB, (1) (separata).

Frikel, Protásio. (1970). *Os Kaxuyana: notas etno-históricas*. Publicações Avulsas, n. 14. Museu Paraense Emílio Goeldi.

Frikel, Protásio. (1971). *Dez anos de aculturação Tiriyó: 1960-70: mudanças e problemas*. Publicações Avulsas, n. 16. Museu Paraense Emílio Goeldi.

Frikel, Protásio. (1978). Áreas de arboricultura pré-agrícola na Amazônia: notas preliminares. *Revista de Antropologia*, 21 (1), 45-52.

Furquim, L., Neves, E., Watling, J., & Shock, M. (2021) O Testemunho da Arqueologia Sobre a Agrobiodiversidade, as Florestas Antrópicas e o Manejo do Fogo nos Últimos 14,000 Anos de Anos de História Indígena na Amazônia Antiga. In M. C. da Cunha, S. B. Magalhães, & C. Adams. *Diagnóstico Povos Indígenas e Comunidades Locais Tradicionais no Brasil: Contribuições para a Biodiversidade, Ameaças e Políticas Públicas*. Sociedade Brasileira para Progresso da Ciência (SBPC).

Gallois, Dominique Tilkin. (1988). *O movimento na cosmologia waiãpi: criação, expansão e transformação do universo*. (Doutorado, Programa de Pós-Graduação em Antropologia Social, a Faculdade de Filosofia, Letras e Ciências Humanas da Universidade de São Paulo, São Paulo).

Gildea, Spike. (1998). *On Reconstructing Grammar: Comparative Cariban Morphosyntax*. Oxford University Press.

Gildea, Spike. (2012). "Linguistic Studies in the Cariban Family". In L. Campbell, & V. Grondona (Eds). *Handbook of South American Languages*. Mouton de Gruyter.

Girardi, Luísa G. (2011). 'Gente do Kaxuru': mistura e transformação entre um povo indígena karib-guianense. (Dissertação de Mestrado em Antropologia, Programa de Pós-Graduação em Antropologia, Faculdade de Filosofia e Ciências Humanas, Universidade Federal de Minas Gerais, Belo Horizonte).

Girardi, Luísa G. (2015). Relações em movimento: inimizade e parentesco entre os Katxuyana e os mekoro. In Andrade, Lúcia & Grupioni, Denise Fajardo. *Entre águas bravas e mansas*. CPI-SP/Iep.

Girardi, Luísa G. (2019). *Corpos da terra: crescimento, movimento e relação segundo os Katxuyana*. (Tese de doutorado, Programa de Pós-Graduação em Antropologia Social, Faculdade de Filosofia, Letras e Ciências Humanas, Universidade de São Paulo, São Paulo).

González-Ruibal, Alfredo. (2006). The past is tomorrow. Towards an archaeology of the vanishing present. *Norwegian Archaeological Review*, 39(2).

González-Ruibal, Alfredo. (2007). Arqueología Simétrica. Un Giro Teórico sin Revolución Paradigmática (with commentary). *Complutum*, 18, 283-319.

Grupioni, Denise F. (1999). "Catolicismo, protestantismo e conversão: o campo de ação missionário entre os Tiriyó". In Robin Wright (Org.). *Transformando os Deuses - Os múltiplos sentidos da conversão entre os povos indígenas no Brasil* (pp. 425-446). Editora da Unicamp.

Guapindaia, Vera L. C. (2008). *Além da margem do rio – as ocupações Konduri e Pocó na região de Porto Trombetas, PA*. (Doutorado em Arqueologia, Universidade de São Paulo, São Paulo).

Guapindaia, Vera, & Lopes, Daniel. (2011). Estudos Arqueológicos na Região de Porto Trombetas, PA. *Revista de Arqueologia*, Sociedade de Arqueologia Brasileira, 24, 50-73.

Grupioni, Denise F. (2005). "Tiriyó". *Enciclopédia dos Povos Indígenas do Brasil*. Instituto Socioambiental. Acessado em 23/01/2024.Grupioni, Denise F. (2010). "Kaxuyana". *Enciclopédia dos Povos Indígenas do Brasil*. Instituto Socioambiental. Acessado em 23/01/2024.

Grupioni, Denise F. (2015). Os Yana Caribe-Guianenses da região de Oriximiná. Que coletividades são essas? In Andrade, Lúcia & Grupioni, Denise Fajardo. *Entre águas bravas e mansas*. CPI-SP/Iepé.

Howard, Catherine. (2001). *Wrought Identities: the Waiwai expeditions in search of the "unseen tribes" of northern Amazonia*. (Tese de doutorado, Department of Anthropology, The University of Chicago, Chicago, Illinois).

Iepé - Instituto de Pesquisa e Formação Indígena. (2021). *Plano de Gestão Territorial e Ambiental do Território Wayamu*. Iepé.

Jácome, Camila P. (2017). *Dos Waiwai aos Pooco - Fragmentos de história e arqueologia das gentes dos rios Mapuera (Mawtohrî), Cachorro (Katxuru) e Trombetas (Kahu)*. (Doutorado em Arqueologia, Universidade de São Paulo, São Paulo).

Jácome, Camila P., & Wai Wai, Jaime. X. (2020). A paisagem e as cerâmicas arqueológicas na bacia Trombetas: uma discussão da Arqueologia Karaiwa e Wai Wai. *Boletim do Museu Paraense Emílio Goeldi, Série Ciências Humanas*, 15(3), e20190140.

Jácome, Camila P., & Glória, E. (2021). Halfway between the Guianas and the Lower Amazon: Archeology in the Trombetas Basin. In C. Barreto, H. Lima, S. Rostain, & C. Holfman (Orgs.). *Koriabo: from Caribbean Sea to the Amazon River*. Museu Paraense Emílio Goeldi.

Jácome, C. P., Rodrigues, I., & Wai Wai, C. (2023). Corpos Fragmentados Feitos de Olhares: Perspectivas Wai Wai e Karaiwa. *Revista de Arqueologia*, 36(3).

Hamilakis, Yannis. (2014). *Archaeology and the Senses: Human Experience, Memory, and Affect*. Cambridge University Press.

Hamilakis, Yannis. (2017). Sensorial Assemblages: Affect, Memory and Temporality in Assemblage Thinking. *Cambridge Archaeological Journal*, 27(1), 169-182.

Hodder, Ian. (1986). *Reading the Past: Current Approaches to Interpretation in Archaeology*. Cambridge University Press.

Kaxuyana, Neide Imaya Wara. (2018). *As trajetórias do povo Katxuyana no vale do rio Trombetas*. (Monografia de graduação, Licenciatura em História, Universidade Federal do Oeste do Pará, Santarém, Pará).

Levis, C., Costa, F. R. C., Bongers, F., Peña-Claros, M., Clement, C. R., Junqueira, A. B., Neves, E. G., Tamanaha, E. K., Figueiredo, F. O. G., Salomão, R. P. et al. (2017). Persistent effects of pre-Columbian plant domestication on Amazonian forest composition. *Science*, 355, 925-931.

Lowenthal, David. (1985). *The Past Is a Foreign Country*. Cambridge University Press.

Levis, C., Flores, B. M., Moreira, P. A., Luize, B. G., Alves, R. P., Franco-Moraes, J., Lins, J., Konings, E., Peña-Claros, M., Bongers, F. et al. (2018). How People Domesticated Amazonian Forests. *Front. Ecol. Evol.*, 5, 171.

Lucas, Gavin. (2005). *The Archaeology of Time*. Routledge.

Lucas, Maria Luísa. (2014). *'Antes a gente tinha vindo do jabuti': notas etnográficas sobre algumas transformações entre os Hixkaryana no rio Nhamundá (AM)*. (Mestrado, Programa de Pós-Graduação em Antropologia Social do Museu Nacional (PPGAS/MN), Universidade Federal do Rio de Janeiro, Rio de Janeiro).

Neves, Eduardo G. (2022). *Sob os tempos do equinócio: oito mil anos de história na Amazônia Central*. Editora Ubu.

Neumann, Mariana A. (2008). Por uma arqueologia simétrica. *Cadernos do LEPAARQ*, 5(9/10).

Reis, José A. (2010). *Não pensa muito que dói - um palimpsesto sobre teoria na arqueologia brasileira* (Vol. 1; 1ª ed). EDPUCRS.

Sahlins, Marshall. (1985). *Islands of History*. The University of Chicago Press.

Schmidt, Morgan. (2016). A formação de terra preta: análise de sedimentos e solos no contexto arqueológico. In M. P. Magalhães. *Amazônia Antropogênica* (pp. 121-176). Museu Paraense Emílio Goeldi.

Shanks, Michael. (2007). Symmetrical Archaeology. *World Archaeology*, 39(4).

Strathern, Marilyn. (1990). Artifacts of history: events and the interpretation of images. In Jukka Siikala (Ed.). *Culture and history in the pacific* (pp. 25-44), Helsinki: Helsinki University Press.

Shock, Myrte P., & Moraes, Claide. (2019). A floresta é o domus: A importância das evidências arqueobotânicas e arqueológicas das ocupações humanas amazônicas na transição Pleistoceno/Holoceno. *Boletim do Museu Paraense Emílio Goeldi Ciências Humanas*, 14, 263.

Trigger, Bruce G. (2004). *História do pensamento arqueológico* (2ª ed.). Odysseus.

Valentino, Leonor. (2010). *O cristianismo evangélico entre os Waiwai: alteridade e transformações entre as décadas de 1950 e 1980*. (Dissertação de mestrado, Programa de Pós-Graduação em Antropologia Social, Museu Nacional, Universidade Federal do Rio de Janeiro, Rio de Janeiro).

Valentino, Leonor. (2019). *As Transformações da Pessoa entre os Katwena e os Tunayana dos Rios Mapuera e Trombetas*. (Tese de doutorado, Programa de Pós-Graduação em Antropologia Social, Museu Nacional, Universidade Federal do Rio de Janeiro, Rio de Janeiro).

Wai Wai, Cooni, & Jácome, C. A. (2021). Cerâmica waiwai: transformações e continuidades. *Revista do Museu Arqueologia e Etnologia*, 37, 204-229.

Wai Wai, Jaime X. (2017). *Levantamento etnoarqueológico sobre a cerâmica Konduri e ocupação dos Wai Wai na região da terra indígena Trombetas-Mapuera (Pará, Brasil)*. (Monografia de graduação, Bacharelado em Arqueologia, Instituto de Ciências da Sociedade, Universidade Federal do Oeste do Pará, Santarém, Pará).

Wai Wai, Jaime X. (2022). *Etnografia e História das Aldeias Antigas do Rio Kikwo, Pará, Brasil*. (Dissertação de mestrado, Programa de Pós-graduação em Antropologia - Área de Concentração em Arqueologia - da Universidade Federal de Minas Gerais. Belo Horizonte).

Watling, J., Shock, M., Mongeló, G., Almeida, F. O., Kater, T., Oliveira, P., & Neves, E. G. (2018). Direct archaeological evidence for Southwestern Amazonia as an early plant domestication and food production centre. *PLoS ONE*, 13.

Yde, Jens. (1965). *Material Culture of the Waiwái*. The National Museum of Copenhagen.

SOBRE OS AUTORES

Anne Rapp Py-Daniel

É professora da Universidade Federal do Oeste do Pará desde 2011, antes foi professora da Universidade do Estado do Amazonas durante dois anos. Vem trabalhando com vários temas relacionados à arqueologia amazônica desde 2003, exemplos: contextos funerários, formação de contextos arqueológicos, educação patrimonial, a arqueologia no ensino básico, ocupações quilombolas, arqueologia e comunidades tradicionais etc. Fez mestrado e doutorado na Universidade de São Paulo e graduação na Universidade de Panthéon-Sorbonne.

Orcid: 0000-0002-5919-452X.

Camila Pereira Jácome

É formada em História (UFMG), mestre em Artes Visuais (UFMG) e Antropologia com ênfase em Arqueologia (UFMG), doutora em Arqueologia (MAE-USP). É professora do bacharelado em Arqueologia da Universidade Federal do Oeste do Pará (UFOPA). Desde 2010, tem desenvolvido pesquisas arqueológicas na região da bacia do Rio Trombetas, uma região com enorme diversidade de povos indígenas, como os Katxuyana, Kahyana e Wai Wai. Atualmente, está coordenando projeto para proposição sobre museu indígena na região mencionada.

Orcid: 0000-0001-6627-9399.

Clara Ariete Mendonça Costa

É graduada em Arqueologia pela Universidade Federal do Oeste do Pará (UFOPA), foi bolsista do Programa e Projeto de Extensão Arqueologia nas Escolas Histórias da Amazônia e atuou como voluntária no Projeto de Extensão e Programa de Rádio "A Hora do Xibé do Curso de Antropologia". É autora da monografia intitulada "Azulejaria Portuguesa em Santarém do Pará: Inventário e Diagnóstico da Azulejaria Histórica de Fachada dos Casarões Localizados no Centro Histórico". É técnica em Guia de Turismo pelo Instituto Federal de Educação e Tecnologia do Pará (IFPA);

foi estagiária do Centro Cultural João Fona (CCJF) onde atuou como guia de espaços museológicos. Atualmente, é graduanda no Bacharelado em Antropologia, colaboradora do Projeto Presença Karajá (PPK) e bolsista do Projeto Política Ameríndia Comparada, desenvolvido no Laboratório de Etnologia Indígena da Universidade Federal do Oeste do Pará (Labore).

Orcid: 0000-0002-3169-0273.

Daniela Aparecida Ferreira

É arqueóloga do Instituto do Patrimônio Histórico e Artístico Nacional, Superintendência no estado do Pará. Cursa doutorado em Arqueologia na Universidade Federal de Pernambuco, desenvolvendo tese apresentando Arqueologia Industrial como tema central. Atuou em projetos de arqueologia de contrato em contexto urbano, pesquisas relacionadas à gestão e ao manejo de sítios arqueológicos, bem como sobre turismo arqueológico.

Orcid: 0000-0002-1451-2037.

Diogo Meneses Costa

É professor na UFPA, com doutorado pela Universidade da Flórida. Pesquisa arqueologia histórica na Amazônia, com destaque para o artigo "Arqueologia Histórica Amazônida" (2017), o capítulo *"Eco-historical Archaeology in the Brazilian Amazon"* (2018) e o livro *Guerra e Água na Serra dos Pirineus: Arqueologia Eco-Histórica das Lavras do Abade* (2015), entre outras contribuições sobre interações históricas humanas e ambientais no Brasil e região sob enfoque arqueológico.

Orcid: 0000-0003-4220-8232.

Elaine dos Santos Pinto

É quilombola de Murumurutuba em Santarém (PA). Arqueóloga formada pela Universidade Federal do Oeste do Pará (UFOPA). Atua como vice-presidente da Associação quilombola de Murumurutuba (AQMUS). É uma mulher preta da Amazônia, faz parte do movimento de mulheres quilombolas, busca a cada dia conquistar mais espaços na sociedade e no meio científico. Através de sua pesquisa tem como objetivo trazer visibilidade aos quilombos, e mostrar que é possível fazer uma arqueologia nos quilombos da Amazônia onde os protagonistas são os próprios moradores. Busca incentivar os mais jovens a produzir ciência em seus territórios.

Orcid: 0000-0002-1993-970X.

Florêncio Almeida Vaz

É graduado em Ciências Sociais pela Universidade Federal do Rio de Janeiro (1994), mestre em Ciências Sociais em Desenvolvimento, Agricultura e Sociedade pela Universidade Federal Rural do Rio de Janeiro (1997) e doutor em Ciências Sociais, concentração em Antropologia pela Universidade Federal da Bahia (2010). Atualmente, é professor no Programa de Antropologia e Arqueologia na Universidade Federal do Oeste do Pará (UFOPA). Tem experiência na área de Antropologia, com ênfase em estudos sobre povos indígenas e comunidades tradicionais na Amazônia, atuando principalmente nos seguintes temas: indígenas no baixo rio Tapajós, pajelança, Cabanagem, festas e cultura popular na Amazônia, ações afirmativas, Flona Tapajós, Resex Tapajós-Arapiuns, conflitos e identidade indígena no Brasil.

Orcid: 0000-0002-5514-1148.

Igor Morais Mariano Rodrigues

É professor da Universidade Federal do Oeste do Pará (UFOPA). É licenciado em História pela Universidade Federal de Viçosa, mestre em Antropologia com concentração em Arqueologia pela UFMG e doutor em Arqueologia pela Universidade de São Paulo (USP). Sua tese de doutorado recebeu o "Prêmio Capes de Tese" (edição de 2023), na área de Antropologia/Arqueologia. Lecionou no Departamento de Antropologia das Américas da Universidade de Bonn, na Alemanha, durante estágio Pós-Doutoral em 2023. Foi também professor substituto da UNIR entre 2022 e 2023. Desde 2011, realiza pesquisas (etno)arqueológicas no rio Mapuera, com foco em trançados e cerâmicas. Integra o projeto *Heritage and Territoriality: past, present and future perceptions among the Tacana, T'simane and Waiwai*, dedicando-se ao estudo de coleções etnográficas. É também pesquisador colaborador do Laboratório de Estudos Interdisciplinares sobre Tecnologia e Território (LINTT/USP).

Orcid: 000-0002-4793-8157.

Jaime Xamen Wai Wai

É bacharel em Arqueologia pela Universidade Federal do Oeste do Pará (UFOPA) e mestre em Antropologia com concentração em Arqueologia pela Universidade Federal de Minas Gerais (UFMG). Desde 2012, realiza pesquisas arqueológicas no rio Mapuera, seu lugar de origem, com atenção especial sobre as relações entre cerâmicas arqueológicas, paisagens e xamanismo.

Atualmente, é pesquisador indígena do Núcleo de Estudos da Amazônia Indígena, integrando o projeto *Heritage and Territoriality: past, present and future perceptions among the Tacana, T'simane and Waiwai*.

Orcid: 0000-0001-5236-3100.

José Humberto Santos da Cruz

É do Quilombo do Pérola do Maicá, quilombo urbano em Santarém (PA). A trajetória familiar e acadêmica de José é fortemente entrelaçada com a sua comunidade, em virtude da sua inserção desde muito novo na luta pelos direitos e políticas públicas das comunidades quilombolas da região, após ingressar no projeto "Memórias de vidas que brotam da terra: permanências e resistências nos quilombos do paranã do Maicá sob o olhar da arqueologia e da história" e ter o primeiro contato com o campo, percebeu que a história das comunidades não era tão distinta quanto pensava. Hoje atua como bolsista PIBIC, projeto "Topônimos e oralidade: Arqueologia e história da comunidade de Murumuru, Pará".

Orcid: 0009-0007-7874-671.

Luana Kumaruara

É doutoranda em Sociologia e Antropologia - PPGSA/UFPA, mestra em Antropologia no Programa de Pós-Graduação em Antropologia - PPGA/UFPA, graduada em Antropologia na Universidade do Oeste do Para (UFOPA). Coordenadora Adjunta para Povos Indígenas na Coordenação Antirracista da prefeitura de Belém (COANT). Membra do Núcleo de Estudos Afro-brasileiros e Indígena NEABI/IFPA - Campus Santarém. Compõe o Conselho de liderança do Conselho Indígena Tapajós Arapiuns (CITA). Conselheira Distrital de Saúde Indígena no Distrito Sanitário Especial Indígena Guamá Tocantins (DSEI GUATOC). Secretaria da Federação dos Povos Indígenas do Pará (FEPIPA). Compõe o Conselho de liderança do Conselho Indígena Tapajós Arapiuns (CITA). Cofundadora do Diretório Acadêmico Indígena (DAIN/UFOPA). Cofundadora e integrante da Articulação Brasileira de Indígenas Antropóloges (ABIA). Desenvolve há sete anos junto Fórum da Amazônia Orienta (FAOR) o "Projeto Mãe D›Água", com mulheres indígenas Munduruku, Guajajara e Kumaruara da etnia a qual pertenço. Um projeto de fomento ao monitoramento, vigilância territorial, formação de guardiões da floresta por meio do audiovisual e para o processo da autodemarcação.

Orcid: 0000-0003-4120-1223.

Luisa Gonçalves Girardi

É assessora do Observatório dos Direitos Humanos dos Povos Indígenas Isolados e de Recente Contato (OPI) e pesquisadora vinculada ao Núcleo de Estudos da Amazônia Indígena da Universidade Federal do Amazonas (NEAI, UFAM). Doutora em Antropologia Social pela Universidade de São Paulo (2019), mestra em Antropologia (2011) e bacharela em Ciências Sociais (2008) pela Universidade Federal de Minas Gerais (UFMG). Conduziu seu mestrado e doutorado em parceria com os Katxuyana, Kahyana e Yatxkuryana, povos indígenas da família Caribe que vivem nas TI Kaxuyana-Tunayana (AM/PA) e Tumucumaque (AP/PA), no norte da Amazônia.

Orcid: 0000-0002-3167-7183.

Marcela Nogueira de Andrade

É bacharela em Turismo pela Universidade Federal do Pará e doutora em Arqueologia pelo Museu Nacional/Universidade Federal do Rio de Janeiro. É líder dos Grupos de Pesquisa "Turismo e Arqueologia" e "ArqueoSoul – Arqueologia, Preservação e Socialização do Patrimônio Arqueológico". Professora e pesquisadora do Programa de Pós-Graduação em Antropologia/PPGA e atualmente é vice-coordenadora do Laboratório de Antropologia Arthur Napoleão Figueiredo, ambos da Universidade Federal do Pará. Desenvolve pesquisas nas áreas de preservação, gestão e socialização do patrimônio arqueológico.

Orcid: 0000-0001-9925-8842.

Neide Imaya Wara Kaxuyana

Graduou-se na licenciatura integrada em História e Geografia (2018) da Universidade Federal do Oeste do Pará (UFOPA), onde concluiu seu curso com monografia a respeito do retorno dos povos Katxuyana e Kahyana aos seus territórios tradicionais. Atuou como professora da Escola Municipal Indígena Wai Wai, pela qual lecionou na aldeia Purho Mïtï, rio Trombetas, Terra Indígena Kaxuyana-Tunayana. Colaborou com o Instituto de Pesquisa e Formação Indígena (Iepé) para a realização das Oficinas de Língua Werikyana. Atualmente, é pesquisadora do projeto de "Documentação Colaborativa da Língua Werikyana", desenvolvido pelo Iepé em parceria com a Universidade de Oregon.

Orcid: 0009-0007-3314-5694.

Rafaela dos Santos Pinto

É graduada em Arqueologia pela Universidade Federal do Oeste do Pará (UFOPA), Quilombola de Murumurutuba. Criadora e estilista da marca *Rafro-modas* que visa ao fortalecimento da identidade da mulher Quilombola através da vestimenta. Mãe de dois filhos e uma filha.

Orcid: 0009-0007-0883-6573.

Sarah de Barros Viana Hissa

É professora da Universidade Federal do Recôncavo da Bahia (UFRB), atuando no bacharelado e no Programa de Pós-Graduação em Arqueologia e Patrimônio Cultural (PPGap). Atualmente, conduz o projeto de pesquisa "Arqueologia histórica e análises interescalares: fluxos, disjunções e conexões". Fez o doutorado em Arqueologia no Museu Nacional da UFRJ, cuja tese foi premiada pela Sociedade de Arqueologia Brasileira. Na UFMG fez graduação em Ciências Sociais, mestrado em Antropologia e dois estágios pós-doutorais, onde lecionou como pós-doutoranda e professora voluntária entre 2019 e 2022. Atuou também como consultora em projetos de arqueologia e como técnica analista do IPHAN. Seus principais interesses de pesquisa são teoria e método em arqueologia, cultura fumageira e cachimbos arqueológicos, estudos de paisagem em arqueologia e uso de SIG, análises interescalares de cultura material histórica.

Orcid: 0000-0003-1623-8737.

Scott Joseph Allen

Possui PhD em Antropologia pela Brown University e concluiu pós-doutorado em Geofísica Arqueológica pela Universidade de São Paulo (USP). Atualmente, é professor titular do Departamento de Arqueologia da Universidade Federal de Pernambuco (UFPE) e bolsista de produtividade em pesquisa do CNPq. Atua na área de Arqueologia Histórica com ênfase em teoria e método, comunidades afro-indígenas, colonização e colonialismo e geofísica arqueológica.

Orcid: 0000-0002-1382-2746.

Tarcísio Pinto Vandekoken

É quilombola do Quilombo de Murumurutuba situado em Santarém (PA). Discente do curso de arqueologia na Universidade Federal do Oeste do Pará (UFOPA), associado na Associação Quilombola de Murumurutuba (ARQMUS). Através da arqueologia, faz pesquisas em seu quilombo com intuito de escrever as histórias dos mais velhos presentes apenas em suas memórias, evitando com que essas sejam apagadas depois de suas partidas, e trazê-las ao conhecimento dos mais jovens.

Orcid: 0009-0000-8331-7078.

Tiago Silva Alves Muniz

É pós-doutorando em Antropologia no Centre National de la Recherche Scientifique (CNRS), vinculado ao laboratório Centre Alexandre Koyré e financiado pelo projeto Exorigins - Émergence(s) Ville de Paris. Muniz possui doutorado em Antropologia (Arqueologia) pela Universidade Federal do Pará com um ano de bolsa Doutorado Sanduíche na Linnaeus University (Kalmar, Suécia) e mestrado em Arqueologia pelo Museu Nacional, Universidade Federal do Rio de Janeiro. Suas principais áreas de pesquisa incluem Arqueologia Histórica e Contemporânea, Arqueologia Amazônica, estudos de cultura material e estudos de patrimônio cultural.

Orcid: 0000-0002-1075-5488.